Neue

Kleine Bibliothek 340

Christoph Butterwegge

Umverteilung des Reichtums

PapyRossa Verlag

Für Miko und Sina

Luxemburger Str. 202, 50937 Köln
Tel.: +49 (0) 221 – 44 85 45
Fax: +49 (0) 221 – 44 43 05
E-Mail: mail@papyrossa.de
Internet: www.papyrossa.de

Umschlag: Verlag, unter Verwendung einer Abbildung © by Olivier Le Moal | Adobe Stock (#486019753)
Druck: Interpress

Die Deutsche Nationalbibliothek verzeichnet diese Publikation in der Deutschen Nationalbibliografie; detaillierte bibliografische Daten sind im Internet über http://dnb.d-nb.de abrufbar

ISBN 978-3-89438-831-7

Inhalt

Einleitung

> »Es gäbe genug Geld, genug Arbeit, genug zu essen, wenn wir die Reichtümer der Welt richtig verteilen würden, statt uns zu Sklaven starrer Wirtschaftsdoktrinen und -tradition zu machen. Vor allem aber dürfen wir nicht zulassen, dass unsere Gedanken und Bemühungen von konstruktiver Arbeit abgehalten und für die Vorbereitung eines neuen Krieges missbraucht werden.«
>
> (Albert Einstein)

Armut dringt seit geraumer Zeit bis in die Mitte unserer Gesellschaft vor, während sich der Reichtum immer stärker bei wenigen (Unternehmer-)Familien konzentriert. Weshalb geschieht das, und wie lässt es sich ändern? Aufgrund der bestehenden Wirtschaftsstrukturen, Eigentumsverhältnisse und Verteilungsmechanismen werden die Reichen immer reicher und die Armen immer zahlreicher. Tagtäglich findet Umverteilung statt – allerdings nicht von Oben (den viel Besitzenden) nach Unten (den hart Arbeitenden), sondern von Unten nach Oben: Unternehmensprofite, Veräußerungs- und Kursgewinne der Aktionäre, Dividenden, Zinsen sowie Miet- und Pachterlöse von Immobilienkonzernen fließen überwiegend in die Taschen materiell Bessergestellter, sind aber normalerweise von Menschen erarbeitet worden, die erheblich weniger Geld haben, oft nicht einmal genug, um in Würde leben zu können. Deshalb muss Umverteilung künftig in die entgegengesetzte Richtung stattfinden – als Rückverteilung des Reichtums von Oben nach Unten, also zu denjenigen Menschen, die ihn geschaffen und nicht geerbt haben.

In diesem Buch geht es weniger um das erreichte Ausmaß, die konkreten Erscheinungsformen oder die negativen Folgewirkungen der sozialen Ungleichheit, sondern mehr darum, weshalb sie wächst und wie ihr zu begegnen ist. Dabei handelt es sich um eine spezifische Form der Ungleichheit, die weder naturgegeben noch gottgewollt, vielmehr strukturell bedingt ist. Sie wurzelt im bestehenden Wirtschafts- und Gesellschaftssystem, was aber ihr enormes Wachstum nicht erklärt.

Will man ermitteln, was der sozioökonomischen Ungleichheit entgegenwirkt, muss analysiert werden, worin ihre starke Zunahme in jüngster Zeit begründet liegt und wer ihre Hauptnutznießer sind. Die gesellschaftlichen Ursachen und die – nur aus ihnen stringent abzuleitenden – Maßnahmen zur Eindämmung der sozialen Polarisierung stehen daher im Mittelpunkt der folgenden Ausführungen. Wer die Entstehungsgründe eines gesellschaftlichen Strukturproblems wie der sich vertiefenden Kluft zwischen Arm und Reich nicht kennt, kann es nämlich weder an den Wurzeln packen noch auf andere Weise lösen.

Behandelt werden drei Ursachenbündel im Zusammenhang mit ausschlaggebenden (Fehl-)Entscheidungen von Parlament und Regierung: die Deregulierung des Arbeitsmarktes, die Demontage des Sozialstaates und die Deformation des Steuersystems. Als weitere Verstärker der Ungleichheit wirkten zuletzt die Covid-19-Pandemie, die Energiepreisexplosion aufgrund des Ukrainekrieges und die durch beide Krisenphänomene ausgelöste Inflation.

Außerdem spielen die soziokulturellen, intellektuellen und politisch-ideologischen Rahmenbedingungen für den gesellschaftlichen Polarisierungsprozess eine Schlüsselrolle. Dazu gehört etwa die Art und Weise, wie die wachsende Ungleichheit unter dem Einfluss des Neoliberalismus im öffentlichen, politischen und Mediendiskurs, aber auch gegenüber den von Armut betroffenen oder bedrohten Personengruppen legitimiert wird.

Im ersten Kapitel wird die Frage beantwortet, warum es im bestehenden Wirtschafts- und Gesellschaftssystem überhaupt sozioökonomische Ungleichheit gibt; das zweite Kapitel befasst sich damit, weshalb sich die Kluft zwischen Arm und Reich zuletzt vertieft hat; im dritten Kapitel geht es darum, was getan werden muss, um mehr Gleichheit und soziale Gerechtigkeit zu schaffen.

1. Warum sozioökonomische Ungleichheit existiert

In der breiten Öffentlichkeit findet bisher zu wenig Beachtung, dass die sozioökonomische Ungleichheit das Kardinalproblem unserer Gesellschaft, wenn nicht der ganzen Menschheit ist, beschwört sie doch ökonomische Krisen und ökologische Katastrophen, aber auch inner- wie zwischenstaatliche Konflikte, Kriege und Bürgerkriege herauf, die wiederum große Flüchtlingsströme nach sich ziehen. Sofern die Kluft zwischen Arm und Reich – sichtbarster Ausdruck einer systemisch bedingten Ungleichheit – von der Ökonomie und der Soziologie als den beiden für das besagte Phänomen in erster Linie »zuständigen« Wissenschaften überhaupt erkannt und für problematisch erachtet wird, gelangen deren Vertreter/innen zu ganz unterschiedlichen Erklärungsansätzen, von denen die meisten unzutreffend, irreführend und eher apologetischer Natur sind.

Weil die sozioökonomische Ungleichheit in Deutschland nicht monokausal zu begreifen ist, sollte man zwischen dem gesellschaftlichen Entstehungshintergrund, welcher die seit Langem existierenden Wirtschaftsstrukturen, Eigentumsverhältnisse und Verteilungsmechanismen umfasst, einerseits sowie aktuellen, die bestehenden Polarisierungstendenzen noch verstärkenden, aber leichter beeinflussbaren Faktoren andererseits unterscheiden. Zunächst geht es deshalb um die strukturellen Grundlagen der Ungleichheit, bevor wir uns jenen Krisenentwicklungen und politischen (Fehl-)Entscheidungen zuwenden, die sie in jüngster Zeit weiter verschärft haben und wohl auch künftig verschärfen, sofern keine starke Gegenbewegung entsteht.

1.1
Gesellschaftliche Entstehungsursachen der Ungleichheit

Differenzieren lässt sich zwischen primären und sekundären Ursachen der sozialen Ungleichheit. Während die primären Ursachen in den Wirtschaftsstrukturen, Produktions- bzw. Eigentumsverhältnissen und Verteilungsmechanismen einer Gesellschaft wurzeln, sind die sekundären Ursachen in den politisch-ideologischen bzw. soziokulturellen Rahmenbedingungen und den jeweiligen Machtkonstellationen zu suchen. »So ist die gegenwärtige Privatisierung bestimmter öffentlicher Einrichtungen und Unternehmen keineswegs irgendwelchen technologisch-ökonomischen Erfordernissen geschuldet, sondern folgt politisch artikulierten und durchgesetzten Interessen der Privatwirtschaft, die sich ideologisch indoktrinierte Politiker zu Eigen machen.«[1]

Um das Ausmaß der sozioökonomischen Ungleichheit einschätzen sowie ihre negativen Folgen für das Gesellschaftssystem der Bundesrepublik verstehen zu können, muss man sowohl die spezifischen Wesenszüge des Gegenwartskapitalismus wie auch die Wirkung von parlamentarischen und Regierungsentscheidungen auf die gesellschaftlichen Verteilungsverhältnisse berücksichtigen. Denn für die Primärverteilung der Einkommen sind im Wesentlichen die Produktions- bzw. Eigentumsverhältnisse, die Marktkräfte und die Verteilungsmechanismen der Gesellschaft, für die Sekundärverteilung in erster Linie der Sozial- und der Steuerstaat verantwortlich, die Einkommensüberschüsse durch Erhebung von Abgaben, Beiträgen, Gebühren und Steuern abschöpfen, geringe Einkommen hingegen mittels bedarfsorientierter Transferleistungen aufstocken können.

Die in New York lehrende Rechtswissenschaftlerin Katharina Pistor nennt zwei Gründe, die es für sie notwendig machen, ana-

1 Jürgen Leibiger, Eigentum im 21. Jahrhundert. Metamorphosen, Transformationen, Revolutionen, 2. Aufl. Münster 2023, S. 285

lytisch bis zu den Wurzeln der sozialen Ungleichheit vorzudringen und dabei nicht an der erscheinenden Oberfläche zu verharren: »Die ersten Ursachen der Ungleichheit aufzudecken ist nicht nur deshalb von entscheidender Bedeutung, weil ihr Anstieg das soziale Gefüge unserer demokratischen Systeme bedroht, sondern auch, weil herkömmliche Formen der Umverteilung durch Steuern ihren Biss weitgehend verloren haben.«[2]

Philosophen, Soziologen und Ökonomen, darunter weltberühmte Geistesgrößen, denken seit Jahrhunderten darüber nach, wie und warum es bereits vor langer Zeit zu einer tiefgreifenden sozialen Spaltung von Gesellschaften gekommen ist. So beteiligte sich Jean-Jacques Rousseau an einem 1753/54 von der Académie de Dijon veranstalteten Preisausschreiben, bei dem zwei Fragen gestellt wurden. Die eine bezog sich auf den Ursprung der Ungleichheit unter den Menschen und die andere darauf, ob diese »durch das natürliche Gesetz autorisiert« werde. Der französische Philosoph, Literat und Pädagoge gewann zwar nicht die ausgelobte Goldmedaille im Wert von 30 Pistolen, gab im Einleitungssatz des zweiten Teils seines »Diskurses über die Ungleichheit« dazu jedoch eine ohne Übertreibung als klassisch zu bezeichnende Antwort: »Der erste, der ein Stück Land eingezäunt hatte und es sich einfallen ließ zu sagen: *dies ist mein*, und der Leute fand, die einfältig genug waren, ihm zu glauben, war der wahre Gründer der bürgerlichen Gesellschaft. Wie viele Verbrechen, Kriege, Morde, wie viel Not und Elend und wie viele Schrecken hätte derjenige dem Menschengeschlecht erspart, der die Pfähle herausgerissen oder den Graben zugeschüttet und seinen Mitmenschen zugerufen hätte: ›Hütet euch, auf diesen Betrüger zu hören; ihr seid verloren, wenn ihr vergeßt, daß die Früchte allen gehören und die Erde niemandem.‹«[3]

2 Katharina Pistor, Der Code des Kapitals. Wie das Recht Reichtum und Ungleichheit schafft, Berlin 2020, S. 18

3 Jean-Jacques Rousseau, Diskurs über die Ungleichheit / Discours sur l'inégalité. Kritische Ausgabe des integralen Textes, 7. Aufl. Paderborn 2019, S. 173 (Hervorh. im Original)

Niemand hat die negativen Wirkungen des Privateigentums, ausgehend von einem (idealen oder idealisierten) Naturzustand der sozialen Gleichheit aller Menschen, jemals prägnanter charakterisiert als Rousseau, einer der geistigen Väter der Großen Französischen Revolution von 1789. Er sah in dieser ersten Landnahme der Geschichte das soziale Grundübel, aus dem alle weiteren Probleme, Restriktionen und Rückschläge in der Entwicklung des Menschengeschlechts erwuchsen. Durch das private Grundeigentum waren seiner Meinung nach fundamentale Interessengegensätze, damit aber auch innergesellschaftliche Frontstellungen und schwere Konflikte zwischen Personengruppen entstanden, die vorher ohne Streit zusammengelebt hatten. »Konkurrenz und Rivalität auf der einen Seite, Gegensatz der Interessen auf der anderen und stets das versteckte Verlangen, seinen Profit auf Kosten anderer zu machen; alle diese Übel sind die erste Wirkung des Eigentums und das untrennbare Gefolge der entstehenden Ungleichheit.«[4]

Um die soziale Ungleichheit zu rechtfertigen, reicht das Naturrecht laut Rousseau nicht aus. Vielmehr konstatierte er, »dass die Ungleichheit, die im Naturzustand nahezu null ist, ihre Macht und ihr Wachstum aus der Entwicklung unserer Fähigkeiten und den Fortschritten des menschlichen Geistes bezieht und durch die Etablierung des Eigentums und der Gesetze schließlich dauerhaft und legitim wird.«[5] Klar war für Rousseau, was der US-amerikanische Philosoph Frederick Neuhouser so formuliert: »Das Naturgesetz liefert keine Rechtfertigung für die große Mehrheit sozialer Ungleichheiten, von denen die uns bekannten Gesellschaften gekennzeichnet sind.«[6]

Rousseau hielt die Einkommens- und Vermögensverteilung für das zentrale Kriterium zur Beurteilung des Ausmaßes der sozialen Inegalität bzw. Egalität und daher den Gegensatz zwischen Arm

4 Ebd., S. 209

5 Siehe ebd., S. 271

6 Frederick Neuhouser, Kritik der Ungleichheit. Eine Rekonstruktion von Rousseaus Zweitem Diskurs, Hamburg 2020, S. 135

und Reich für die ausschlaggebende Scheidelinie in jeder auf privatem Eigentum basierenden Gesellschaft. Wenn man bedenkt, dass Rousseau im Ancien Régime lebte, also nicht in einer modernen Industriegesellschaft, sondern in einer feudalen Ständeordnung, war seine Konzentration auf den (Groß-)Grundbesitz als Quelle des persönlichen Reichtums und der sozioökonomischen Ungleichheit nur logisch. Damals war schließlich reich, wer möglichst viel Land besaß und es von lehnspflichtigen Vasallen bestellen lassen, verpachten oder verkaufen konnte. Dies galt hauptsächlich für Kaiser, Könige und (von ihnen ernannte) Adlige, d. h. eine in jeder Hinsicht privilegierte und sozial exklusive Personengruppe. Von dieser war die übergroße Mehrheit der Bevölkerung materiell abhängig, bis das aus Kaufleuten, Privatbankiers und Industrieunternehmern bestehende Besitzbürgertum für Jahrzehnte, wenn nicht Jahrhunderte die politökonomische Führungsrolle übernahm.

Übrigens vermutet der israelische Historiker Yuval Noah Harari, dass es Daten sind, die im 21. Jahrhundert den Grundbesitz sowie Fabriken und Maschinen als wichtigstes Vermögen ablösen werden, woraus er schlussfolgert, dass der Datenstrom politisch kontrolliert werden muss: »Wenn sich Daten in zu wenigen Händen konzentrieren, dann wird sich die Menschheit in unterschiedliche Arten aufspalten.«[7] Harari befürchtet, dass durch die Verschmelzung von Menschen und Maschinen eine Machtkonzentration von apokalyptischen Ausmaßen entstehen kann, verbunden mit der Fähigkeit zur totalen Manipulation des Lebens. »Wenn wir verhindern wollen, dass eine kleine Elite solch gottgleiche Macht monopolisiert, und wenn wir verhindern wollen, dass sich die Menschheit in biologische Kasten aufspaltet, dann lautet die Schlüsselfrage: Gehören die Daten über meine DNA, mein Gehirn und mein Leben mir, der Regierung, einem Unternehmen oder dem Kollektiv Menschheit?«[8]

---

7 Yuval Noah Harari, 21 Lektionen für das 21. Jahrhundert, 4. Aufl. München 2018, S. 117

8 Ebd., S. 120

Adam Smith identifizierte das Vermögen und die soziale Herkunft in seinem 1776 veröffentlichten Hauptwerk über das Wesen und die Ursachen des Wohlstandes der Nationen als entscheidende Determinanten für die Ungleichheit: »Geburt und Vermögen sind offenbar die beiden Umstände, welche einen Menschen über den anderen am meisten erheben. Sie sind die beiden Hauptquellen des Unterschiedes zwischen den Personen und folglich die Hauptursachen, wodurch Oberherrschaft und Unterordnung unter die Menschen kommen.«[9] Weil der schottische Moralphilosoph und Begründer der Nationalökonomie die Standesunterschiede an gleicher Stelle zu »Folgen der Vermögensungleichheit« erklärte, bildete das Privateigentum für Smith den Schlüsselfaktor im Prozess der Ungleichheitsentwicklung.

Bewusst war sich Smith, dass vermögende Personen zur Privilegien- und Herrschaftssicherung die Unterstützung der Ärmeren benötigen. Für ihr gemeinsames Band hielt er die bestehende Eigentumsordnung: »Die Reichen insbesondere sind sehr daran interessiert, diejenige Ordnung der Dinge zu erhalten, die ihnen allein den Besitz ihrer Vorteile sichern kann. Die Leute von geringerem Vermögen vereinigen sich, das Eigentum derer, welche größeren Reichtum besitzen, zu schützen, damit auch diese sich wieder zur Verteidigung dessen, was sie, die Ärmeren, besitzen, vereinigen mögen.«[10] Garant und für den Schutz des Privateigentums zuständig ist laut Smith der Staat als jene Ordnungsmacht, die in einer kapitalistischen Gesellschaft nicht bloß über das Gewaltmonopol, sondern auch über bewaffnetes Personal – Militär und Polizei – verfügt. Aus diesem Hauptzweck der Staatsgewalt machte Smith kein Hehl: »Die bürgerliche Regierung ist, insofern sie zur Sicherung des Eigentums eingeführt wurde, [...] zur Verteidigung des Reichen gegen den Armen oder dessen, der ein Eigentum hat, gegen den, der keines hat, eingeführt worden.«[11]

9 Adam Smith, Wohlstand der Nationen, Köln 2009, S. 728

10 Ebd., S. 729

11 Ebd., S. 729 f.

Der Kölner Sozialwissenschaftler Davide Brocchi spricht in diesem Zusammenhang von einer »Selbstreproduktion« der sozialen Ungleichheit: »Die einen erben zum Beispiel riesige Vermögen, ohne dafür etwas leisten zu müssen, während die anderen Armut erben, aus der es auch mit harter Arbeit kaum einen Ausweg gibt. Soziale Ungleichheit benötigt die Komplizenschaft des Staates, um bestehen zu können – zum Beispiel einen starken Schutz des akkumulierten Privateigentums.«[12]

Georg Wilhelm Friedrich Hegel, welcher die soziale Ungleichheit bereits für ein Kernthema der Gesellschaftstheorie hielt, behandelte Armut und Reichtum in seiner 1820 erschienenen »Rechtsphilosophie« nicht als Strukturgegensätze, sondern als zusammengehörige, die bürgerliche Gesellschaft verbindende Pole. Auch benutzte Hegel mit Blick auf die Arbeiterschaft schon damals den Klassenbegriff, der auf die Steuerklassen im Alten Rom zurückgeht, mit denen die Bürger von den Zensoren nach ihrem Einkommen veranlagt wurden. Hegel beklagte die Konzentration des Reichtums in wenigen Händen und führte sie auf die gesellschaftlichen Verhältnisse zurück: »Durch die *Verallgemeinerung* des Zusammenhangs der Menschen durch ihre Bedürfnisse und der Weisen, die Mittel für diese zu bereiten und herbeizubringen, vermehrt sich die *Anhäufung der Reichtümer* – denn aus dieser gedoppelten Allgemeinheit wird der größte Gewinn gezogen – auf der einen Seite, wie auf der andern Seite die *Vereinzelung* und *Beschränktheit* der besonderen Arbeit und damit die *Abhängigkeit* und *Not* der an diese Arbeit gebundenen Klasse, womit die Unfähigkeit der Empfindung und des Genusses der weiteren Freiheiten und besonders der geistigen Vorteile der bürgerlichen Gesellschaft zusammenhängt.«[13]

Für den großen Berliner Philosophen wurden Arme erst durch die innere Empörung gegenüber den Reichen, der Gesellschaft und

---

12 Davide Brocchi, Soziale Ungleichheit und Nachhaltigkeit, in: Berliner Debatte Initial 3/2023, S. 35

13 Siehe Georg Wilhelm Friedrich Hegel, Grundlinien der Philosophie des Rechts, in: ders., Werke, Bd. 7, Frankfurt am Main 1970, S. 389 (Hervorh. im Original)

der Regierung zum »Pöbel«, wie er auch ihre vermeintliche Arbeitsscheu und ihren Drang kritisierte, die Subsistenz als Recht geltend zu machen: »Gegen die Natur kann kein Mensch ein Recht behaupten, aber im Zustande der Gesellschaft gewinnt der Mangel sogleich die Form eines Unrechts, was dieser oder jener Klasse angetan wird. Die wichtige Frage, wie der Armut abzuhelfen sei, ist eine vorzüglich die modernen Gesellschaften bewegende und quälende.«[14] Weiter stellte Hegel an gleicher Stelle in prophetischer Weitsicht fest, »daß bei dem Übermaße des Reichtums die bürgerliche Gesellschaft nicht reich genug ist, d. h. an dem ihr eigentümlichen Vermögen nicht genug besitzt, dem Übermaße der Armut und der Erzeugung des Pöbels zu steuern.«

Ina Schildbach, die über Hegel promoviert hat, bescheinigt dem Philosophen zwar, dass er die Armut als »eines der wesentlichen Probleme moderner Gesellschaften« erkannt und die Idee des Sozialstaates als Antwort darauf entwickelt habe.[15] Die politische Dimension der Armut habe Hegel aber unterschätzt und vornehmlich ignoriert, »dass sich ein moderner Staat nicht darauf beschränken kann, Menschen als Eigentümer zu definieren und erst im Nachhinein bei eingetretenen Schäden durch die ökonomische Konkurrenz einzugreifen.«[16]

1.2 Privateigentum, Profitstreben und Ausbeutung in der bürgerlichen Gesellschaft

Karl Marx und Friedrich Engels, die der sozioökonomischen Ungleichheit im 19. Jahrhundert am Beispiel des englischen Industriekapitalismus auf den Grund gingen, hielten Armut und Reichtum

14 Ebd., S. 390

15 Siehe Ina Schildbach, Armut als Unrecht. Zur Aktualität von Hegels Perspektive auf Selbstverwirklichung, Armut und Sozialstaat, Bielefeld 2018, S. 350

16 Siehe ebd., S. 351

für Manifestationen der herrschenden Eigentumsverhältnisse, die sie als Produktionsverhältnisse aber präziser fassten als Smith.

Neben der gesellschaftlichen Arbeitsteilung, die Smith in den Mittelpunkt gerückt hatte, hielt Marx das Privateigentum an Produktionsmitteln und die Aneignung des Mehrprodukts durch eine privilegierte Minderheit für die entscheidenden Ursachen der Ungleichheit, die sich in der Klassenspaltung niederschlägt. Er griff Hegels Überlegungen zu Armut und Reichtum auf, die er als sich ergänzende, zueinander in einem dialektischen Wechselverhältnis stehende Kontrapunkte eines Grundproblems begriff, das die bürgerliche Gesellschaft nicht zu lösen vermag. So konstatierte Marx im »Elend der Philosophie«, seiner 1847 erschienenen Replik auf das »System der ökonomischen Widersprüche oder Philosophie des Elends« von Pierre-Joseph Proudhon, »daß in denselben Verhältnissen, in denen der Reichtum produziert wird, auch das Elend produziert wird; daß in denselben Verhältnissen, in denen die Entwicklung der Produktivkräfte vor sich geht, sich eine Repressionskraft entwickelt; daß diese Verhältnisse den bürgerlichen Reichtum, d.h. den Reichtum der Bourgeoisklasse, nur erzeugen unter fortgesetzter Vernichtung des Reichtums einzelner Glieder dieser Klasse und unter Schaffung eines stets wachsenden Proletariats.«[17]

Armut kann man im Rahmen der bestehenden Gesellschaftsordnung also nicht durch zunehmenden Reichtum beseitigen, weil beide systembedingt und integrale Bestandteile des Kapitalismus sind. Bertolt Brecht hat dies 1934 in dem berühmten Vierzeiler seines Kindergedichts »Alfabet« folgendermaßen ausgedrückt: »Armer Mann und reicher Mann / standen da und sah'n sich an. / Und der Arme sagte bleich: / Wär' ich nicht arm, wärst du nicht reich.« Reichtum entsteht mithin nicht trotz der Existenz von Armut, sondern gerade durch deren Erzeugung. Wer über den Reichtum nicht

17 Siehe Karl Marx, Das Elend der Philosophie. Antwort auf Proudhons »Philosophie des Elends«, in: ders./Friedrich Engels, Werke (MEW), Bd. 4, Berlin (DDR) 1959, S. 141

sprechen will, was hierzulande bei unterschiedlich Wohlhabenden der Normalfall ist, sollte auch über die Armut schweigen. Denn beide sind strukturell miteinander verbunden, also zwei Seiten einer Medaille. Daraus folgt: Wer die Armut beseitigen will, muss den Reichtum antasten.

Ungleichheit in Form einer sich tendenziell vertiefenden Kluft zwischen Arm und Reich ist für Klassengesellschaften geradezu konstitutiv.[18] Länder, deren Bewohner/innen sich wesentlich durch ihr Verhältnis zum Privateigentum an Produktionsmitteln voneinander unterscheiden, kennzeichnet die extreme Ungleichverteilung der materiellen Ressourcen. Wenn einer kleinen Minderheit der Bevölkerung – wie im kapitalistischen Wirtschaftssystem – die Unternehmen, Banken und Versicherungen gehören, wohingegen eine große Mehrheit der Bevölkerung ihren Lebensunterhalt durch den Verkauf ihrer Arbeitskraft auf einem für sie zum Teil schwer zugänglichen Markt sichern muss, was vor allem bei gesundheitlichen Problemen, psychischen Beeinträchtigungen oder qualifikatorischen Defiziten häufig misslingt, kann von sozialer Gleichheit natürlich keine Rede sein. Vielmehr liegt hier die Quelle der sozioökonomischen Ungleichheit, die alle Gesellschaftsbereiche durchdringt. »Kapitalismus erzeugt funktionsnotwendig wirtschaftliche Ungleichheit, die wiederum zu politischer Ungleichheit führt.«[19]

Hieraus erwächst laut dem Berliner Politikwissenschaftler Wolfgang Merkel ein Spannungsverhältnis zwischen bestimmten Varianten des Kapitalismus und Formen der liberalen Demokratie, weil Letztere im Gegensatz zu Ersterem auf dem Prinzip der (rechtlichen und politischen) Gleichheit aller Bürger/innen basiert, ohne dass sie diese zuverlässig gewährleistet: »Während die formale rechtliche und politische Gleichheit in rechtsstaatlichen Demokratien per definitionem gegeben ist – sonst wären sie keine rechtsstaatlichen

18 Vgl. hierzu sehr viel ausführlicher: Christoph Butterwegge, Ungleichheit in der Klassengesellschaft, 2. Aufl. Köln 2021

19 Wolfgang Merkel, Im Zwielicht. Zerbrechlichkeit und Resilienz der Demokratie im 21. Jahrhundert, Frankfurt am Main / New York 2023, S. 24

Demokratien –, gibt es de facto schon im rechtlichen Bereich (Zugang zur Gerichtsbarkeit), aber erst recht im politischen Bereich Ungleichheiten, die durch die sozioökonomische Ungleichheit hervorgerufen werden und Grundprinzipien der Demokratie infrage stellen.«[20]

Die arbeitende und die (Kapitaleigentum) besitzende Klasse haben zwar ihre Gestalt ebenso wie ihre personelle Zusammensetzung im Laufe der Zeit erheblich verändert, sind also nicht mehr identisch mit dem Proletariat und der Bourgeoisie des 19. Jahrhunderts, existieren jedoch modifiziert fort. Auch im digitalen Finanzmarktkapitalismus dominieren zwei Klassen, deren Interessenantagonismus die Sozialstruktur in Deutschland prägt. Der spanische Soziologe César Rendueles differenziert die Sozialstruktur im Gegenwartskapitalismus mit Blick auf eine in sich heterogene Mittelschicht jedoch zu Recht stärker aus, wenn er konstatiert: »In modernen Gesellschaften speist sich materielle Gleichheit bzw. Ungleichheit aus den Machtbeziehungen zwischen einer großen Mehrheit an Lohnabhängigen, einer immer noch recht umfangreichen Minderheit von Gruppen, die Qualifikationen und als wertvoll erachtete gesellschaftliche Ressourcen horten, und einer kleinen, über Produktionsmittel und Finanzkapital verfügenden Eigentümerelite.«[21]

Wenn die Grundaxiome der Marx'schen Theorie stimmen, hängt die Klassenzugehörigkeit, der soziale Status bzw. die gesellschaftliche Position einer Person von deren Stellung im ökonomischen Produktions- und Reproduktionsprozess ab, d. h. nicht in erster Linie vom eigenen Geldbeutel oder von dem ihrer Eltern; dessen Bedeutung hat allerdings in jüngster Zeit deutlich zugenommen. Christian Neuhäuser, ein Dortmunder Philosoph, der Reichtum skandalisiert und als moralisches Problem identifiziert, bezieht sich auf das Geld statt auf das Kapital, über welches jemand verfügt, was

---

20 Ebd., S. 25

21 César Rendueles, Gegen Chancengleichheit. Ein egalitaristisches Pamphlet, Berlin 2022, S. 106 f.

er folgendermaßen begründet: »Was immer Geld sonst noch sein mag, die ungleiche Verteilung von Geld ist mit Sicherheit ein Ausdruck der ungleichen Verteilung von Kapital, Land und der ungleichen Bewertung von Arbeitskraft. Das ist vielleicht auch der Grund, warum in der Alltagssprache häufig Kapital mit Geld gleichgesetzt wird.«[22]

Neben den Produktionsverhältnissen, die für Architektur und Struktur der bürgerlichen Gesellschaft grundlegend bleiben, kommt den Distributionsverhältnissen im Finanzmarktkapitalismus eine wachsende Bedeutung zu: Einkommen und Vermögen bestimmen maßgeblich über das Verhältnis zwischen Klassen und Schichten, aber auch über die Lebensbedingungen innerhalb derselben sowie über die Stellung eines Menschen in der Gesellschaft mit.

Klassengesellschaften bilden sich laut Marx heraus, wenn sich eine Bevölkerungsgruppe aufgrund ihrer privilegierten Stellung im Prozess der materiellen Produktion das gesellschaftliche Mehrprodukt aneignet, indem sie die Mitglieder einer anderen Bevölkerungsgruppe für sich arbeiten lässt und damit ausbeutet. Ausbeutung ist demnach keineswegs, wie die meisten Kritiker/innen des Marxismus unterstellen, nur eine *besonders krasse* Form der Unterbezahlung von Arbeitskräften und der Profitmaximierung, sondern eine Bezeichnung für jede Art der Mehrwertgewinnung durch die Produktionsmittelbesitzer.

Katharina Pistor drückt sich zwar unglücklich aus, wenn es im Untertitel ihres Buches »Der Code des Kapitals« heißt, das Recht *schaffe* Reichtum und Ungleichheit, weist aber detailliert nach, wie es *in den Dienst des Kapitals gestellt* wurde und warum es maßgeblich dazu beiträgt, sozioökonomische Ungleichheit einerseits zu legitimieren und andererseits zu perpetuieren. »Die Wohlhabenden führen oft besondere Fähigkeiten, die harte Arbeit und die persönlichen Opfer, die sie selbst oder ihre Eltern oder Vorfahren erbracht

22 Christian Neuhäuser, Reichtum als moralisches Problem, 2. Aufl. Berlin 2018, S. 49

haben, als Rechtfertigung für das Vermögen an, das sie heute besitzen. Gewiss mögen diese Faktoren zur Entstehung ihrer Reichtümer beigetragen haben. Doch ohne rechtliche Codierung hätten die meisten davon nur kurze Zeit überdauert. Über lange Zeiträume hinweg Reichtum anzuhäufen erfordert eine zusätzliche Absicherung, die nur ein von den Zwangsbefugnissen des Staates gestützter Code bieten kann.«[23]

Eine »marktwirtschaftlich« organisierte, kapitalistische Gesellschaft wie die unsrige tendiert zur sozioökonomischen Polarisierung, weil den Mitgliedern einer materiell privilegierten Klasse, des Bürgertums bzw. der Bourgeoisie, die Produktionsmittel, also heutzutage die (Industrie-)Unternehmen, Dienstleistungsfirmen und digitalen Plattformen, ebenso gehören wie die finanziellen Rücklagen, mit denen sie Spekulationsgewinne auf den Finanzmärkten erzielen, während die Mitglieder einer anderen Klasse, traditionell Proletariat genannt, ihre Arbeitskraft gegen einen relativ geringen Lohn verkaufen müssen. Durch einen Strukturwandel der Arbeitsgesellschaft ist neben das Industrieproletariat als Kern der arbeitenden Klasse mittlerweile ein deutlich schlechter entlohntes Dienstleistungsprekariat getreten,[24] dem Paketzusteller/innen, Getränkelieferant(inn)en und Fahrradkuriere, aber auch die sog. Click-, Crowd- oder Gigworker des digitalen Plattformkapitalismus angehören.

Anknüpfend an die Charakterisierung früherer Entwicklungsphasen der bestehenden Wirtschaftsordnung als »Handels-«, »Manufaktur-«, »Industrie-« und »Monopolkapitalismus« sprechen linke Ökonomen auch vom »Finanzmarktkapitalismus«, für den außerhalb des regulären Banksektors tätige Schattenbanken, Investment- und Hedgefonds, Private-Equity-Gesellschaften (»Heu-

---

23 Katharina Pistor, Der Code des Kapitals, a. a. O., S. 19

24 Vgl. hierzu: Christoph Butterwegge, Soziale Ungleichheit in der gegenwärtigen Arbeitsgesellschaft. Vom klassischen Industrieproletariat zum Dienstleistungsprekariat, in: Martin Seeliger (Hg.), Strukturwandel der Arbeitsgesellschaft, Weinheim/Basel 2023, S. 83 ff.

schrecken«) und Spekulationsblasen unterschiedlicher Art typisch sind.[25]

Durch die Ausweitung und Aufwertung der Finanzmärkte nahmen die sozialen Polarisierungseffekte zu. Der frühere Bundestagsabgeordnete Gerhard Schick spricht von den Finanzmärkten als einer »große(n) Umverteilungsmaschine«, die entscheidend zum »Auseinanderdriften der Gesellschaft« beitrage.[26] Auf den Finanzmärkten werden in Sekundenbruchteilen unvorstellbar hohe Geldbeträge transferiert. »Finanzmärkte sind der Ort der Realisierung von ungeheurem Reichtum der finanzkapitalistischen Gewinner und der Vernichtung des Geldvermögens von Millionen Anlegern zugleich.«[27] Umstritten ist, ob Finanzkonzerne à la BlackRock, State Street und Vanguard die Realökonomie dominieren und der Kapitalismus »multiple« Krisen nicht mehr zu beherrschen vermag.

Von einer »Finanzialisierung« ist die Rede, wenn es um den zunehmenden Einfluss der Kapitalmarktakteure auf fast alle Lebensbereiche geht. Beispielhaft dafür ist die Finanzialisierung des Mietwohnungsmarktes, die in der Bundesrepublik zwar nicht wie in den USA zu einer »Eigentümernation privat verschuldeter Haushalte« geführt, aber wegen des aggressiven Verhaltens solcher Großunternehmen wie Deutsche Wohnen und Vonovia das Mietpreisniveau beeinflusst hat.[28]

---

25 Vgl. Paul Windolf (Hg.), Finanzmarkt-Kapitalismus. Analysen zum Wandel von Produktionsregimen, Wiesbaden 2005 (Kölner Zeitschrift für Soziologie und Sozialpsychologie, Sonderheft 45); Wolfgang Krumbein u. a. (Hg.), Finanzmarktkapitalismus? – Zur Kritik einer gängigen Kriseninterpretation und Zeitdiagnose, Marburg 2014; Michael Faust / Jürgen Kädtler / Harald Wolf (Hg.), Finanzmarktkapitalismus? – Der Einfluss von Finanzialisierung auf Arbeit, Wachstum und Innovation, Frankfurt am Main / New York 2017

26 Siehe Gerhard Schick, Die Bank gewinnt immer. Wie der Finanzmarkt die Gesellschaft vergiftet, Frankfurt am Main / New York 2020, S. 99

27 Dieter Klein, Milliardäre – Kassenleere. Rätselhafter Verbleib des anschwellenden Reichtums, 2. Aufl. Berlin 2006, S. 159

28 Vgl. Philipp P. Metzger, Die Finanzialisierung der deutschen Ökonomie am Beispiel des Wohnungsmarktes, Münster 2020

In der politischen und Medienöffentlichkeit wird die Analyse der Ungleichheit vor allem mit dem französischen Ökonomen Thomas Piketty in Verbindung gebracht, dessen Hauptwerk »Das Kapital im 21. Jahrhundert« große Resonanz weit über sein Heimatland hinaus fand. Extreme soziale Ungleichheit resultiert laut Piketty aus im historischen Maßstab überhöhten Renditen, denen eine Wachstumsschwäche entspricht: »Wenn die Kapitalrendite dauerhaft höher ist als die Wachstumsrate von Produktion und Einkommen, was bis zum 19. Jahrhundert der Fall war und im 21. Jahrhundert wieder zur Regel zu werden droht, erzeugt der Kapitalismus automatisch inakzeptable und willkürliche Ungleichheiten, die das Leistungsprinzip, auf dem unsere demokratischen Gesellschaften basieren, radikal infragestellen.«[29]

Gegenüber den ökonomischen Faktoren, die Piketty in mathematische Formeln presst, kommen die politischen Determinanten zur Erklärung und zur Überwindung der sozialen Ungleichheit bei ihm allerdings zu kurz. Der US-amerikanische Soziologe Michael Burawoy kritisiert Piketty daher scharf und moniert, dass dieser bei seinen Ratschlägen zur höheren Besteuerung von Reichen und Hyperreichen nicht erkläre, woher der Wille zur Kurskorrektur einer Regierung kommen solle: »Er hat keine Theorie der Politik, keine Theorie des Staates, keine Theorie sozialer Bewegungen, keine Theorie der Kultur und vor allem keine Theorie des Kapitalismus. Er hat eine Formel für die zunehmende Ungleichheit, aber die Faktoren hinter den Variablen (Kapitalrenditen und Wirtschaftswachstum) werden nicht erklärt. So schwankt er hin und her zwischen einem radikalen Indeterminismus – ›alles ist möglich‹ – und einem radikalen Empirismus, der davon ausgeht, dass die Welt einfach weiterlaufen wird, wie sie ist.«[30]

---

29 Thomas Piketty, Das Kapital im 21. Jahrhundert, 6. Aufl. München 2015, S. 13f.

30 Michael Burawoy, Public Sociology. Öffentliche Soziologie gegen Marktfundamentalismus und globale Ungleichheit, Weinheim/Basel 2015, S. 192

1.3 Hyperreichtum von Unternehmerdynastien als Folge politischer Einflussnahme

Warum existiert die Not von Armen neben Megavermögen, deren Eigentümer man nicht »Super-«, sondern Hyperreiche nennen sollte, weil es oft selbst für sie persönlich nicht gut ist, dermaßen viel zu besitzen, dass sich ihre Verwandten und potenziellen Erben manchmal jahrzehntelang streiten? Familien wie die Albrechts (Eigentümer von Aldi Nord und Aldi Süd), die Dussmanns oder die Tönnies treffen sich zum Teil bloß noch in Gerichtssälen, und der Gesellschaft schadet es auf jeden Fall, wenn dem Staat die Geldmittel fehlen, um die wachsenden sozialen Probleme des Landes zu lösen – von der Verelendung im Obdachlosenmilieu über das Fehlen auch für Geringverdiener/innen bezahlbarer Mietwohnungen bis zur schlechten Ausstattung der öffentlichen Kinderbetreuungs-, Bildungs- und Pflegeeinrichtungen.

Multimillionäre und Milliardäre fallen nicht vom Himmel. Es gibt sie vielmehr nur unter bestimmten Rahmenbedingungen und historischen Konstellationen, etwa dann, wenn sich in einem Land mächtige Geburtshelfer des Reichtums finden, die Großgrundbesitzern, Firmeninhabern, Immobilienmogulen oder Finanzakrobaten und ihren Erben durch sie (steuerlich) begünstigende Regelungen staatlicherseits Rückendeckung geben. »Typische Beispiele sind die Familie Thurn und Taxis, heute der größte Waldbesitzer Deutschlands, deren Vorfahren ihr Vermögen seit dem 16. Jahrhundert als privilegierte Postunternehmer des Heiligen Römischen Reiches erwarben, und die Familie Siemens, noch heute einer der größten Aktionäre des Weltunternehmens Siemens AG, deren Vorfahr Werner von Siemens 1888 durch Kaiser Friedrich III. geadelt wurde.«[31]

31 Karl-Martin Hentschel / Alfred Eibl, Steuerrevolution. Ein Konzept zur Rückverteilung von Reichtum, zu mehr Gerechtigkeit und Klimaschutz, Hamburg 2024, S. 96

So bekannte Unternehmerdynastien existieren teilweise schon seit vielen Generationen, manchmal sogar bereits seit Jahrhunderten. »Nur etwa ein Viertel der großen Vermögen stammt […] aus demokratischen Zeiten, meist von Vorfahren der heutigen Eigner, die das Vermögen ebenfalls lediglich geerbt haben. Der Großteil der Familien in Deutschland vererbt dagegen nichts.«[32] Zumindest kein nennenswertes Vermögen, das über den normalen Hausrat, das Tafelsilber, alten Familienschmuck und einen Gebrauchtwagen hinausreicht.

Durch die Symbiose von NSDAP, skrupellosen Bankiers und Großunternehmern der Schwerindustrie im »Dritten« bzw. Großdeutschen Reich hat sich der Reichtum noch stärker als im Wilhelminischen Kaiserreich und in der Weimarer Republik bei wenigen, größtenteils fortbestehenden Unternehmerdynastien konzentriert. »An diesen Vermögen klebt bis heute das Blut der Opfer der Nazi-Diktatur; was die Öffentlichkeit weder in der jungen Bonner Republik noch in der heutigen Berliner Republik wirklich störte.«[33]

Der Journalist David de Jong hat in seinem Buch »Braunes Erbe« detailliert nachgezeichnet, wie Günther Quandt, Friedrich Flick, August Baron von Finck, Gustav Krupp von Bohlen und Halbach oder Ferdinand Porsche aufgrund einer für sie äußerst lukrativen Kollaboration mit dem Regime vor allem im Rüstungsbereich riesige Wirtschaftsimperien begründeten. Dass die »entnazifizierten« Industriemagnaten und ihre Erben den im NS-Staat begonnenen Aufstieg im »Wirtschaftswunder« der jungen Bundesrepublik nahezu bruchlos fortsetzen konnten, ohne für die »Arisierung« jüdischen Vermögens sowie die Ausbeutung von Zwangsarbeiter(inne)n, KZ-Insass(inn)en und Kriegsgefangenen belangt zu werden, führt der Journalist auf eine »Kultur des Schweigens« zurück: »Man vergrub die Schrecken des ›Dritten Reichs‹ und die monströsen Taten, die

32 Ebd.

33 Jens Berger, Wem gehört Deutschland? – Die Bilanz der letzten 10 Jahre, Neu-Isenburg 2024, S. 174

viele Deutsche in dieser Zeit begangen hatten, so tief es nur ging. Während die westdeutschen Magnaten ihre Dutzende bis Hunderte Millionen Reichsmark in Milliarden Deutsche Mark oder Dollar verwandelten und beträchtliche Teile der deutschen und globalen Wirtschaft (wieder) unter ihre Kontrolle brachten, blickten sie selten, wenn überhaupt, zurück.«[34]

Für großes Aufsehen sorgten der Flick-Skandal in den 1980er-Jahren, in den zwei Wirtschaftsminister der FDP, aber auch Politiker der übrigen Bundestagsparteien, sowie die CDU-Parteispendenaffäre gegen Ende der 1990er-/Anfang der 2000er-Jahre, in die neben dem damaligen Bundeskanzler und CDU-Vorsitzenden Helmut Kohl auch sein Parteifreund Wolfgang Schäuble verwickelt war. In beiden Fällen hatten Unternehmer mittels hoher Geldbeträge für Parteien und Politiker auf staatliche Entscheidungen massiv eingewirkt. Friedrich Karl Flick, dessen Vater in einem der Nürnberger Kriegsverbrecherprozesse wegen Verbrechen gegen die Menschheit, Zwangsarbeit, Deportation zur Sklavenarbeit und Plünderung sowie der Mitgliedschaft in einer verbrecherischen Organisation zu sieben Jahren Haft verurteilt, aber schon bald wieder aus dieser entlassen worden war, hat als seinerzeit reichster Mann des Landes durch ein millionenschweres Bestechungsmanöver rund eine Milliarde D-Mark an Steuern gespart und ist später nach Österreich übergesiedelt, dessen Staatsbürgerschaft er auch annahm.[35]

Dies war nur ein besonders spektakuläres, von der breiten Öffentlichkeit mit Verwunderung wahrgenommenes Beispiel für die Beeinflussung politischer Willensbildungs- und Entscheidungsprozesse durch Konzerne und Großunternehmer, die meistens viel subtiler erfolgt. »Der Geldadel und die Gobal Player nutzen alle Kanäle, ihren finanziellen Beitrag zu einem Gemeinwesen zu drücken, von dem sie mindestens so sehr profitieren wie die Durchschnittsbürger.

34 David de Jong, Braunes Erbe. Die dunkle Geschichte der reichsten deutschen Unternehmerdynastien, Köln 2022, S. 328

35 Vgl. Hans Werner Kilz / Joachim Preuss, Flick. Die gekaufte Republik, Reinbek bei Hamburg 1983, S. 117 ff.

Die massive finanzielle Unterstützung der Parteien, die sich für die Interessen der Einkommens- und Vermögenselite starkmachen, gehört genauso zum Repertoire wie die Beeinflussung der öffentlichen Meinung.«[36]

Norbert Walter-Borjans berichtet aufgrund seiner persönlichen Erfahrungen als ehemaliger Finanzminister des größten Bundeslandes, der durch den Ankauf von Steuer-CDs aus der Schweiz weit über die Grenzen Nordrhein-Westfalens bekannt und am 6. Dezember 2019 nach einem Mitgliederentscheid zum SPD-Vorsitzenden gewählt wurde, über die enormen Schwierigkeiten, mit denen sogar die Strafverfolgung bei Steuerbetrug zu kämpfen hatte: »Es gibt Medien, die die Aufklärung eines jahrzehntelang unbehelligt vollzogenen Kapitaldelikts an der Allgemeinheit als fragwürdiges Unterfangen diskreditieren und Steueroasen als Beitrag zum globalen Wettbewerb preisen. Und es gibt Politiker, die es für gute Standortpolitik halten, wenn sie die Zahl der Betriebsprüfer ausdünnen oder bei Gewinnverschiebungen in Steueroasen beide Augen zudrücken.«[37]

Auch beim »größten Steuerraub« seit Gründung der Bundesrepublik hatten Politik und Verwaltung ihre Hände im Spiel, vollzog er sich doch »unter den Augen des Staates«, wie der Journalist Massimo Bognanni sein Buch über den Cum-Ex-Skandal genannt hat.[38] Durch die kriminellen Machenschaften eines mafiösen Netzwerkes von Bankern, dubiosen Anlageberatern und reichen Bürgern, das Aktien um den Dividendenstichtag so lange hin- und herschob, bis die Finanzämter den Überblick verloren und nie gezahlte Kapitalertragsteuern zurückerstatteten, wurde der Bund um einen zweistelligen Milliardenbetrag geprellt. Gleiches wiederholte sich bei den Cum-Cum-Deals, mit denen ausländische Investoren kurzzeitig

---

36 Norbert Walter-Borjans, Steuern – der große Bluff, Köln 2018, S. 164

37 Ebd., S. 125

38 Siehe Massimo Bognanni, Unter den Augen des Staates. Der größte Steuerraub in der Geschichte der Bundesrepublik, München 2024

Aktien über den Dividendenstichtag an deutsche Geschäftspartner verliehen, die daraufhin Kapitalertragsteuern erstattet bekamen. Unterbinden ließe sich jedwede Manipulation dieser Art, indem eine solche Steuererstattung gänzlich ausgeschlossen würde.

Noch immer machen sich politisch Verantwortliche und Verwaltungsmitarbeiter/innen in Deutschland mit den wirtschaftlich Mächtigen gemein. Das illustrierte ein Skandal, den die ZDF-Dokumentation »Die geheime Welt der Superreichen – Das Milliardenspiel« von Jochen Breyer und Julia Friedrichs am 12. Dezember 2023 aufdeckte. Gerda Hofmann, die als Ministerialrätin eine Fachabteilung im Bundesfinanzministerium leitete, hat auf einem von der Wirtschaftssteuerkanzlei Flick Gocke Schaumburg in einem hessischen Fünfsternehotel veranstalteten Seminar referiert, wobei sie die eine Teilnahmegebühr von 1.500 Euro pro Tag entrichtenden Teilnehmer mit Tipps und Tricks zur »Steueroptimierung« versorgte. Die höchstrangige Beamtin des Bundes für Regelungen im Bereich der Erbschaft-, Grund- und Vermögensteuer informierte das erlesene Publikum über Pläne des Ministeriums, eine Steuervergünstigung bei der Grunderwerbsteuer wegfallen zu lassen, beruhigte ihre Zuhörer/innen aber mit dem Hinweis, dass es »Werkzeugkästen« gebe, um das Problem in deren Sinne zu lösen. Auch der FDP-Politiker und Bundestagsvizepräsident Wolfgang Kubicki und Julia Klöckner, wirtschaftspolitische Sprecherin der CDU/CSU-Bundestagsfraktion, hatten sich nach Recherchen von LobbyControl im Juni 2023 auf einer von derselben Kanzlei auf Mallorca veranstalteten Konferenz mit Managern von BlackRock, der Bayer AG und der Deutschen Bank getroffen.

BlackRock ist als größter Finanzkonzern der Welt seit vielen Jahren an sämtlichen Dax-Unternehmen beteiligt.[39] Zwar rückt Jens Berger, Redakteur der *NachDenkSeiten*, mit seinen umfangreichen

39 Vgl. dazu: Heike Buchter, BlackRock. Eine heimliche Weltmacht greift nach unserem Geld, 2. Aufl. Frankfurt am Main / New York 2020; Werner Rügemer, BlackRock & Co. enteignen! – Auf den Spuren einer unbekannten Weltmacht, Frankfurt am Main 2022

Recherchen fundiert die Macht der Finanzkonzerne ins Blickfeld: »Die Konzerne bestimmen die Politik und die Finanzkonzerne bestimmen über ihre Beteiligungen die Politik der Konzerne.«[40] Berger nennt allerdings mit der US-Sanktionspolitik gegenüber missliebigen Staaten selbst ein Beispiel, das zeigt, wie groß der Handlungsspielraum und die Entscheidungsautonomie der politischen Machthaber sind, wenn das »nationale Interesse« einem Profitinteresse von Konzernen entgegensteht. Er stellt nämlich etwas später fest, »dass US-Unternehmen die Wünsche aus dem Weißen Haus auch dann pflichtgetreu umsetzen, wenn ihnen daraus ein finanzieller Schaden entsteht.«[41] Auch wirkt es zu defätistisch, wenn Berger aus seiner Beschäftigung mit den Finanzkonzernen folgert: »Noch nie war so viel Macht so ungleich auf so wenige Akteure verteilt. BlackRock und Co. haben kein Demokratiedefizit. Sie sind absolutistische Herrscher. L'économie c'est moi! Und der Allgemeinheit bleibt einzig und allein die Ohnmacht.«[42]

1.4 Scheinlegitimation der Ungleichheit in Westdeutschland durch Währungsreform, »Soziale Marktwirtschaft« und »Wirtschaftswunder«

Knapp ein Jahr, bevor die Bundesrepublik Deutschland am 23. Mai 1949 entstand, wurde mit der Währungsreform ihr Gründungsmythos geschaffen. Dieser wirkt bis heute nach, indem er die Illusion einer weitgehenden Egalität auf (west)deutschem Staatsgebiet genährt hat. Denn am 20. Juni 1948 wurde sämtlichen Besitzer(inne)n einer gültigen Lebensmittelkarte für 40 Reichsmark eine gleich hohe »Kopfquote« in neuer Währung ausgehändigt, nachdem die

---

40 Jens Berger, Wer schützt die Welt vor den Finanzkonzernen? – Die heimlichen Herrscher und ihre Gehilfen, Frankfurt am Main 2019, S. 223

41 Siehe ebd., S. 245

42 Ebd., S. 234

westlichen Siegermächte die dafür benötigten Banknoten jenseits des Atlantiks gedruckt, heimlich nach Deutschland verschifft und auf ihre Besatzungszonen verteilt hatten. Der falsche Eindruck einer politisch hergestellten Eigentums-, Einkommens- und Vermögensgleichheit verstärkte sich aufgrund der Tatsache, dass die Bundesrepublik eine Währung erhielt, noch bevor sie als Staat auf die politische Weltbühne trat. »Am Abend des 20. Juni 1948 schien es, als seien mit einem Schlage alle Westdeutschen gleich arm oder gleich reich geworden, denn jeder hatte nur 40 DM gültiges Bargeld. Später wurde daraus die Legende, durch die Währungsreform habe jeder die gleiche Chance zu einem wirtschaftlichen Neubeginn erhalten.«[43]

Da es durchaus Menschen gab, die keine 40 Reichsmark zum Umtauschen besaßen, weil sie zu arm waren, wohingegen Unternehmer zusätzlich 60 DM pro Beschäftigten erhielten, von dem meist sehr viel größeren Vermögen – Sachwerte wie Grundstücke, Gebäude, Betriebe, Maschinen, Automobile, Edelmetall, Schmuck und wertvolle Gemälde blieben ja unangetastet – abgesehen, das ihnen blieb und sich jetzt relativ leicht vergrößern ließ, vertiefte sich die Kluft zwischen Kapital und Arbeit. Gleichwohl sah es so aus, als begünstige die Geldumstellung gerade sozial Benachteiligte, denn alle Bankguthaben wurden – ebenso wie Schulden – im Verhältnis 10 (bzw. 6,5) zu 1 abgewertet. Vor allem Arbeiter/innen sowie kleine Angestellte und Beamte verloren jedoch oftmals ihre ganzen Ersparnisse bis auf einen kümmerlichen Rest. »Mit 40 DM ›Kopfgeld‹, sehr knappem Einkommen und dem traurigen Wissen, daß alles Ersparte bis auf einen Notgroschen vernichtet worden war, profitierten die breite Unterschicht und der untere Mittelstand sehr wenig von den geradezu sensationellen Veränderungen, die in der Nacht vom 20. zum 21. Juni 1948 vor sich gingen.«[44]

43 Bernt Engelmann, Wie wir wurden, was wir sind. Von der bedingungslosen Kapitulation bis zur unbedingten Wiederbewaffnung, München 1982, S. 170

44 Ebd., S. 172

Die westdeutsche Währungsreform festigte im Bewusstsein vieler Zeitgenoss(inn)en den falschen Eindruck, die Allerärmsten seien besser gestellt als zuvor, erhielten sie ihre Kleinstrenten oder Beihilfen doch seit dem 1. Juli 1948 in alter Höhe, nur fortan in D-Mark. »Aber davon hatten die Rentner und Unterstützungsempfänger kaum Vorteile; die Höhe ihrer Mieten, die Kosten für Strom und Heizung und auch die Preise der auf Marken erhältlichen Lebensmittel blieben ja zunächst gleich.«[45] Der Publizist Bernt Engelmann hat diese Feststellung um den wichtigen Hinweis ergänzt, dass schon bald alles, was sie kaufen mussten, um leben zu können, teurer wurde, weshalb sich ausgerechnet die Allerärmsten letzten Endes sogar schlechter gestanden hätten als vorher.

Durch die Währungsreform wurde das überwiegend auf Sparbüchern befindliche Geldvermögen vieler Kleinbürger/innen, Arbeiter/innen und Angestellten partiell entwertet. Der Historiker Marc Buggeln merkt deshalb an, dass die Währungsreform eine Umverteilung von Unten nach Oben bewirkt hat: »Sie war von Vorteil für alle, die unter dem nationalsozialistischen Regime und in der Zeit der Besatzung in der Lage gewesen waren, ihre Verdienste in Sachwerte zu investieren, oder sich erlauben konnten, Waren zu horten. Dies waren vor allem die Unternehmer und Firmeneigner. Die größten Verlierer waren die Halter von öffentlichen Anleihen, aber insgesamt waren die Sparer Benachteiligte der Reform, was große Teile der Mittel- und Unterschicht betraf, weil diese gegen Kriegsende ihr Geld kaum noch für Käufe verwenden konnten und zum Sparen gezwungen waren.«[46]

Die von Ludwig Erhard in seiner Funktion als Direktor der Verwaltung für Wirtschaft in den westlichen Besatzungszonen verfügte Freigabe fast aller Preise war laut der *taz*-Wirtschaftskorrespondentin Ulrike Herrmann eine fatale Fehlentscheidung: »Nach der

45 Ebd., S. 171

46 Marc Buggeln, Das Versprechen der Gleichheit. Steuern und soziale Ungleichheit in Deutschland von 1871 bis heute, Berlin 2022, S. 591

Währungsreform blieben nur ein paar Lebensmittel und Rohstoffe sowie Mieten, Gas, Strom und Fahrkarten gedeckelt. Prompt kam es zu einer sprunghaften Inflation, die vor allem arme Haushalte traf.«[47]

Bereits kurz nach der Währungsumstellung sowie der Preis- und Bewirtschaftungsfreigabe gemäß dem *Leitsätzegesetz* (Gesetz über Leitsätze für die Bewirtschaftung und Preispolitik nach der Geldreform) lagen die Schaufenster und Regale vieler Läden, in denen zuvor gähnende Leere geherrscht hatte, voller Waren, von denen mancher Verbraucher geglaubt hatte, es gäbe sie überhaupt nicht mehr. Dieser Umstand ließ die Währungsreform in den Augen von Millionen Menschen als Geburtshelferin des sich bald zumindest abzeichnenden Wohlstandszuwachses erscheinen. Diskursiv verband er sich mit der »Sozialen Marktwirtschaft«, wie das Wirtschaftssystem der Bundesrepublik unter Rekurs auf einen Leonhard Miksch (Ordoliberaler, SPD-Mitglied und Berater Erhards) sowie Alfred Müller-Armack (Nationalökonom, Hochschullehrer und später Leiter der Grundsatzabteilung des Bundeswirtschaftsministeriums) zugeschriebenen Begriff genannt wurde.[48]

Je mehr sich dieser »Kosename für den Kapitalismus« (Dieter Lattmann) durchsetzte, mit dem CDU und CSU ab 1949 ihre Wahlkämpfe führten und die meisten Parlamentssitze gewannen, umso positiver gestaltete sich das Image der westdeutschen Nachkriegsgesellschaft. Armut wurde, wenn man sie überhaupt noch wahrnahm und nicht ebenso wie den Reichtum ignorierte, als Kriegsfolge und Nachwirkung der Besatzungszeit betrachtet, die laut Bundesregierung im Zuge des erfolgreichen Wiederaufbaus von selbst verschwinden werde. »In einer Gesellschaft, in der es verpönt war, von sozialen Klassen zu sprechen, man statt dessen Begriffe wie Schich-

47 Ulrike Herrmann, Deutschland, ein Wirtschaftsmärchen. Warum es kein Wunder ist, dass wir reich geworden sind, 2. Aufl. Frankfurt am Main 2019, S. 45

48 Vgl. Uwe Fuhrmann, Die Entstehung der »Sozialen Marktwirtschaft« 1948/49. Eine historische Dispositivanalyse, Konstanz/München 2017

ten, Gruppen und schließlich den der nivellierten Mittelstandsgesellschaft einführte, durfte es die Armut als Klassenproblem nicht geben, sondern nur als pathologische Erscheinungsformen bestimmter Gruppen.«[49]

Der immer wieder versprochene »Wohlstand für alle« stellte sich nie, großer Wohlstand für wenige auch erst im sog. Wirtschaftswunder der späten 1950er- und frühen 1960er-Jahre ein. »Obwohl sich die Ungleichheit verschärfte, verbreitete sich die Illusion, man würde in einer ›nivellierten Mittelstandsgesellschaft‹ leben.«[50] Mit dieser Legitimationsformel hatte Helmut Schelsky, seinerzeit Professor für Soziologie an der Hamburger Akademie für Gemeinwirtschaft, im Jahr 1953 die Sozialstruktur des kapitalistischen Wirtschafts- und Gesellschaftssystems beschönigt. Nivelliert seien nicht nur die Klassengegensätze, welche sich in ein »gesteigertes gleichförmiges Sozialbewußtsein« aufgelöst hätten, behauptete Schelsky damals allen Ernstes, sondern auch die Realeinkommen, der Geschmack und der Lebensstil.[51]

Schelsky bestritt nicht etwa, dass Deutschland im 19. Jahrhundert eine »industrielle Klassengesellschaft« gewesen sei und sich entsprechende Strukturelemente bis zur Gegenwart erhalten hätten. Durch einen kollektiven Aufstieg der Industriearbeiterschaft und eher individuell verlaufende Aufstiege von technischen, kaufmännischen und Verwaltungsangestellten in den »neuen Mittelstand« sowie Abstiegs- und Deklassierungsprozesse im Besitz- und Bildungsbürgertum habe sich die soziale Kluft aber weitgehend geschlossen. Für den Trend zur Egalisierung der Gesellschaftsstruktur nannte Schelsky zwei zusätzliche Ursachen, die im Verantwortungsbereich der Bundesregierung lagen: eine »umfassende und sich ständig aus-

49 Jürgen Roth, Absturz. Das Ende unseres Wohlstands, München/Zürich 1997, S. 33

50 Ulrike Herrmann, Deutschland, ein Wirtschaftsmärchen, a. a. O., S. 105

51 Vgl. Helmut Schelsky, Wandlungen der deutschen Familie in der Gegenwart. Darstellung und Deutung einer empirisch-soziologischen Tatbestandsaufnahme, Dortmund 1953, S. 224 f.

dehnende Sozialpolitik« einerseits sowie eine »strenge, sich in den Einkommensstufen sehr schnell verschärfende Steuerpolitik« andererseits.[52]

Augenscheinlich irrte Schelsky hier: Weder war die Sozialpolitik zu expansiv noch die Steuerpolitik zu progressiv. Da der Staat durch steuer- und sozialpolitische Maßnahmen auch nur die Sekundärverteilung beeinflusste, aber weder in die Vermögenssubstanz eingriff noch das Privateigentum an Produktionsmitteln aufhob – bis heute fand keine einzige Vergesellschaftungsmaßnahme oder Enteignung von Unternehmen nach Art. 15 des *Grundgesetzes* statt –, blieb die Klassenstruktur der Bundesrepublik unangetastet. Schelskys Gesellschaftsdiagnose hielt der Überprüfung daher weder empirisch noch theoretisch stand. Vielmehr wurde sie durch die weitere Entwicklung der Bundesrepublik insofern widerlegt, als die fortschreitende Konzentration des Kapitals, die Monopolbildung in den Schlüsselindustrien und der tendenzielle Rückgang des Anteils der wirtschaftlich Selbstständigen zu ganz anderen Deutungen führen mussten.

Vor dem Hintergrund des um die Mitte der 1950er-Jahre einsetzenden »Wirtschaftswunders«, der politischen Westintegration und der Wiederbewaffnung vollzog sich nicht bloß die Rekonstruktion des Kapitalismus, sondern auch eine Restauration seiner durch extreme Gegensätze der materiellen Ressourcenausstattung gekennzeichneten Sozialstruktur. Kein anderes historisches Ereignis besaß für die Scheinlegitimation der fortdauernden Ungleichheit nach dem Zweiten Weltkrieg und für die Verankerung der Leistungsideologie bzw. des meritokratischen Mythos im Alltagsbewusstsein der Westdeutschen jedoch einen so überragenden Stellenwert wie die Währungsreform, denn durch sie musste es für Teile der Bevölkerung scheinen, als hätten Reiche ihr Vermögen durch eigene Verdienste erworben und nach den Kriegszerstörungen arm Gebliebene sich den Mangel an Finanzmitteln selbst zuzuschreiben, weil

52 Siehe ders., Die Bedeutung des Schichtungsbegriffs für die Analyse der gegenwärtigen deutschen Gesellschaft (1953), in: Helmut Schelsky, Auf der Suche nach Wirklichkeit. Gesammelte Aufsätze, Düsseldorf/Köln 1965, S. 332

alle Bundesbürger/innen vermeintlich mit demselben Geldbetrag gestartet waren.

Für die breite Akzeptanz der kapitalistischen Nachkriegsordnung ähnlich relevant waren zwei sozial- und verteilungspolitisch bedeutsame Gesetzesprojekte, die Soforthilfe und der Lastenausgleich. Als primäres Ziel der beiden Vorhaben wurde die Wiedereingliederung der Vertriebenen und der Flüchtlinge genannt, sie dienten jedoch auch der sozialen Befriedung des Landes. Zweischneidig waren sie jedoch insofern, als mit ihnen zwar die materielle Ungleichheit reduziert und der innere Frieden gesichert, das Privateigentum an Grund und Boden sowie an Betrieben jedoch zementiert wurde.

Das am 8. August 1949 in Kraft getretene *Gesetz zur Milderung dringender sozialer Notstände* (Soforthilfegesetz – SHG) regelte erstmals die Ansprüche von Vertriebenen, Flüchtlingen aus der Sowjetischen Besatzungszone, Kriegssach- und Währungsgeschädigten, Verfolgten des NS-Regimes und sog. Spätheimkehrern, die man erst nach dem 31. Dezember 1946 aus der Kriegsgefangenschaft entlassen hatte. Ohne dass vorher eine aufwändige Schadensfeststellung erfolgte, gab es auf entsprechende Anträge ab 1. April 1949 rückwirkend Unterhaltshilfe (etwa für ältere Menschen, Vollwaisen oder alleinerziehende Frauen mit drei und mehr Kindern), Ausbildungshilfe (für junge Menschen), Aufbauhilfe (zur Existenzgründung, zur Umschulung oder zur Erweiterung beschädigten Wohnraums), Hausrathilfe (für die Ersatzbeschaffung der Wohnungsausstattung, von Geräten und Bekleidung) sowie Gemeinschaftshilfe (für wirtschaftliche Vorhaben zur Schaffung von Arbeitsplätzen, den Bau von Wohnungen und die Schaffung von Einrichtungen für Geschädigte).

Finanziert wurden diese Leistungen über ein Sondervermögen (Soforthilfefonds), das sich hauptsächlich aus einer jährlichen Vermögensabgabe auf land- und forstwirtschaftliches sowie Grund- und Betriebsvermögen speiste. Wer von Bombenschäden verschont geblieben oder sogar Kriegsgewinnler war, musste sein Vermögen anzeigen und die auf ihn entfallende Soforthilfeabgabe selbst berechnen. Bemessungsgrundlage für diese war das Vermögen am 21. Juni 1948 (Stichtag der Währungsreform), für das allerdings sein niedriger Einheitswert aus der Vorkriegszeit galt. In der Regel betrug die Soforthilfeabgabe 3 Prozent des Vermögens; weniger begüterte Personengruppen mussten nur 2 Prozent bezahlen.

Abgelöst wurde das *Soforthilfegesetz* durch das am 1. September 1952 in Kraft getretene *Gesetz über den Lastenausgleich* (Lastenausgleichsgesetz – LAG). Der von den Militärregierungen für die drei Besatzungszonen in Westdeutschland initiierte Lastenausgleich sollte ursprünglich schon zusammen mit der Währungsreform verwirklicht werden, wurde aber von den bürgerlichen Parteien verschleppt und benötigte wegen der Komplexität des Projekts ohnehin einen längeren Vorlauf. Obwohl schließlich nicht der persönliche Bedarf an finanzieller Unterstützung und der Rechtsanspruch auf Versorgung im Sinne eines *sozialen* Lastenausgleichs, wie ihn seinerzeit die oppositionelle SPD präferierte, zum Maßstab der Ausgleichsleistungen gemacht wurde, sondern der individuell erlittene Schaden und damit der frühere Besitz einer Person im Sinne eines *quotalen* Lastenausgleichs, wie ihn die Regierungsparteien favorisierten, gewannen die meisten Bundesbürger/innen den Eindruck, dass sich die westdeutschen Politiker redlich bemühten, die materielle Ungleichheit zu verringern.

Sowohl auf der Finanzierungs- wie auf der Ausgabenseite schienen die Prinzipien der Solidarität und des sozialen Ausgleichs zu gelten, weil die Vermögensabgabe, die Hypothekengewinnabgabe (auf Gewinne aus Schulden, für die Grundpfandrechte bestellt worden waren) und die Kreditgewinnabgabe (auf Schuldnergewinne gewerblicher Betriebe) ausschließlich wohlhabendere Bevölkerungsschichten trafen, während die nach degressiv gestalteten Schadensgruppen berechneten Ausgleichsleistungen eher unterprivilegierten Personen zugute kamen. Aus einem Sondervermögen des Bundes proportional und in der Höhe begrenzt wurde der Verlust von Reichsmarkspareinlagen, Grundvermögen, land- und forstwirtschaftlichem sowie Betriebsvermögen, Anteilen an

Kapitalgesellschaften und Geschäftsguthaben bei Erwerbs- oder Wirtschaftsgenossenschaften entschädigt, wohingegen Bargeld, Schmuck, Edelmetalle, Edelsteine, Perlen, Luxusgegenstände und Kunstgegenstände davon ausgenommen blieben.

Umverteilung von Oben nach Unten war damals kein Tabu, wurde in der unmittelbaren Nachkriegszeit vielmehr – wenngleich durch Sonderregelungen, Ausnahmetatbestände, Freibeträge, Familienermäßigung, Ermäßigung wegen Alters oder Erwerbsunfähigkeit, sonstige Vergünstigungen aus sozialen Gründen sowie Befreiungs- und Stundungsmöglichkeiten für Zahlungspflichtige erträglicher gestaltet – verwirklicht. Wie immer, wenn solche Umverteilungsmaßnahmen öffentlich diskutiert werden, fanden die im Kreise der Besitzenden herrschenden Vorbehalte frühzeitig auch medial ihren Widerhall. So verband der *Spiegel* (v. 14.6.1950) seine Berichterstattung über die Arbeiten am Lastenausgleich nicht bloß mit der Prognose, dass dieser noch viele Monate oder gar Jahre auf sich warten lassen werde, sondern auch mit einer sarkastischen Warnung vor den Auswirkungen des Gesetzes nach dem Inkrafttreten: »Dann endlich wird Jedermann wissen, ob er seinen Teppich in seiner guten Stube liegen lassen darf oder ihn im Umzug der ausgleichenden Gerechtigkeit in die Baracke des nächsten Flüchtlingslagers schaffen muß.«[53]

Wirtschaftslobbyisten machten gegen eine Vermögensabgabe mit den üblichen Reizworten für Besitzbürger (»sozialistische Gleichmacherei«, »Kollektivismus« und »kalte Sozialisierung«) Stimmung, konnten die endgültige Verabschiedung des *Lastenausgleichsgesetzes* durch Bundestag und Bundesrat im Juli 1952 jedoch nicht verhindern. Zwar behaupteten westdeutsche Industrielle, Großgrundbesitzer und Immobilieneigentümer, die Lastenausgleichsabgabe in Höhe von 50 Prozent des abgabepflichtigen Vermögens stelle eine Substanzbesteuerung dar und gefährde als Teilenteignung den ökonomischen Wiederaufbau in Westdeutsch-

53 Lastenausgleich: Wenn es soweit kommen sollte, in: Der Spiegel 24/1950

land. Weil die nach dem *Soforthilfegesetz* entrichteten Abgaben (allgemeine Soforthilfeabgabe und Soforthilfesonderabgabe) auf die Abgabeschuld angerechnet, für deren Berechnung (überholte) Einheits- statt Verkehrswerte zugrunde gelegt und die auf einen Zeitraum von 30 Jahren gestreckten Tilgungsraten durch die Inflation im Wert stark gemindert wurden, erfolgte real aber kein Eingriff in die Vermögenssubstanz. Von einem konfiskatorischen Effekt der im Zeitraum zwischen dem 1. April 1949 und dem 31. März 1979 in gleichen Vierteljahresbeträgen zu entrichtenden Abgabe konnte ohnehin nicht die Rede sein, weil sie im Normalfall aus den Vermögenserträgen bezahlt wurde.

Prinzipiell galten neben dem Grundfreibetrag von 5.000 DM dieselben Freibeträge wie bei der Vermögensteuer; sofern das der Abgabe unterliegende abgerundete Vermögen 25.000 DM nicht überstieg, gab es bei Geld- und Kapitalvermögen einen Freibetrag von 150.000 DM. Wenn ein vermögender Schuldner der Lastenausgleichsabgabe seinen Wohnsitz oder seinen gewöhnlichen Aufenthalt im Geltungsbereich des *Grundgesetzes für die Bundesrepublik Deutschland* oder in Berlin (West) jedoch vorzeitig aufgab, wurden die noch nicht fälligen Vierteljahresbeträge in Höhe ihres Ablösungswerts sofort, frühestens einen Monat nach Bekanntgabe des Bescheids über die Vermögensabgabe fällig. Dasselbe galt im Falle der Auflösung oder Aufhebung einer Körperschaft, Personenvereinigung oder Vermögensmasse, welche die Vermögensabgabe schuldete.

Einen staatlichen Lastenausgleich konnten deutsche Staatsangehörige oder »Volkszugehörige« beanspruchen, die durch direkte Kriegseinwirkungen (Bombenschäden o. Ä.) schwer geschädigt waren, Spätheimkehrer, Vertriebene aus den früheren Ostgebieten des Deutschen Reiches, die durch Ausweisung oder Flucht heimatlos geworden waren, und anerkannte Flüchtlinge aus der Sowjetischen Besatzungszone bzw. später der DDR.

Entschädigungsleistungen mussten von den Geschädigten beantragt und von den Ausgleichsämtern nach einer Beweissicherung festgesetzt werden. Die folgenden Ausgleichsleistungen wurden mit Rechtsanspruch gewährt: die Hauptentschädigung, die Kriegsschadenrente, die Hausratentschädigung und die Entschädigung im Währungsausgleich für Sparguthaben von Vertriebenen; ohne Rechtsanspruch bloß nach Maßgabe der verfügbaren Mittel wurden gewährt: Eingliederungsdarlehen, Wohnraumhilfe, Leistungen aus dem Härtefonds und Leistungen aufgrund sonstiger Förderungsmaßnahmen.

Zu Beginn der Zweiten Lesung des Entwurfs für das *Lastenausgleichsgesetz* äußerte der damalige Vizekanzler und FDP-Vorsitzende Franz Blücher als Vertreter des erkrankten Bundeskanzlers Konrad Adenauer (CDU) am 6. Mai 1952 im Parlament die Hoffnung, »daß durch dieses Gesetz und durch die zusätzlichen Bemühungen aller Beteiligten das Ziel des Gesetzgebungswerkes erreicht wird: zu seinem Teil zur inneren Befriedung unseres Volkes und zur Festigung seines gesellschaftlichen Gefüges beizutragen.«[54] Dagegen kritisierte der sozialdemokratische Oppositionsführer Erich Ollenhauer während der Dritten Lesung des Gesetzentwurfs die »Bevorzugung des großen Privatbesitzes« durch die von der Union geführte Regierungskoalition: »Das Resultat dieser Politik ist, daß es heute in keinem der kriegführenden Länder in Westeuropa einen so aufreizenden Gegensatz zwischen größtem Luxus und erbarmungswürdiger Armut gibt wie hier in der Bundesrepublik.«[55]

Während die Unternehmergewinne in der Folgezeit geradezu explodierten, stiegen die Löhne nur sehr langsam, was zu einer noch größeren Verteilungsschieflage führte. »Die Bundesrepublik war eine ausgeprägte Klassengesellschaft, obwohl sie offiziell als ›soziale Marktwirtschaft‹ firmierte.«[56] Trotzdem glaubte ein Großteil der Bevölkerung weiter an das Aufstiegsversprechen der »alten« Bundesrepublik, wonach mit Wohlstand bis ans Lebensende belohnt wur-

54 Franz Blücher, in: Deutscher Bundestag, Plenarprotokoll der 207. Sitzung, Dienstag, den 6. Mai 1952, S. 8968

55 Erich Ollenhauer, in: Deutscher Bundestag, Plenarprotokoll der 211. Sitzung, Mittwoch, den 14. Mai 1952, S. 9263

56 Ulrike Herrmann, Deutschland, ein Wirtschaftsmärchen, a. a. O., S. 106

de, wer sich anstrengte, fleißig war und etwas leistete, während mit Armut bestraft wurde, wer faul war, sich vor der Arbeit drückte und nichts leistete.

Aufgrund der Rezession 1966/67 als erster schwerer Wirtschaftskrise des westdeutschen Nachkriegskapitalismus schien das meritokratische Dogma, wonach in diesem Gesellschaftssystem allen Mitgliedern, und zwar sowohl Leistungswilligen wie auch Leistungsverweigerern, maximale Gerechtigkeit widerfährt, an Plausibilität zu verlieren. Jürgen Habermas, der 1968 in Frankfurt am Main lehrte, hielt es vor dem Hintergrund der Außerparlamentarischen Opposition (APO) und des öffentlichkeitswirksamen Protests der Studierendenbewegung für eine brüchig werdende Leistungsideologie, die bald endgültig zerstört werden könne: »Das Maß des gesellschaftlichen Reichtums, den ein industriell entfalteter Kapitalismus hervorbringt, und die technischen und organisatorischen Bedingungen, unter denen dieser Reichtum produziert wird, machen es immer schwieriger, die Statuszuweisung an den Mechanismus der Bewertung individueller Leistung auch nur subjektiv überzeugend zu binden.«[57]

57 Jürgen Habermas, Die Scheinrevolution und ihre Kinder. Sechs Thesen über Taktik, Ziele und Situationsanalysen der oppositionellen Jugend, in: Wolfgang Abendroth u. a., Die Linke antwortet Jürgen Habermas, Frankfurt am Main 1968, S. 9

2.
Weshalb die soziale Ungleichheit wächst

Eine wissenschaftliche Erklärung für das hohe Ausmaß der sozialen Ungleichheit hierzulande kann sich nicht mit der Feststellung begnügen, dass in »marktwirtschaftlich« organisierten, kapitalistischen Gesellschaften einer kleinen Bevölkerungsminderheit die Unternehmen, Banken und Versicherungen gehören, während die große Mehrheit der Bevölkerung zum Verkauf ihrer Arbeitskraft gezwungen ist, um ihren Lebensunterhalt zu sichern. Vielmehr sind neben den bestehenden Wirtschaftsstrukturen, Eigentumsverhältnissen und Verteilungsmechanismen für die soziale Polarisierung aktuelle innen- und außenpolitische Entwicklungen sowie bestimmte (Fehl-)Entscheidungen, zumal sich Krisenphänomene häufen und einander teilweise überlappen.[1]

Die triviale Aussage, dass eine Klassengesellschaft per se durch sozioökonomische Ungleichheit gekennzeichnet ist, erklärt weder, warum es zwischen einzelnen kapitalistischen Ländern immer schon große Unterschiede hinsichtlich der Ungleichheit ihrer jeweiligen Einkommens- und Vermögensverhältnisse gab, noch die signifikante Auseinanderentwicklung ähnlich hoch entwickelter Länder im weiteren Zeitverlauf. Offenbar gibt es noch andere Triebkräfte der Ungleichheit wie das soziale Klima und die politische Kultur, die Durchschlagskraft antiegalitärer Ideologien und davon beeinflusste (Reform-)Maßnahmen des jeweiligen Staates oder seiner Institutionen.

1 Vgl. Christoph Butterwegge, Deutschland im Krisenmodus. Infektion, Invasion und Inflation als gesellschaftliche Herausforderung, Weinheim/Basel 2024

2.1 Wie der Neoliberalismus für mehr Ungleichheit sorgt

Wenn eine politisch-ideologische Richtung die Umverteilung von Unten nach Oben begründet, fördert und rechtfertigt, dann zweifellos der Neoliberalismus. Zuerst eine wenig einflussreiche Wirtschaftstheorie, die in den frühen 1930er-Jahren als Reaktion auf den »Schwarzen Freitag« an der New Yorker Börse und den anschließenden Zusammenbruch der Weltwirtschaft entstand,[2] hat sich der Neoliberalismus später zu einer Sozialphilosophie und einer Weltanschauung, ja einer politischen Zivilreligion entwickelt, die alle Poren der bürgerlichen Gesellschaft durchdringt. Es handelt sich dabei um eine breite Geistesströmung mit unterschiedlichen, von Land zu Land differierenden Erscheinungsformen, Strategievarianten und Praktiken. Hinsichtlich ihres besonders aggressiven Flügels, welcher die »Entfesselung« der Marktkräfte, die Flexibilisierung des Arbeitsmarktes und den weitgehenden Verzicht auf eine politische Regulierung für am besten geeignet hält, um die Wirtschaft zu fördern, mehr industrielles Wachstum zu ermöglichen und den privaten Wohlstand zu sichern, spricht man auch von Marktradikalismus.

Neoliberale sind aber im Unterschied zu Antietatisten und Anarchisten nicht gegen den Staat an sich, lehnen seine politischen Eingriffe in den ökonomischen Reproduktionsprozess vielmehr nur ab, sofern sie keinen Nutzen für den »eigenen« Wirtschaftsstandort, die privaten Unternehmen und die Kapitalakkumulation stiften. Selbst extreme Formen des Staatsinterventionismus sind hingegen immer dann willkommen, wenn sie in einer sozioökonomischen Ausnahmesituation wie der Covid-19-Pandemie die Rentabilität der Konzerne garantieren: »Der Staat fungiert hier als Rettungsinstanz kriselnder Unternehmen und greift als solcher in das Markt-

2 Vgl. dazu: Ralf Ptak, Grundlagen des Neoliberalismus, in: Christoph Butterwegge / Bettina Lösch / Ralf Ptak, Kritik des Neoliberalismus, 3. Aufl. Wiesbaden 2017, S. 13 ff.

geschehen ein. Das zeigt, dass es den Staat heute zur Stabilisierung des Kapitalismus braucht, und nicht primär aus Sicht linker Parteien. Auch die temporäre Aussetzung der Schuldenbremse und die Einrichtung von Schattenhaushalten unterstreichen, dass staatliche Ausgaben und Investitionen eine ökonomische Notwendigkeit sind, insbesondere in Krisenzeiten.«[3]

Eine politisch-ideologische Großoffensive des Neoliberalismus war nötig, um diesen »postmodernen« Antiegalitarismus im wohlfahrtsstaatlich geprägten Westdeutschland salonfähig zu machen, praktisch wirksam werden zu lassen und in Regierungshandeln umzusetzen. Ohne den neoliberalen Einfluss auf die staatliche Wirtschafts-, Finanz-, Steuer-, Arbeitsmarkt- und Sozialpolitik ist schwerlich zu verstehen, warum die Ungleichheit seit Jahrzehnten zunimmt. Vielmehr hat nichts die Verteilungsschieflage so verschärft wie der weltweite Siegeszug des Neoliberalismus. Er begann, nachdem Margaret Thatcher im Mai 1979 britische Premierministerin geworden war und Ronald Reagan im Januar 1981 sein Amt als US-Präsident angetreten hatte.

Mit dem Fall der Berliner Mauer im November 1989 und dem Kollaps »realsozialistischer« Systeme in Ost(mittel)europa erfasste die Herrschaft des Marktes den ganzen Planeten. Die kapitalistische Wirtschaft war zwar immer auf den Weltmarkt orientiert, ihrem Expansionsdrang und dem freien Kapitalfluss hatte der Staatssozialismus aber schwer zu überwindende Grenzen gesetzt. Nach dessen Bankrott gab es ein politisch-ideologisches Vakuum, in das neoliberale Kräfte mit Erfolg hineinstießen. Als sie das politische System dominierten, wurden durch Schritte zur Privatisierung öffentlichen Eigentums, Liberalisierung der Finanz- und Deregulierung der Arbeitsmärkte sowie Kommerzialisierung fast aller Lebensbereiche hauptsächlich die Profitinteressen der Rentiers bedient.[4]

---

3 Jonas Becker / Rouven Reinke, Die Rückkehr des Staates – fürs Kapital, in: Blätter für deutsche und internationale Politik 9/2023, S. 42

4 Vgl. Andrew Sayer, Warum wir uns die Reichen nicht leisten können, München 2017, S. 28 f.

Der neoliberale Wettbewerbswahn ging bald so weit, dass sich Nationalstaaten als Teilnehmer eines Konkurrenzkampfes um die günstigsten Standortbedingungen, die niedrigsten Löhne und die geringsten Unternehmenssteuern verstanden. Wie die freie Wirtschaftsjournalistin Nicola Liebert bemerkt, hinkt der Vergleich zwischen dem privatwirtschaftlichen Preiswettbewerb und einem »zwischenstaatlichen Steuerwettbewerb« allerdings, weil es keinen Markt von Staaten gibt und diese auch nicht dem Gewinnstreben von Kapitaleignern, sondern dem Wohl ihrer Bürger/innen verpflichtet sind: »Da Unternehmen nicht auf Dauer rote Zahlen schreiben können, ohne irgendwann vom Markt zu verschwinden, hat ihr Preiswettkampf klare Grenzen nach unten, während es beim Wettlauf um die niedrigsten Unternehmenssteuern keine Grenzen gibt, weil Staaten dauerhafte Defizite machen können. Selbst wenn sie zahlungsunfähig werden, verschwinden sie und ihre Bürger nicht einfach.«[5]

Für die soziale Gleichheit wie für die Steuergerechtigkeit war der weltweite Siegeszug des Neoliberalismus eine dramatische Niederlage. Einerseits begaben sich Staaten, die oft nur zu gern der neoliberalen Standortlogik folgten, in einen globalen Steuersenkungswettlauf, dem sie besonders Kapital- und Gewinnsteuern unterzogen. Die US-amerikanischen Ökonomen Emmanuel Saez und Gabriel Zucman sprechen mit Blick darauf von einem »Triumph der Steuerungerechtigkeit«, der für sie einer »Absage an die Demokratie« gleichkam.[6] Zumindest verzichteten die betreffenden Staaten auf ihre politische Souveränität, weil sie bloß noch zu vollziehen hatten, was Konzernvorstände und Wirtschaftsverbände verlangten. Andererseits veränderte sich auch das öffentliche Bewusstsein, weil den Bürger(inne)n mit Erfolg suggeriert wurde, ihre Belastung mit

5 Nicola Liebert, Steuergerechtigkeit in der Globalisierung. Wie die steuerpolitische Umverteilung von unten nach oben gestoppt werden kann, Münster 2011, S. 165

6 Siehe Emmanuel Saez/Gabriel Zucman, Der Triumph der Ungerechtigkeit. Steuern und Ungleichheit im 21. Jahrhundert, Berlin 2020, S. 14

Steuern sei im Grunde staatlicher Diebstahl, Steuervermeidung ein cleverer Akt der Selbstbehauptung und Steuerhinterziehung ein Kavaliersdelikt. »So ist die Steuerflucht zu einer Art Volkssport für Reiche geworden.«[7]

Kennzeichnend war, weshalb Ralph Brinkhaus, selbstständiger Steuerberater von Beruf und bis zu seiner Ablösung durch Friedrich Merz Vorsitzender der CDU/CSU-Bundestagsfraktion, im *Handelsblatt* ein »konkurrenzfähiges Steuersystem« forderte: »Nicht um reiche Menschen noch reicher zu machen, sondern um die Wettbewerbsfähigkeit des Standorts Deutschland zu sichern.«[8] Die neoliberale Standortlogik hielt damit als Rechtfertigung für eine bewusste Ignoranz gegenüber der Verteilungswirkung steuerpolitischer Entscheidungen her, wiewohl Brinkhaus an gleicher Stelle vorgab, dass ihm der gesellschaftliche Zusammenhalt besonders am Herzen liege. Ob die sozioökonomische Ungleichheit, das Staatsdefizit und die öffentliche Armut durch Entscheidungen der Großen Koalition erhöht wurden, spielte für den CDU-Politiker überhaupt keine Rolle, wenn nur der »Wirtschaftsstandort«, genauer: Kapitaleigentümer, Großanleger und Finanzinvestoren, davon profitierten.

Privatisierungsmaßnahmen vermehren den privaten Reichtum und fördern die öffentliche Armut. Sie stehen einer gerechten Vermögensverteilung im Weg, und zwar gleich in doppelter Hinsicht: »Während die höheren Renditen im obersten Sektor der Vermögensskala landen, wird der untere Sektor durch höhere Preise und niedrigere Löhne in zweifacher Weise benachteiligt.«[9] Privatisierung führt außerdem in einen Teufelskreis der Entsolidarisierung hinein, weil sich die »besseren Risiken« aus den allgemeinen

---

7 Karl-Martin Hentschel / Alfred Eibl, Steuerrevolution. Ein Konzept zur Rückverteilung von Reichtum, zu mehr Gerechtigkeit und Klimaschutz, Hamburg 2024, S. 28

8 Ralph Brinkhaus, »Wir reden zu viel über Verbote«, in: Handelsblatt v. 31.5./1.6.2019

9 Jens Berger, Wem gehört Deutschland? – Die wahren Machthaber und das Märchen vom Volksvermögen, Frankfurt am Main 2015, S. 206

Sozial(versicherungs)systemen zurückziehen, wodurch diese noch unattraktiver werden.

Aus gutem Grund bezeichnet der emeritierte Kölner Erziehungswissenschaftler Georg Auernheimer die Privatisierung als eine Form der Enteignung. Unternehmen im Eigentum der öffentlichen Hand gehörten nämlich allen Bürger(inne)n, auch wenn diese nicht darüber verfügen könnten. Bei der Privatisierung handle es sich um eine Vermögensübertragung, die Verwertungsmöglichkeiten für das Kapital schaffe, ohne dass die Allgemeinheit in den Genuss adäquater Leistungen komme: »Allgemeine Interessen sind lediglich als Kundeninteressen Gegenstand der Geschäftspolitik, und die Vereinbarkeit von Kundeninteressen und Anlegerinteressen wird bestenfalls bei Umsatzeinbußen zum Thema. Die Gesellschaft mit ihren vielfältigen, teils gegensätzlichen Interessen kann nicht mehr oder nur beschränkt Einfluss nehmen auf Ausbauziele, Angebote, Arbeitsverhältnisse oder die Umweltverträglichkeit des Betriebs.«[10]

Weil absolute Unternehmerfreiheit, eine möglichst unbeschränkte Konkurrenz und niedrig entlohnte (Arbeits-)Höchstleistungen auf der Grundlage des Privateigentums an Produktionsmitteln die Kernidee des Neoliberalismus bilden, verlangen seine Protagonisten nach einer Liberalisierung des Finanzwesens, einer Deregulierung der Märkte sowie einer Privatisierung öffentlichen Eigentums, der öffentlichen Daseinsvorsorge und der sozialen Risiken. Staat und Gesellschaft werden von Neoliberalen als Wirtschaftsunternehmen betrachtet, die mittels geeigneter Managementtechniken (New Public Management) zu führen sind, wobei Gewinn- an die Stelle von Gemeinwohlorientierung tritt, Egoismen und Ellenbogenmentalität das Handeln der maßgeblichen Akteure bestimmen und das Konkurrenzdenken über Solidarität und soziales Verantwortungsbewusstsein triumphiert. Praktisch fand eine »Reindividualisierung« sozialer Risiken statt, worunter Personen mit einem

10 Georg Auernheimer, Wie gesellschaftliche Güter zu privatem Reichtum werden. Über Privatisierung und andere Formen der Enteignung, Köln 2021, S. 22

hohen Gefährdungspotenzial und relativ niedrigen Einkommen am meisten zu leiden hatten. Individualisierung, Entpolitisierung und Entdemokratisierung zerstören als Folgeerscheinungen des Neoliberalismus die Grundlagen des menschlichen Zusammenlebens.[11]

Handlungsimperative und Verhaltensmaximen des Neoliberalismus gehören mittlerweile zur Lebenswirklichkeit, zur Normalität im Alltagsleben der Menschen: »Wir wählen Bildungsangebote danach aus, ob sich die damit erworbenen Kompetenzen am Arbeitsmarkt verkaufen lassen. Wir vernetzen uns online und offline mit Menschen, die uns möglicherweise nützlich sind (und die wir genau dadurch instrumentalisieren). Wir zeichnen mit unserem Smartphone allerlei Daten über unser Leben auf, um uns selbst zu kontrollieren und Verbesserungsmöglichkeiten zu finden.«[12]

Die drei Großen Erzählungen unserer Zeit: Globalisierung, demografischer Wandel und Digitalisierung

Während sich der »klassische« Liberalismus als fortschrittliche Bewegung des Bürgertums in erster Linie gegen den Feudalstaat bzw. dessen politische Überreste richtete, bekämpft der Neoliberalismus primär den modernen Sozialstaat. Er möchte den Staatsinterventionismus zurückdrängen und den Markt zum universalen, alle Gesellschaftsbereiche übergreifenden Regulierungsmechanismus erheben. Weil der Wohlfahrtsstaat ihrem Wunschbild einer sich selbst organisierenden Marktgesellschaft widerspricht, suchen Neoliberale ihn als bürokratisch verkrustet, ineffizient und freiheitsgefährdend darzustellen, um das Projekt eines »postmodernen« Kapitalismus ohne sozialstaatliche Leitplanken zu realisieren.

Den angestrebten »Um-« bzw. Abbau des Sozialstaates legitimierte man durch vermeintlich in der Globalisierung, dem demografischen Wandel und der Digitalisierung wurzelnde Sachzwänge.

---

11 Vgl. dazu: Wendy Brown, Die schleichende Revolution. Wie der Neoliberalismus die Demokratie zerstört, Berlin 2015

12 Patrick Schreiner, Warum Menschen sowas mitmachen. Achtzehn Sichtweisen auf das Leben im Neoliberalismus, Köln 2017, S. 28

Man kann geradezu von drei Großen Erzählungen unserer Zeit sprechen,[13] denn sie wurden seit dem Jahrtausendwechsel mit enormer Medienresonanz benutzt, um die Polarisierungstendenzen im neuen Zeitalter der Ungleichheit zu rechtfertigen und die Notwendigkeit einer Abkehr vom Bismarck'schen Sozialversicherungsstaat zu begründen. Globalisierung, demografischer Wandel und Digitalisierung fungierten dabei als Drohkulisse gegenüber abhängig Beschäftigten, Betriebsräten und Gewerkschaften, um diesen Reallohnverzichte oder Renteneinschnitte abverlangen zu können.

Kurz vor der Jahrtausendwende fungierte die Globalisierung als Erzählung, die abhängig Beschäftigten und Rentner(inne)n vermitteln sollte, dass sie künftig »den Gürtel enger schnallen«, prekäre Arbeitsbedingungen akzeptieren, staatliche Sicherungen preisgeben und auf soziale Schutzrechte verzichten müssten. Denn wenn die einzelnen Volkswirtschaften – so das neoliberale Narrativ – als Wirtschaftsstandorte mit- bzw. gegeneinander konkurrierten, hinge ihr Erfolg davon ab, ob sie durch geringe Löhne, niedrige Steuern (auf hohe Einkommen, Gewinne und Vermögen) und minimale Sozialstandards (sinkende »Lohnnebenkosten«) international »wettbewerbsfähig« seien oder nicht.

Dierk Hirschel macht demgegenüber geltend, dass alle Industrieländer gleichermaßen von der Globalisierung betroffen gewesen seien, sich aber hinsichtlich der sozialen Ungleichheit sehr unterschiedlich entwickelt hätten, woraus der ver.di-Chefökonom den Schluss zieht, dass die Auswirkungen des ökonomischen Strukturwandels auf die Einkommens- und Vermögensverteilung von seiner politischen Gestaltung abhängen.[14] Hegemonial war in der (Me-

13 Vgl. Christoph Butterwegge, Der Neoliberalismus und die drei Großen Erzählungen unserer Zeit: Globalisierung, demografischer Wandel und Digitalisierung, in: Klaus-Jürgen Bruder / Christoph Bialluch / Jürgen Günther (Hg.), Gesellschaftliche Spaltungen. Zur Wahrnehmung von Ungleichheit und Ungerechtigkeit in Politik und Gesellschaft, Gießen 2018, S. 287 ff.

14 Vgl. Dierk Hirschel, Das Gift der Ungleichheit. Wie wir die Gesellschaft vor einem sozial und ökologisch zerstörerischen Kapitalismus schützen können, Bonn 2020, S. 35

dien-)Öffentlichkeit trotzdem bald die interessengeleitete und von Wirtschaftslobbyisten verbreitete Legende einer totalen Handlungsunfähigkeit von Nationalstaaten im Hinblick auf die Einhegung der sozialen Ungleichheit. Alternativlosigkeit gibt es im politischen Entscheidungsprozess jedoch überhaupt nicht, sondern höchstens selbstverschuldete Unwissenheit und mangelnde Durchsetzungsfähigkeit.

Hierzulande hat die Ungleichheit aufgrund des neoliberalen Modernisierungsprozesses, seiner ideologischen Rechtfertigung durch Marktradikale, die vom westdeutschen Großkapital durch Übernahme »volkseigener Betriebe« dominierte Vereinigung von DDR und BRD sowie neuere ökonomische Krisenprozesse (globale Banken-, Finanzmarkt-, Weltwirtschafts- und europäische Währungskrise) stark zugenommen. Obwohl nach der globalen Banken- und Finanzmarktkrise 2007/08 fälschlicherweise mehrfach totgesagt,[15] trägt der Neoliberalismus noch immer entscheidend dazu bei, dass sich die Kluft zwischen Arm und Reich hierzulande weiter vertieft, ohne dass eine wachsende sozioökonomische Ungleichheit in der politischen und/oder Medienöffentlichkeit bisher auf nennenswerten Widerstand trifft.

Den meisten Entscheidungsträgern in Staat, Wirtschaft und Gesellschaft erschien die Globalisierung offenbar als naturwüchsiger Prozess, der alle entwickelten Industrieländer zwang, ihre Lohn-, Sozial- und Umweltstandards sowie ihre (Gewinn-)Steuerquote zu senken, um als Wirtschaftsstandort mit anderen Standorten erfolgreich auf den Weltmärkten (um Finanzinvestoren) konkurrieren zu können. Eher handelte es sich jedoch um einen von Protagonisten des Neoliberalismus gestalteten Transformationsprozess, der tief-

---

15 Vgl. Colin Crouch, Das befremdliche Überleben des Neoliberalismus. Postdemokratie II, Berlin 2011; Philip Mirowski, Untote leben länger. Warum der Neoliberalismus nach der Krise noch stärker ist, Berlin 2015; Christoph Butterwegge / Bettina Lösch / Ralf Ptak, Neoliberalismus im Krisenmodus. Entwicklungstendenzen und Zukunftsperspektiven des Marktradikalismus, in: dies., Kritik des Neoliberalismus, a. a. O., S. 259 ff.

greifende Folgen für die Arbeitswelt, den Wohlfahrtsstaat, die Sozial- bzw. Klassenstruktur wie die Gesellschaft insgesamt hatte.

Erleichtert wurde die »Hyperglobalisierung«, von der Dani Rodrik spricht, weil sie die Existenz von Nationalstaaten mit demokratischen Entscheidungsprozessen gefährde,[16] durch enorme Fortschritte auf dem Gebiet der Informations- und Kommunikationstechnologien. Geld wird heute von seinen Besitzern nicht mehr per Schiff, Automobil oder Flugzeug von einem Land in ein anderes transportiert, um der Besteuerung zu entgehen, sondern in Sekundenbruchteilen über nationale und kontinentale Grenzen hinweg transferiert. Dadurch fällt es Staaten sehr viel schwerer, die Bewegungen des Kapitals zu kontrollieren und es angemessen zu besteuern.[17] Es ist schwieriger geworden, aber keineswegs unmöglich, sich der gewachsenen Konzernmacht entgegenzustemmen und die Finanzmärkte durch möglichst supranational koordiniertes Handeln einzuhegen, zumindest dann nicht, wenn der politische Wille und die Bereitschaft dazu existieren.

Emmanuel Saez und Gabriel Zucman sind daher dem Irrglauben entgegengetreten, die Globalisierung habe Regierungen solcher Länder wie der Bundesrepublik die Fähigkeit geraubt, reiche Personen und transnationale Konzerne angemessen zu besteuern: »Wir können die Multis sich das Land aussuchen lassen, in dem sie ihre Gewinne ausweisen, oder wir können es für sie aussuchen. Wir können finanzielle Intransparenz und die zahllosen mit ihr einhergehenden Möglichkeiten des steuerlichen Missbrauchs tolerieren oder uns dazu entschließen, Vermögen zu beziffern, zu registrieren und zu besteuern. Wir können eine expandierende Industrie schalten und walten lassen, die den Wohlhabenden bei der Steuerumgehung behilflich ist, oder wir entscheiden uns dafür, sie zu regulieren und das Angebot an Steuertricksereien auszumerzen.«[18]

16 Siehe Dani Rodrik, Das Globalisierungsparadox. Die Demokratie und die Zukunft der Weltwirtschaft, München 2020

17 Vgl. Branko Milanović, Die ungleiche Welt. Migration, das Eine Prozent und die Zukunft der Mittelschicht, Berlin 2016, S. 64

18 Emmanuel Saez / Gabriel Zucman, Der Triumph der Ungerechtigkeit, a. a. O., S. 17

Durch die negativen Auswirkungen der globalen Banken- und Finanzmarktkrise 2007 ff., die Unterbrechung von Lieferketten im Gefolge der Covid-19-Pandemie 2020 ff. und den Energiepreisschock nach Ausbruch des Ukrainekrieges 2022 ff. ist die Globalisierung zuletzt aber stark in Verruf geraten. Daher hat der demografische Wandel als vergleichbares Narrativ wieder an Bedeutung gewonnen, zumal es durch den Fachkräftemangel in Teilbereichen der Wirtschaft neue Nahrung erhielt. Neoliberale dramatisieren die Bevölkerungsentwicklung,[19] um Leistungskürzungen (etwa die Teilprivatisierung der Altersvorsorge, die Absenkung des Rentenniveaus oder die weitere Verlängerung der Lebensarbeitszeit) sowie Strukturveränderungen des Wohlfahrtsstaates alternativlos erscheinen zu lassen.

Leistungskürzungen und Strukturveränderungen des Wohlfahrtsstaates werden als »natürliche« und quasi biologisch bedingte Reformmaßnahmen dargestellt. Welche enorme Wirkmächtigkeit dieses Narrativ in weiten Kreisen der Öffentlichkeit entfaltete – und wohl auch künftig entfalten wird –, zeigt die Tatsache, dass der seinerzeit von einer nach ihrem Vorsitzenden Bert Rürup benannten Kommission empfohlene und von der ersten Großen Koalition unter Angela Merkel forcierte Einstieg in ein höheres Rentenzugangsalter parteipolitisch von CDU/CSU und FDP über Bündnis 90 / Die Grünen bis zur SPD und medial von der *FAZ* bis zur *taz* begrüßt wurde, wiewohl teilweise mit der Einschränkung, man solle damit noch so lange warten, bis die Mehrheit der 60- bis 64-Jährigen einer sozialversicherungspflichtigen Beschäftigung nachgingen.

In der öffentlichen Wahrnehmung erscheint die demografische Entwicklung überwiegend als Krisen- bzw. Katastrophenszenario, das zu einer Anpassung der sozialen Sicherungssysteme (Kürzung von Leistungen, Verschärfung der Anspruchsvoraussetzungen und Privatisierung von Risiken) zwingt. Die Höhe von Altersrenten hängt aber nicht von der Biologie, sondern erstens von der Ökono-

19 Siehe zu der Art und Weise, wie ein »demografisches Gruselkabinett« entsteht: Gerd Bosbach / Jens Jürgen Korff, Die Zahlentrickser. Das Märchen von den aussterbenden Deutschen und andere Statistiklügen, München 2017, S. 107 ff.

mie und zweitens von der Politik ab. Es kommt nämlich darauf an, wie viel gesellschaftlichen Reichtum eine Volkswirtschaft erzeugt und auf wen, d. h. auch auf welche Altersgruppen, man ihn wie verteilt. Bei einer stagnierenden bzw. künftig sogar eher sinkenden Bevölkerungszahl müsste im Falle eines halbwegs kontinuierlich wachsenden Bruttoinlandsprodukts für alle genug da sein.

Wegen der bevorstehenden Verrentungswelle erfährt die demografische Entwicklung im Allgemeinen und die Forderung nach einer Verlängerung der Lebensarbeitszeit im Besonderen eine wachsende mediale Aufmerksamkeit.[20] Wenn das Renteneintrittsalter von der durchschnittlichen Lebenserwartung bei Geburt abhängig gemacht wird, wächst die Benachteiligung derjenigen Berufsgruppen, die wegen ihrer extremen Arbeitsbelastung froh sind, überhaupt das Rentenalter zu erreichen. Barbara Dribbusch wies am 30. Dezember 2022 darauf hin, dass sich im Streit über das Rentenzugangsalter »Klassenfragen im neuen Gewand« (so der Titel ihres Kommentars) präsentierten.[21] Selbst die für Sozialpolitik zuständige *taz*-Redakteurin übernahm jedoch das Narrativ, wonach die demografische Entwicklung zu Rentenkürzungen zwingt, als sie in einem weiteren Kommentar zum selben Thema feststellte: »Es wird aus demografischen Gründen nicht ohne Einschränkungen gehen für die Rentner:innen, aber welche zumutbar sind und welche nicht, ist eine der Gerechtigkeitsdebatten der Zukunft.«[22]

Nicht zum ersten Mal gewann die Frage nach der künftigen Bevölkerungsentwicklung (Einwohnerzahl, ethnische und Altersstruktur) an Bedeutung. Dies wiederholt sich vielmehr in unregelmäßigen Abständen. Folgt man Reinhard Messerschmidts Periodi-

---

20 Vgl. hierzu: Christoph Butterwegge, Massenmedien, Demografie und sozialpolitische Demagogie. Bevölkerungsrückgang, »Vergreisung« und Generationengerechtigkeit im deutschen Mediendiskurs, in: Medien & Altern. Zeitschrift für Forschung und Praxis 22 (2023), S. 6 ff.

21 Siehe Barbara Dribbusch, Klassenfragen im neuen Gewand, in: taz v. 30.12.2022

22 Dies., Perfider Vorstoß, in: taz v. 1.6.2023

sierung demografischer Diskurse, lag der Schwerpunkt dabei von 2000 bis 2003 auf den angeblich massiven Folgeproblemen für die einzelnen Sozialversicherungszweige, wobei das Gesundheitssystem der Rente seit 2007 den Rang als vermeintlicher Hauptkrisenherd abgelaufen und ab 2004 eine inhaltliche Diversifizierung des Demografie-Diskurses stattgefunden hat.[23] Auf dem Höhepunkt der Demografie-Hysterie kurz nach dem Jahrtausendwechsel wurde neben (begrenzter) Zuwanderung meist Geburtenförderung favorisiert, um eine ausgeglichene Bevölkerungsbilanz zu schaffen. Seit dem Jahr 2006 kam es laut Messerschmidt zu einer »tendenziellen Entdramatisierung« des medialen Demografiediskurses. Ob sich dies künftig nicht wieder umkehrt, wenn die »Babyboomer«-Jahrgänge in den Ruhestand wechseln, bleibt jedoch abzuwarten.

Aufgrund der Umdeutung sozioökonomischer zu Generationskonflikten erscheint die sich in der Bundesrepublik seit geraumer Zeit vertiefende Kluft zwischen Arm und Reich als Gegensatz zwischen Jung und Alt. Man tut so, als könnten in einer kollektiv alternden Gesellschaft die Renten nicht mehr in der bisherigen Höhe finanziert und die wachsende Zahl der Senior(inn)en nicht mehr gepflegt werden. Dem hält Thomas Straubhaar entgegen, die starke Zuwanderung der Gegenwart werde die demografische Entwicklung in Deutschland über einen langen Zeitraum verändern: »Was gestern noch als in Stein gemeißelte Wahrheit der Bevölkerungsentwicklung galt, erweist sich heute als demografischer Mythos, der eher in die Irre als zum gewünschten Erfolg führt.«[24] Das eigentliche Problem sei gar nicht der demografische Wandel, sondern die Angst vor ihm, konstatiert der Schweizer Ökonom.[25] Sie wird von anderen Neoliberalen trotz dieser treffenden Aussage vermutlich auch

23 Vgl. Reinhard Messerschmidt, Aussterben vertagt? – Demografischer Wandel in der öffentlichen und wissenschaftlichen Diskussion, Frankfurt am Main / New York 2018, S. 243

24 Thomas Straubhaar, Der Untergang ist abgesagt. Wider die Mythen des demografischen Wandels, Hamburg 2016, S. 8

25 Vgl. ebd., S. 174

in nächster Zukunft geschürt. Abgesehen davon, dass die langfristigen Prognosen der Bevölkerungswissenschaft selten zutrafen, weil beispielsweise die Zuwanderung stark anstieg, darf die Demografie kein Mittel der sozialpolitischen Demagogie sein.

Neben der Globalisierung und dem demografischen Wandel fungiert die Digitalisierung seit geraumer Zeit als weitere Große Erzählung, die nach Ansicht neoliberaler Ökonomen und manch anderer Theoretiker eine Abkehr vom Bismarck'schen Sozial(versicherungs)staat notwendig macht. Genannt sei der Philosoph und Publizist Richard David Precht, welcher die Folgen der Digitalisierung analysiert und den Trend zur sozialen Polarisierung als Hauptgefahr dieser Epoche benannt hat: »Ohne staatliche oder – besser noch – überstaatliche Ordnungspolitik und kluge politische Entscheidungen verstärkt die Digitalisierung vor allem Armut und Reichtum. Unreguliert vertieft sie den Keil in die Gesellschaft, den Soziologen seit Jahren ohnehin diagnostizieren und bemängeln: die Teilung der Mittelschicht in eine obere und eine untere Mittelschicht – fein geschieden durch Kapitalerträge, Erbschaften und ungleiche Bildungschancen ihrer Kinder.«[26]

Anders als bei den bisherigen technologischen Umwälzungen komme es diesmal nicht zu mehr Beschäftigung, sondern zu Massenarbeitslosigkeit, prophezeite Precht, der dramatisierend von einem »digitalen Tsunami« sprach und seinen Leser(inne)n auf diese Weise zusätzlich Angst machte, obwohl die Zahl der Erwerbstätigen wie der sozialversicherungspflichtig Beschäftigten kurz darauf Rekordwerte erreichte und hierzulande noch nie so hoch war wie heute. Panikmache ist also kaum angebracht, zumal der Gesellschaft auch bei früheren wissenschaftlich-technischen Revolutionen wie der Mechanisierung, der Motorisierung und der Elektrifizierung nie auch nur ansatzweise die (Erwerbs-)Arbeit ausging. Träfe die von Precht aufgestellte These zu, müsste die Arbeitsproduktivität wegen

26 Richard David Precht, Jäger, Hirten, Kritiker. Eine Utopie für die digitale Gesellschaft, München 2018, S. 31

des Einsatzes von Computern der neuesten Generation, Robotern und Künstlicher Intelligenz (KI) regelrecht explodieren, was jedoch (zumindest noch) nicht der Fall ist – sie stagniert vielmehr eher oder steigt mäßiger als früher.

Im digitalen Zeitalter entfällt Precht zufolge nicht bloß die Erwerbsarbeit, sondern auch die Finanzierungsbasis des bestehenden Sozialsystems: »Wenn immer weniger Menschen einer Erwerbsarbeit nachgehen, werden die Erwerbstätigen mit ihrer Arbeit den Sozialstaat nicht mehr finanzieren können.«[27] Das haben sie jedoch noch nie getan, Arbeitnehmer/innen und Arbeitgeber zusammen mit dem Bund vielmehr gleichermaßen Beiträge an die Sozialversicherung als Kerninstitution des Bismarck'schen Sozialstaates entrichtet, während die Fürsorgeleistungen, das Kindergeld, das Elterngeld und das Wohngeld ausschließlich steuerfinanziert wurden.

Erforderlich ist nunmehr laut Precht eine materielle Grundsicherung für alle Gesellschaftsmitglieder, damit die vom Arbeitszwang befreiten Personen ohne Not und Entbehrungen leben könnten, wenn »steuerbefreite Computer und Roboter« millionenfach Tätigkeiten erledigten, die früher Menschen oblagen. Hinsichtlich der Alternatividee, eine »Maschinensteuer« einzuführen, argumentierte Precht genauso wie Neoliberale, die sämtlichen Besitz-, Gewinn- und Kapitalsteuern kritisch gegenüberstehen: »Denn eine Wertschöpfungsabgabe bremst genau die Wertschöpfung aus, die man braucht, um eine entsprechende Grundsicherung für alle zu finanzieren.«[28]

Stattdessen rückte Precht das bedingungslose Grundeinkommen (BGE) in den Blickpunkt, welches nach seiner Argumentation quasi zu einer Naturgesetzlichkeit avanciert, die aus technologischen Umbrüchen in der »Arbeitswelt 4.0« resultiert. Auch prominente Großunternehmer und Spitzenmanager plädierten unter Hinweis auf das »Internet der Dinge« für ein solches Grundeinkommen und billigten ihm perspektivisch große Realisierungschancen zu. »Es könnte

27 Ebd., S. 134

28 Ebd., S. 133

eine Lösung sein«, meinte etwa Timotheus Höttges, Vorstandsvorsitzender der Deutschen Telekom AG, und zwar »nicht heute, nicht morgen, aber in einer Gesellschaft, die sich durch die Digitalisierung grundlegend verändert hat.«[29] Ganz ähnlich äußerte sich Thomas Straubhaar, damals noch Professor für Volkswirtschaftslehre an der Universität Hamburg: »Das sozialstaatliche Fundament ist morsch geworden. Alterung, Individualisierung, Digitalisierung und Wertewandel verändern die demografische, gesellschaftliche, ökonomische und ideologische Lebenswirklichkeit tiefgreifend und weitreichend. Dem muss ein Sozialstaat für das 21. Jahrhundert Rechnung tragen. Sonst wird er in sich zusammenstürzen.«[30]

Einmal mehr wurde unterstellt, dass der Wohlfahrtsstaat, wie man ihn bisher kannte, überholt sei und die soziale Sicherung von der Lohnarbeit entkoppelt werden müsse. Straubhaar bemühte gleich zwei Große Erzählungen des Neoliberalismus, um zu begründen, warum ein Wechsel des Sozialmodells erforderlich sei: »Die Zeit für das bedingungslose Grundeinkommen ist jetzt gekommen. Digitalisierung und demografischer Wandel erzwingen und ermöglichen eine sozialpolitische Neuorientierung.«[31] Möglicherweise avanciert das bedingungslose Grundeinkommen zur Sozialphilosophie der Internet-Bourgeoisie und zur Legitimationsideologie für ein digitales Prekariat, das seine bloße Scheinselbstständigkeit mit einer pauschalen Geldleistung materiell absichern soll. Modebegriffe wie »Industrie 4.0«, Bilder einer menschenleeren Fabrik und Horrorszenarien, wonach die Herrschaft der Algorithmen für die »Hälfte der arbeitsfähigen Bevölkerung« sämtliche Verdienstmöglichkeiten beseitigt,[32] stilisierten das Grundeinkommen zum letzten Rettungsanker in einer aus den Fugen geratenen Welt.

---

29 Siehe Timotheus Höttges, »Der Unterschied zwischen Mensch und Computer wird in Kürze aufgehoben sein«. Interview, in: Die Zeit v. 30.12.2015

30 Thomas Straubhaar, Radikal gerecht. Wie das bedingungslose Grundeinkommen den Sozialstaat revolutioniert, Hamburg 2017, S. 34

31 Ebd., S. 26

32 Siehe Anke Domscheit-Berg, In Würde arbeiten, in: taz v. 28./29.5.2016

Das neoliberale Leistungs- und Gerechtigkeitsverständnis
Neoliberale haben durch erfolgreiche Propaganda, gezielte Meinungsmache und intensive Lobbyarbeit ein soziales Klima geschaffen, in dem politische Entscheidungsträger durch geeignete Maßnahmen, etwa die Privatisierung öffentlicher Dienstleistungen und Unternehmen sowie die Liberalisierung der Leih- und die Prekarisierung der Lohnarbeit, einen Strukturwandel der Arbeitsgesellschaft herbeiführen und damit optimale Rahmenbedingungen für Kapitaleigentümer bzw. deren Praktiken zur Profitmaximierung schaffen konnten, ohne deshalb von der (Medien-)Öffentlichkeit abgestraft oder von den Stimmbürger(inne)n abgewählt zu werden.

Dass sich die soziale Ungleichheit nicht bloß ständig reproduziert, sondern auch deutlich intensiviert hat, ist vor allem der Einflussnahme des Neoliberalismus auf die Massenmedien, das Gerechtigkeitsempfinden der Bevölkerungsmehrheit und die politischen Entscheidungsträger geschuldet. Während der Weltwirtschaftskrise 1974/75 begann der wohlfahrtsstaatliche Grundkonsens der »alten« Bundesrepublik zu bröckeln, weil sich die ökonomischen, politischen und Verwaltungseliten größtenteils von ihm abkehrten, was die Staats- und Gesellschaftsentwicklung in den folgenden Jahrzehnten negativ beeinflusste. »Die Demokratie der formalen Gleichheit zerbrach seit den 1970er-Jahren unter dem Ansturm des Kapitals und seiner neoliberalen Propagandisten, aber auch an einer gesellschaftlichen Aufwertung von Individualität und Freiheit. Dies hat zu einer Gesellschaft geführt, die dem und der Einzelnen ohne Zweifel ein hohes Maß an individueller Freiheit gewährt, deren Verabschiedung der formalen Gleichheit als bestimmendes Strukturprinzip aber auch zu einem erheblichen Anstieg der sozialen Ungleichheit geführt hat, die nicht als strukturelles Problem, sondern als Resultat individueller Entscheidungen und Leistungen betrachtet wird.«[33]

33 Marc Buggeln, Das Versprechen der Gleichheit. Steuern und soziale Ungleichheit in Deutschland von 1871 bis heute, Berlin 2022, S. 922

Den geistig-politischen Überbau des sich allmählich herauskristallisierenden Finanzmarktkapitalismus schuf der Neoliberalismus mit seiner (Hoch-)Leistungsideologie, die man als meritokratischen Mythos der Postmoderne bezeichnen kann. Fortan wurde in sämtlichen Lebensbereichen betriebswirtschaftliche Effizienz angestrebt, ökonomischer Erfolg verabsolutiert und Bildung des Individuums auf die Produktion von »Humankapital« – was für ein inhumaner Begriff! – reduziert,[34] ohne den Millionen arbeitenden Menschen ein gutes Leben zu garantieren und das Gemeinwohl im Auge zu behalten. Man tolerierte die unter Fürst Otto von Bismarck als Reichskanzler begründete, während der Weimarer Republik ausgebaute sowie auch im Systemwettkampf zwischen Kapitalismus und Staatssozialismus fortentwickelte Sozialstaatlichkeit nicht mehr, sondern hielt sie für einen »Standortnachteil« im globalen Konkurrenzkampf der Wirtschaftsstandorte.[35]

Mit welchen (Schein-)Argumenten haben die intellektuellen Wegbereiter des Marktradikalismus und die von ihnen geistig munitionierten Wirtschaftslobbyisten für eine Verschärfung der Ungleichheit geworben und erreicht, dass diese von einem Großteil der Bevölkerung mehr oder weniger klaglos akzeptiert wurde?

Gern betonen Neoliberale den »Trickle-down-Effekt« eines von oben nach unten durchsickernden Wohlstandes, welcher auch als »Pferdeäpfel-Theorie« bekannt ist. Diese besagt, dass sogar die Spatzen davon profitieren, wenn man die Vierbeiner mit dem besten Hafer füttert, weil sie dessen Körner aus dem Kot der Rösser von der Straße picken. Es wäre aber für die Spatzen vorteilhafter, wenn sie gleich besser versorgt würden und die Körner nicht über den wenig hygienischen Umweg bekämen.

---

34 Vgl. Richard Münch, Globale Eliten, lokale Autoritäten. Bildung und Wissenschaft unter dem Regime von PISA, McKinsey & Co., Frankfurt am Main 2009, S. 29ff.

35 Vgl. hierzu: Christoph Butterwegge, Rechtfertigung, Maßnahmen und Folgen einer neoliberalen (Sozial-)Politik, in: ders./Bettina Lösch/Ralf Ptak, Kritik des Neoliberalismus, a.a.O., S. 130ff.

Die neoliberale Leistungsideologie wurde der Öffentlichkeit durch populäre Schlagworte wie »Eigenverantwortung«, »Selbstvorsorge« und »Privatinitiative« schmackhaft gemacht, was zu einer Modifikation des allgemeinen Gerechtigkeitsempfindens führte und kurz nach der Jahrtausendwende in der Diskussion über die Notwendigkeit von »schmerzhaften« Reformen gipfelte.

Der bis dahin vorherrschende Gerechtigkeitsbegriff wurde durch neoliberale Medieneinflüsse in dreifacher Hinsicht ausgehöhlt: Von der Bedarfsgerechtigkeit verschob sich der Fokus zur »Leistungsgerechtigkeit«, von der Verteilungsgerechtigkeit zur »Teilhabegerechtigkeit« und von der sozialen zur »Generationengerechtigkeit«. Indem man Freiheit in den Zusammenhang von »Privatinitiative«, »Eigenverantwortung« bzw. »Selbstvorsorge« stellte, wurden soziale Gerechtigkeit und Gleichheit als Grundwerte im Bewusstsein der überwiegenden Bevölkerungsmehrheit abgewertet.

Tony Blair in Großbritannien, Bill Clinton in den USA und Gerhard Schröder in Deutschland, allesamt sozialdemokratische »Modernisierer«, ersetzten die traditionelle Forderung ihrer Parteien nach größerer sozialer Gleichheit durch das Versprechen von mehr Fairness in der Leistungsgesellschaft: »Es wurde akzeptiert, dass die Sprossen der Einkommensleiter weiter auseinanderrückten, und lediglich angeboten, den Menschen zu helfen, sich unter faireren Voraussetzungen am Wettstreit um einen Rang auf einer höheren Sprosse beteiligen zu können.«[36] Dass sich die neoliberale Leistungsideologie »zersetzend auf die Gemeinschaft« auswirkt, hat der in Harvard lehrende Moralphilosoph Michael J. Sandel überzeugend dargelegt: »Denn je mehr wir uns für eigenverantwortlich und autark halten, desto unwahrscheinlicher ist es, dass wir uns um das Schicksal derer kümmern, die weniger begünstigt sind. Wenn mein Erfolg mein eigenes Werk ist, muss deren Scheitern ihr Fehler sein.«[37]

36 Michael J. Sandel. Vom Ende des Gemeinwohls. Wie die Leistungsgesellschaft unsere Demokratien zerreißt, 3. Aufl. Frankfurt am Main 2020, S. 137

37 Ebd., S. 95

Das für eine Gesellschaft maßgebliche Gerechtigkeitsverständnis und die Wohlfahrtsstaatsentwicklung korrelieren miteinander, weshalb man geradezu von einer Wechselwirkung diskursiver Strategien mächtiger Interessengruppen einerseits und institutioneller Reformen, etwa im Bereich der Sozialgesetzgebung, andererseits sprechen kann. Mit den Plänen von Regierungsmitgliedern zum »Um-« bzw. Abbau des Sozialstaates häuften sich daher Bemühungen, die Gerechtigkeitsvorstellungen grundlegend zu verändern. Distributive und Bedarfsgerechtigkeit spielten entweder überhaupt keine Rolle mehr oder wurden auf »Leistungs-«, »Chancen-« bzw. »Generationengerechtigkeit« verkürzt.[38]

Innerhalb des Neoliberalismus koexistieren zwei Grundpositionen zur Kardinalfrage der Gerechtigkeit: Während die eine schlichtweg leugnet, dass der Markt soziale Ungleichheit schafft, rechtfertigt das die andere mit seiner volkswirtschaftlichen Effizienz und erklärt die soziale Gerechtigkeit zum »Einfallstor des Totalitarismus« und zu einem Trugbild sozialistischer oder kommunistischer Heilslehren. Entweder ignorieren Neoliberale die extreme soziale Ungleichheit in einem nach ihren Wünschen »reformierten« Kapitalismus. Die über den Markt vermittelte Primärverteilung erscheint ihnen als gerecht und darf ihres Erachtens schon deshalb nicht durch Staatseingriffe nachträglich korrigiert bzw. konterkariert werden. Oder man betrachtet soziale Ungerechtigkeit im Hinblick auf die Entwicklung der Gesellschaft als funktional, nimmt sie zwar durchaus wahr, aber wegen der vermeintlichen Überlegenheit des kapitalistischen Systems gegenüber sämtlichen anderen Wirtschaftsordnungen billigend in Kauf.

Der österreichische Ökonom und Sozialphilosoph Friedrich August von Hayek repräsentiert die einflussreiche Wiener Schule des Neoliberalismus. Er hielt Ungleichheit für nötig, vertrat einen äußerst

38 Vgl. dazu: Jörg Reitzig, »Eine Kategorie des Unsinns…«. Die soziale Gerechtigkeit im Visier der neoliberalen Theorie, in: Christoph Butterwegge/Bettina Lösch/Ralf Ptak (Hg.), Neoliberalismus. Analysen und Alternativen, Wiesbaden 2008, S. 132 ff.

rigiden Gerechtigkeitsbegriff und schloss die Gewährleistung von Bedarfs- oder Verteilungsgerechtigkeit wie auch von Chancengleichheit im Rahmen der marktwirtschaftlichen Ordnung definitiv aus: »Nicht nur wegen der verschiedenen Begabungen, sondern vor allem wegen der unvermeidlichen Unterschiede des Milieus und besonders der Familien, in denen die Menschen aufwuchsen, sind ihre Zukunftsaussichten unvermeidlich verschieden. Aus diesem Grunde kann die Vorstellung, welche die meisten Liberalen nähren, nämlich daß eine Ordnung nur gerecht ist, wenn die Startchancen für alle Menschen gleich sind, in einer freien Gesellschaft nicht realisiert werden.«[39]

An dieser Stelle trifft sich Hayek mit Kritiker(inne)n des Neoliberalismus wie César Rendueles, der Chancengleichheit, bei der alle Menschen durch die Bereitstellung der nötigen Ressourcen gleiche Startchancen erhalten, als »meritokratische Perversion des Egalitarismus« bezeichnet, da keine Ergebnisgleichheit angestrebt werde.[40] Michael J. Sandel wirft Hayek vor, aus unlauteren Motiven zu behaupten, dass Leistung und Belohnung zwangsläufig auseinanderfallen: »Hayek bestreitet, dass wirtschaftliche Belohnungen mit Verdiensten zu tun haben, weil er so die Forderungen nach Umverteilung abwehren kann, die von denen erhoben werden, die glauben, dass Hedgefondsmanager es nicht verdient haben, mehr Geld zu bekommen als Lehrer.«[41] Christian Neuhäuser hält auch einen Reichtum, der auf eigener Leistung basiert, für unverdient, weil dessen Träger die Möglichkeit habe, jemanden in seiner Selbstachtung zu bedrohen oder zu verletzen.[42]

Marktradikale beschönigen die soziale *Un*gleichheit, in der sie keine Ungerechtigkeit, sondern eine Triebkraft des menschlichen Fortschritts, das Herzstück wirtschaftlicher Dynamik und

39 Friedrich A. von Hayek, Liberalismus. Vorträge und Aufsätze, Tübingen 1979, S. 33

40 Siehe César Rendueles, Gegen Chancengleichheit. Ein egalitaristisches Pamphlet, Berlin 2022, S. 12

41 Michael J. Sandel. Vom Ende des Gemeinwohls, a. a. O., S. 204

42 Vgl. Christian Neuhäuser, Reichtum als moralisches Problem, 2. Aufl. Berlin 2018, S. 219

die Grundlage einer wirksamen Bekämpfung der Erwerbslosigkeit sehen. Für den neoliberalen Wirtschaftsjournalisten Rainer Hank ginge der Egalitarismus einer verteilungsgerechten Gesellschaft auf Kosten ihrer Effizienz. An einer gesellschaftlichen Reform ist seiner Meinung nach dann nichts auszusetzen, wenn sie zu irgend jemandes Vorteil ausfalle, ohne für jemand anderen einen Nachteil zu bedeuten: »Wenn sich das Einkommen einiger verbessert, dasjenige anderer aber zugleich nicht verschlechtert, entsteht zwar Spreizung und mehr Ungleichheit, die aber nur zu begrüßen, nicht zu bekämpfen ist.«[43]

Clemens Fuest, Präsident des ifo Instituts für Wirtschaftsforschung an der Universität München, rechtfertigt die soziale Ungleichheit mit folgendem Argument, das eher tautologisch klingt: »Eine ungleiche Verteilung von Einkommen und Vermögen zu einem gegebenen Zeitpunkt gehört zu einer freiheitlichen und marktwirtschaftlichen Ordnung.«[44] Auch hält Fuest unbeirrt am Leistungsprinzip und am Grundgedanken der Meritokratie fest. Er beharrt sogar darauf, »dass auch sinkende soziale Mobilität nicht notwendigerweise ein Symptom für eine Abweichung von meritokratischen Strukturen ist. Tatsächlich kann ein zeitweiser Rückgang sozialer Mobilität sich als Teil eines normalen Entwicklungsprozesses ergeben, in dem sich Gesellschaften hin zu meritokratischeren Strukturen mit breiteren Aufstiegschancen wandeln.«[45]

Der belgische Ökonom Norbert Nicoll konstatiert, dass der Neoliberalismus zwar in verschiedene Denkrichtungen zerfällt, die soziale Ungleichheit aber in all seinen Schattierungen zum Programm erhoben hat: »Verbindendes Ziel aller neoliberalen Ansätze und Schulen ist es, eine zeitgemäße Legitimation für eine marktwirtschaftlich dominierte Gesellschaft zu entwerfen und durchzuset-

---

43 Rainer Hank, Das Ende der Gleichheit oder Warum der Kapitalismus mehr Wettbewerb braucht, Frankfurt am Main 2000, S. 168

44 Clemens Fuest, Soziale Mobilität und Meritokratie, in: Corinne Michaela Flick (Hg), Gleichheit in einer ungleichen Welt, Göttingen 2023, S. 117

45 Ebd., S. 118

zen.«[46] Weil die Neoliberalen den Markt als Regulierungsmechanismus vergöttern und auf die Maximierung der Renditen fixiert sind, nehmen sie wachsende Ungleichheit zumindest billigend in Kauf, falls diese ihnen nicht sogar als Ferment des gesellschaftlichen Fortschritts erscheint.

Weil sie unter »Leistung« in erster Linie wirtschaftlichen Erfolg verstehen, propagieren die Neoliberalen einen stark verkürzten Gerechtigkeitsbegriff. »Wer ein Vermögen ererbt oder erheiratet oder wem es durch andere günstige Umstände zufällt, der kann dieses am Markt gewinnbringend einsetzen und daraus ohne besondere persönliche Mühe Einkommen erzielen. Die moralische Achillesferse des Neoliberalismus besteht somit darin, daß er – abgesehen von sozialen Gesichtspunkten – nicht einmal die von seinen Protagonisten oftmals behauptete Leistungsgerechtigkeit zu gewährleisten vermag.«[47]

Man fragt sich einerseits, wer bestimmt, was als Leistung gilt, sowie andererseits, ob »Leistung« nicht überhaupt ein fragwürdiger und irreführender Begriff ist. »Die Eliten suggerieren uns, daß ›Leistung‹ ein ›objektiver Maßstab‹ sei, über den die Chancen in unserer Gesellschaft gerecht verteilt würden. Doch wer kann schon sagen, dass die ›Leistung‹ einer ManagerIn wirklich höher zu bewerten ist als die einer VerkäuferIn, ErzieherIn, LehrerIn oder eines Hausmannes?«[48] Der katholische Sozialethiker Friedhelm Hengsbach hat auf die Präformation und die inhaltliche Reduktion des Leistungsbegriffs durch das bestehende Wirtschaftssystem hingewiesen: »Solange die wirtschaftliche Leistung durch die Kaufkraft derer definiert wird, die sich für ein bestimmtes Angebot interessieren, ist die Vor-

46 Norbert Nicoll, Neoliberalismus. Ungleichheit als Programm, Münster 2013, S. 15

47 Hans Jürgen Rösner, Soziale Sicherung im konzeptionellen Wandel – ein Rückblick auf grundlegende Gestaltungsprinzipien, in: Richard Hauser (Hg.), Alternative Konzeptionen der sozialen Sicherung, Berlin 1999, S. 44

48 Erik Weckel, Der Flaschenhals: Leistung – was ist das eigentlich?, in: Marek Neumann-Schönwetter / Alexander Renner / Ralph C. Wildner (Hg.), Anpassen und Untergehen. Beiträge zur Hochschulpolitik, Marburg 1999, S. 34

stellung einer leistungsgerechten Entlohnung weithin ein ideologisches Konstrukt.«[49]

Wie und woran man die (Arbeits-)Leistung von Beschäftigten misst, unterlag im Laufe der Zeit einem stark vom Neoliberalismus beeinflussten Wandel. »Seit den achtziger Jahren wurde Leistung immer weniger an der Dauer einer Tätigkeit und dem dafür notwendigen Aufwand festgemacht, sondern an deren Marktergebnis. Damit wurden Formen von Arbeit materiell und symbolisch entwertet, die vermeintlich einfach waren, aus Routinetätigkeiten bestanden, die anstrengend und ermüdend, aber nicht immer sichtbar waren.«[50] Sighard Neckel, Kai Dröge und Irene Somm zufolge nahm das Leistungsprinzip immer mehr eine »paradoxe Gestalt« an, denn einerseits könne man feststellen, »dass die Organisation der Statusverteilung auf eine Weise umgestaltet wird, die sich zu den normativen Forderungen des Leistungsprinzips vielfach konträr verhält; andererseits wird aber gerade diese Umgestaltung im gesellschaftspolitischen Diskurs häufig unter Verwendung der Leistungsbegrifflichkeit legitimiert.«[51]

»Leistungsgerechtigkeit« ist eine Chimäre, und das meritokratische Prinzip wird von Neoliberalen benutzt, um die im Hinblick auf Einkommen und Vermögen bestehende Verteilungsschieflage zu rechtfertigen. Der meritokratische Mythos, dass Leistung mit Wohlstand honoriert wird, hat den Kapitalismus jedoch für die wenigen Gewinner der Marktwirtschaft attraktiv und für die vielen Verlierer/

---

49 Friedhelm Hengsbach, Gerechtigkeit ist nur ein Wort, in: Christoph Butterwegge / Michael Klundt (Hg.), Kinderarmut und Generationengerechtigkeit. Familien- und Sozialpolitik im demografischen Wandel, 2. Aufl. Opladen 2003, S. 14

50 Nicole Mayer-Ahuja / Oliver Nachtwey, Verkannte Leistungsträger:innen. Berichte aus der Klassengesellschaft, in: dies. (Hg.), Verkannte Leistungsträger:innen. Berichte aus der Klassengesellschaft, Berlin 2021, S. 19f.

51 Siehe Sighard Neckel / Kai Dröge / Irene Somm, Welche Leistung, welche Leistungsgerechtigkeit? – Soziologische Konzepte, normative Fragen und einige empirische Befunde, in: Peter A. Berger / Volker H. Schmidt (Hg.), Welche Gleichheit, welche Ungleichheit? – Grundlagen der Ungleichheitsforschung, Wiesbaden 2004, S. 146

innen akzeptabel gemacht. »Die zunehmende Ungleichheit weckt jedoch Zweifel an der kapitalistischen Ideologie, denn sie bringt die hässliche Seite dieses Systems zum Vorschein: die Vormachtstellung des Materialismus, das Prinzip ›Der Sieger bekommt alles‹ und die Geringschätzung für Beweggründe jenseits des Gewinnstrebens.«[52] Eine nach meritokratischen Prinzipien gestaltete Leistungsgesellschaft kann auch nicht das Ziel einer sinnvollen Gesellschaftsveränderung sein, weil sie kaum zu sozialer Gerechtigkeit und weniger Ungleichheit führen würde. »Werden Jobs und Chancen gemäß der Leistung vergeben, wird die Ungleichheit nicht geringer – sie wird lediglich so umetikettiert, dass sie mit den Fähigkeiten übereinstimmt. Und diese Grundannahme vertieft die Kluft zwischen Arm und Reich.«[53]

»Generationengerechtigkeit« dient als politischer Kampfbegriff, der neoliberale Vorstellungen im Hinblick auf die Transformation von (Sozial-)Staat und Gesellschaft nach Markterfordernissen, Konkurrenzgesetzen und Leistungsnormen dadurch legitimieren hilft, dass ein sich aus ganz anderen Gründen verschärfender Verteilungskampf zu einem »Generationenkrieg« umgedeutet wird. Man reduziert soziale auf demografische Probleme, d. h. letztlich auf biologische Prozesse, was sie einer Lösung im Interesse der großen Bevölkerungsmehrheit entzieht.

So gaukeln Neoliberale jungen Leuten vor, sich für ihre Interessen einzusetzen. Dabei müssten sie – und eben nicht die jetzigen Alten – im Falle einer weiteren Anhebung des Rentenzugangsalters auf 68, 70 oder mehr Jahre länger arbeiten und in die Rentenkasse einzahlen, während sie später über einen kürzeren Zeitraum hinweg Rente beziehen könnten. Außerdem verschlechtern sich die Arbeitsmarktchancen der *kommenden* Generationen. Bei der Verlagerung des Problems auf die private Altersvorsorge handelt es sich nicht um eine »kapitalgedeckte«, sondern eine finanzmarktabhängige Rente, die von jeder Bankenkrise zerstört werden kann.

52 Branko Milanović, Die ungleiche Welt, a. a. O. , S. 203

53 Michael J. Sandel. Vom Ende des Gemeinwohls, a. a. O., S. 187

2.2 Regierungspolitik als Verstärker der sozialen Polarisierung: Gerhard Schröders »Agenda 2010«

Seit den frühen 1980er-Jahren folgte die Bundesregierung neoliberalen Ratschlägen, indem ihre Politik darauf gerichtet war, (große) Unternehmen steuerlich zu entlasten, die Lohnarbeit zu entsichern und auf diese Weise mehr private Investitionen anzuregen, die wiederum zum Rückgang der Massenarbeitslosigkeit führen sollten. Dabei wurden Erfahrungen anderer Staaten im Hinblick auf die verheerenden Folgen der Prekarisierung von Beschäftigungsverhältnissen ignoriert.[54] Es mangelte den Regierenden an sozialer Empathie und Respekt gegenüber den Lohnabhängigen, die Leidtragende ihrer Politik waren. »Für Erwerbstätige bedeuten unsichere, nicht dauerhaft existenzsichernde Arbeits- und Beschäftigungsverhältnisse meist finanzielle Einbußen, erhöhte soziale Verwundbarkeit und das Unterschreiten bisheriger sozialer Sicherheits- und Normalitätsstandards bis hin zum stressbedingten Burnout oder anderen gesundheitlichen Folgen.«[55]

Aus der neoliberalen Hegemonie, d. h. der öffentlichen Meinungsführerschaft, die der Marktradikalismus aufgrund der geschickten Netzwerktätigkeit seiner Protagonisten hierzulande spätestens in den 1990er-Jahren erlangte, resultierten (partei)politische Entscheidungen zur Deregulierung des Arbeitsmarktes, zur Demontage des Wohlfahrtsstaates und zur Deformation des Steuersystems. Weder die Prekarisierung von Arbeits- und Lebensbedingungen noch die Polarisierung bzw. US-Amerikanisierung der Sozialstruktur im Gefolge dieser Maßnahmen kann man als »unsoziale Kollateralschäden

---

54 Vgl. David Eberhart, Massenarbeitslosigkeit und Neoliberalismus. Ein wirtschaftspolitisches Konzept auf dem Prüfstand, Stuttgart 1998, S. 93 f.

55 John Lütten, Neue grobe Unterschiede. Arbeit, Klassen, Prekarisierung und die Wiederkehr der sozialen Frage – Ein Streifzug, in: Martin Seeliger (Hg.), Strukturwandel der Arbeitsgesellschaft, Weinheim/Basel 2023, S. 49

der Globalisierung« abtun, handelte es sich doch um das Resultat einer neoliberalen Wirtschafts- und Finanz-, Steuer-, Arbeitsmarkt- und Sozialpolitik, die Bundesregierungen unterschiedlicher Zusammensetzung über Jahrzehnte hinweg systematisch betrieben haben.

Die entscheidenden Weichen für die wachsende Ungleichheit in Deutschland wurden um die Jahrtausendwende gestellt. Eine zentrale Rolle dabei spielte die SPD, deren jüngere Spitzenpolitiker stark vom Neoliberalismus beeinflusst waren und Sympathien für dessen Gerechtigkeitsverständnis erkennen ließen. Das galt etwa für den damaligen Bundeskanzler und zeitweiligen Parteivorsitzenden Gerhard Schröder, der sich eine umfassende Modernisierung des »Standorts D« auf die Fahnen geschrieben hatte und den traditionellen sozialdemokratischen Wunsch nach mehr Verteilungsgerechtigkeit stark relativierte: »Gerade weil [...] die Herstellung und Bewahrung sozialer Gerechtigkeit in einem umfassenden Sinne oberstes Ziel sozialdemokratischer Politik ist und bleibt, können wir uns nicht mehr auf Verteilungsgerechtigkeit beschränken. Dies geht schon deshalb nicht, weil eine Ausweitung der Sozialhaushalte nicht zu erwarten und übrigens auch nicht erstrebenswert ist. Für die soziale Gerechtigkeit in der Wissens- und Informationsgesellschaft ist vor allem die Herstellung von Chancengerechtigkeit entscheidend.«[56]

Peer Steinbrück, damals nordrhein-westfälischer Ministerpräsident, entleerte in der *Zeit* (v. 13.11.2003) den Gerechtigkeitsbegriff völlig, als er die Staatstätigkeit auf eine Förderung der »Leistungsträger« verkürzte: »Soziale Gerechtigkeit muss künftig heißen, eine Politik für jene zu machen, die etwas für die Zukunft unseres Landes tun: die lernen und sich qualifizieren, die arbeiten, die Kinder bekommen und erziehen, die etwas unternehmen und Arbeitsplätze schaffen, kurzum, die Leistung für sich und unsere Gesellschaft erbringen. Um die – und nur [sic] um sie – muss sich Politik kümmern.« Dies hieß im Klartext, dass Steinbrück zufolge bloß noch Menschen unterstützt

56 Gerhard Schröder, Die zivile Bürgergesellschaft. Anregungen zu einer Neubestimmung der Aufgaben von Staat und Gesellschaft, in: Die Neue Gesellschaft / Frankfurter Hefte 4/2000, S. 203

werden sollten, die aus seiner Sicht produktiv und nützlich waren. Mit den sozialdemokratischen Grundwerten, den bewährten Parteitraditionen und dem Sozialstaatsgebot unserer Verfassung hatte Steinbrück damit gebrochen. Nichtsdestotrotz wurde er bereits kurz nach seiner Abwahl auf der Landesebene zum Bundesfinanzminister im ersten Kabinett von Angela Merkel ernannt.

Als sozialdemokratischer Kanzlerkandidat bei der Bundestagswahl im September 2013 hat sich Steinbrück von seiner impliziten Weigerung, aufgrund ihrer geringeren Leistungsfähigkeit z. B. Schwerstbehinderte, Obdachlose und Suchtkranke staatlicherseits zu unterstützen, keineswegs distanziert. Auf die Frage, ob er anders klinge als zehn Jahre zuvor, antwortete Steinbrück laut seinen Interviewern der *Zeit* (v. 31.1.2013) vielmehr schnippisch: »Nein. Ich bin unverändert der Meinung, dass die SPD dringend jene ansprechen muss, die die Lastesel des Sozialstaates sind. Diese Menschen dürfen wir nicht überfrachten, weil sie sonst den Solidarvertrag aufkündigen.« Hier wurden die Angehörigen der Mittelschicht auf Kosten der von Steinbrück beschworenen Solidarität gegen die Angehörigen der Unterschicht ausgespielt, ganz so, als sei für den modernen Wohlfahrtsstaat nicht gerade konstitutiv, dass er *alle* Bürger/innen vor elementaren Lebensrisiken schützt, sie jedoch auch nach ökonomischer Leistungsfähigkeit belastet.

Gerhard Schröder gab am 14. März 2003 eine Regierungserklärung ab, die den hochtrabenden Namen »Agenda 2010« trug. Für den damaligen Bundeskanzler gab es im Zeitalter der Globalisierung nur zwei Möglichkeiten: »Entweder wir modernisieren, und zwar als soziale Marktwirtschaft, oder wir werden modernisiert, und zwar von den ungebremsten Kräften des Marktes, die das Soziale beiseite drängen würden.«[57] Was Schröder euphemistisch als »gesellschaftliche Modernisierung« bezeichnete, weckte bei Langzeitarbeitslosen, die unter Androhung einer Sanktionierung zur Tä-

57 Presse- und Informationsamt der Bundesregierung (Hg.), Agenda 2010. Mut zum Frieden und Mut zur Veränderung. Regierungserklärung von Bundeskanzler Gerhard Schröder, 14. März 2003, Berlin 2003, S. 12

tigkeit als 1-Euro-Jobber genötigt wurden, böse Erinnerungen an mittelalterliche Frondienste und lief auf eine Refeudalisierung der Arbeitswelt (Liberalisierung der Leiharbeit als einer »postmodernen« Form der Sklaverei) hinaus.

Nicht nur die rot-grüne Bundesregierung, sondern alle etablierten Parteien setzten in ihrem Verantwortungsbereich neoliberale Projekte um, was die Privatisierung öffentlicher Unternehmen und Dienste, zentraler Bereiche der Daseinsvorsorge und sozialer Risiken einschloss. Die lange Liste der Privatisierungsobjekte reichte von Unternehmen(sbeteiligungen) über Krankenhäuser bis zur Altersvorsorge, von Kinderbetreuungseinrichtungen über (Hoch-)Schulen bis zu Pflegeheimen, von der Müllabfuhr über Nahverkehrsbetriebe bis zu kommunalen Wohnungsbeständen sowie von der Flugsicherung über Haftanstalten bis zum Gerichtsvollzieherwesen, ließ also selbst traditionelle Hoheitsaufgaben des Staates nicht mehr unangetastet. Vormals gemeinwirtschaftlich organisierte Sektoren, die Beschäftigung sichern, Versorgungssicherheit gewährleisten und soziale Schieflagen ausgleichen sollten, wurden ebenfalls der privaten Gewinnmaximierung ausgeliefert.

Die auch von überschuldeten Kommunen in der Hoffnung auf finanzielle Entlastung durch hohe Einmalerlöse betriebene Privatisierung verstärkte einerseits den Trend zur Prekarisierung der Lohnarbeit, weil vorher im öffentlichen Dienst beschäftigte und tariflich bezahlte Personen die schlechteren Arbeitsbedingungen und niedrigeren Löhne in einem Privatunternehmen oder einer Leiharbeitsfirma hinnehmen mussten, trug andererseits jedoch zur Profitmaximierung und zur Polarisierung der Sozialstruktur bei, weil sich die Kluft zwischen Arm und Reich vertiefte. Insofern wirkte die von neoliberalen Thinktanks, Lobbyisten und wirtschaftsnahen Politikern ausgelöste Privatisierungswelle als gesellschaftlicher Spaltpilz, erhöhte sich doch auch die sozioökonomische Ungleichheit. Sie schuf nicht bloß »ungleiche Möglichkeiten individueller Bedürfnisbefriedigung und ungleiche Chancen politischer Einflussnahme«, sondern trieb auch die Spaltung der Gesellschaft weiter voran:

»Was ehemals solidarisch finanziert und organisiert war, wird nunmehr den Gesetzen des Marktes und damit seinen Wettbewerbs-, Selektions- und Ausgrenzungsmechanismen unterworfen.«[58]

Ausgerechnet von jenen Bürger(inne)n, die ihr politisches Modernisierungsprojekt am härtesten traf, verlangten die Regierenden mehr Privatinitiative, Eigenvorsorge und Selbstverantwortung. Sie meinten damit aber nur eine Zusatzbelastung für Arbeitnehmer/innen und Rentner/innen, während die Arbeitgeber von Sozialversicherungsbeiträgen (»gesetzlichen Lohnnebenkosten«) entlastet werden sollten. Hinter den genannten Schlagworten verschwand die Gleichheit, obwohl sie ein integraler Bestandteil sozialer Gerechtigkeit ist: »Der rhetorisch beschworenen solidarischen Gesellschaft wird damit real der Boden entzogen, denn ohne die Verknüpfung mit Gleichheit verkommt Solidarität zu einer karitativen Veranstaltung, bei der an die Stelle institutionell gesicherter Solidarität der Appell an die Bereitschaft der Gesellschaftsmitglieder zur freiwilligen Solidarität tritt. Grundakkord bleibt das Selbstverständnis vom nur subsidiär handelnden Sozialstaat, der sein Leistungsangebot rückentwickelt zur Hilfe für die Ärmsten.«[59]

Während man zum Teil unter Berufung auf den US-amerikanischen Sozialphilosophen John Rawls in sehr allgemeiner und abstrakter Form über »gerechtfertigte Ungleichheiten« räsonierte,[60] mehrten und verfestigten sich aufgrund der Regierungspraxis die ungerechtfertigten. Maßnahmen zur Privatisierung öffentlicher Unternehmen, sozialer Dienstleistungen und allgemeiner Lebensrisiken, zur Deregulierung gesetzlicher Schutzbestimmungen so-

58 Tim Engartner, Staat im Ausverkauf. Privatisierung in Deutschland, 2. Aufl. Frankfurt am Main / New York 2021, S. 290

59 Cornelia Heintze, Staat als Partner. Deutsche wohlfahrtsstaatliche Perspektiven im Lichte skandinavischer Erfahrungen, in: Angelika Beier u. a. (Hg.), Investieren, sanieren, reformieren? – Die Wirtschafts- und Sozialpolitik der schwarz-roten Koalition, Marburg 2006, S. 115

60 Vgl. Wilfried Hinsch, Gerechtfertigte Ungleichheiten. Grundsätze sozialer Gerechtigkeit, Berlin 2002

wie zur Flexibilisierung der Arbeitsverhältnisse und -zeiten waren Schritte auf dem Weg in eine Gesellschaft, die Konkurrenz, Kommerz und Konsum prägen.

Deregulierung des Arbeitsmarktes und Prekarisierung der Lohnarbeit durch Hartz IV

Die rot-grüne Koalition lockerte den Kündigungsschutz, liberalisierte die Leiharbeit und prekarisierte durch Einführung der Mini- und Midijobs sowie Erleichterung des Abschlusses von Werk- und Honorarverträgen die Lohnarbeit. Nach regierungsoffizieller Lesart diente ihre Politik zwar dem Ziel, (Langzeit-)Erwerbslose wieder in Arbeit zu bringen und ihnen schneller als bisher Jobs zu vermitteln. Hauptsächlich wollte man jedoch die Ausgaben des Staates und die »Lohnnebenkosten« der Unternehmen senken.

Statt wegen niedrigerer Kosten neue Stellen zu schaffen, spalteten etliche Firmen allerdings bisherige Voll- und Teilzeitarbeitsplätze in mehrere geringfügige Beschäftigungsverhältnisse (»Minijobs«) auf und belasteten durch wegfallende Beiträge die Sozialversicherungen zusätzlich. Vor allem wurde der Druck auf Erwerbslose wie auf Beschäftigte erhöht,[61] die Profitabilität der hiesigen (Groß-)Unternehmen gesteigert und der »Standort D« durch Lohndumping noch konkurrenzfähiger gemacht. Weil niedrige Löhne gleichbedeutend mit hohen Gewinnen sind, verschärfte sich die Verteilungsschieflage. Die rot-grüne Niedriglohnstrategie vertiefte den Graben zwischen der sozialen Beletage und dem sozialen Souterrain.

Herzstück der Agenda 2010 war das *Vierte Gesetz für moderne Dienstleistungen am Arbeitsmarkt*, welches vom damaligen Wirtschafts- und Arbeitsminister Wolfgang Clement als »Mutter aller Reformen« bezeichnet, landläufig aber nur »Hartz IV« genannt wurde.[62] Es hat die Bundesrepublik so tiefgreifend verändert wie

---

61 Vgl. dazu: Julia Friedrichs, Working Class. Warum wir Arbeit brauchen, von der wir leben können, Berlin/München 2021

62 Vgl. hierzu und zum Folgenden: Christoph Butterwegge, Hartz IV und die Folgen. Auf dem Weg in eine andere Republik?, 3. Aufl. Weinheim/Basel 2018

kaum eine andere Entscheidung von Parlament und Regierung, die finanzielle Situation von Millionen Langzeit- bzw. Dauererwerbslosen und ihren Familien spürbar verschlechtert und besonders durch das Abdrängen der Langzeiterwerbslosen, die vorher Arbeitslosenhilfe erhalten hatten, in den Fürsorgebereich mit seinen für alle gleich niedrigen Transferleistungen dazu beigetragen, dass sich die Kinderarmut beinahe verdoppelte.

Stark betroffen waren Ostdeutsche, alleinerziehende Mütter und Migrant(inn)en, deren soziale Probleme sich durch die vier sog. Hartz-Gesetze verschärften. Weil das Arbeitslosengeld II als ergänzende Transferleistung zu einem geringen Lohn konzipiert war, dürfte vor allem Hartz IV entscheidend dazu beigetragen haben, dass sich der Niedriglohnsektor, das Haupteinfallstor für Erwerbs-, Familien- und Kinderarmut wie für spätere Altersarmut, ausdehnte. Ungefähr eine Million Arbeitslosengeld-II-Bezieher/innen waren gar nicht arbeitslos, sondern konnten von dem Lohn, den sie erhielten, bloß nicht leben, ohne ergänzend Hartz IV in Anspruch zu nehmen.

Wie das Bremer Institut für Arbeitsmarktforschung und Jugendberufshilfe (BIAJ) errechnete, wurden Hartz-IV-Bezieher/innen in den Folgejahren immer mehr von der allgemeinen Einkommensentwicklung abgekoppelt. Sowohl absolut wie relativ hat sich der Abstand zwischen dem Regelbedarf (ohne Miet- und Heizkosten) und der Armutsgefährdungsschwelle, die laut einer EU-Konvention bei 60 Prozent des mittleren Einkommens liegt, während der Geltung von Hartz IV erheblich vergrößert. Einerseits kann man von einer zunehmenden Verarmung der Transferleistungsempfänger/innen ausgehen, andererseits traf die Armut weitere Personengruppen. So kam Simon Jung, der die deutliche Senkung der Arbeitslosigkeit auf die Hartz-Gesetze zurückführte, gleichwohl zu dem Ergebnis, dass diese »keine armutslindernde Wirkung nach sich gezogen« hätten, sondern die Armut im Gegenteil nach zehn Jahren um etwa ein Drittel größer ausgefallen sei als vor den Reformmaßnahmen.[63]

---

63 Siehe Simon Jung, Die Hartz-Reformen und die Armutsentwicklung in

Die eigentlichen Profiteure der rot-grünen Arbeitsmarktreformen waren jedoch Unternehmen auf der Suche nach Arbeitskräften, die möglichst billig, willig und wehrlos sein sollten. Mit dem Gesetzespaket wurde nicht bloß enormer Druck auf Langzeiterwerbslose, sondern auch auf das Lohnniveau ausgeübt. Reallohnverluste vor allem im unteren Einkommensbereich waren die Folge. Aufgrund der verschärften Zumutbarkeitsregeln und der massiven Sanktionsdrohungen führte Hartz IV dem Niedriglohnsektor ständig neuen Nachschub zu. Unter dem Damoklesschwert von Hartz IV waren Belegschaften, Betriebsräte und Gewerkschaften außerdem eher bereit, schlechte Arbeitsbedingungen und/oder niedrigere Löhne zu akzeptieren. Für exzessives Lohndumping betreibende Unternehmer, die überwiegend aus der Leiharbeitsbranche stammten, bildete das an sog. Erwerbsaufstocker/innen gezahlte Arbeitslosengeld II im Rahmen eines Kombilohnmodells eine indirekte Subvention, deren Höhe sich auf über 10 Milliarden Euro pro Jahr belief.

Dass es sich beim Lohndumping von Unternehmerseite nicht etwa um einen ungewollten oder unerwarteten Missbrauch der Hartz-Gesetze handelte, sondern dass deren Hauptfunktion gerade darin bestand, diese Form der Profitmaximierung zu ermöglichen, zeigt eine Rede, die Gerhard Schröder am 28. Januar 2005 auf dem Weltwirtschaftsforum in Davos hielt. Dort lobte der damalige Bundeskanzler sich und seine rot-grüne Koalitionsregierung vor den versammelten Führungskräften der internationalen Wirtschafts- und Finanzwelt dafür, »einen der besten Niedriglohnsektoren« in Europa geschaffen zu haben: »Wir haben einen funktionierenden Niedriglohnsektor aufgebaut, und wir haben bei der Unterstützungszahlung Anreize dafür, Arbeit aufzunehmen, sehr stark in den Vordergrund gestellt.«[64]

Deutschland. Ursachen und armutsbeeinflussende Folgen (von) Deutschlands umfangreichster Sozialreform, Norderstedt 2012, S. 72 f.

64 Rede von Bundeskanzler Gerhard Schröder vor dem World Economic Forum am 28. Januar 2005 in Davos, in: Bulletin der Bundesregierung 08-2 v. 28.1.2005, S. 6

Unter dem an die Bismarck zugeschriebene Zwillingsformel »Zuckerbrot und Peitsche« erinnernden Doppelmotto »Fördern und fordern!« machte die rot-grüne Bundesregierung ihre »aktivierende Arbeitsmarktpolitik« der Öffentlichkeit schmackhaft. Dabei handelte es sich um ein Versprechen gegenüber den Leistungsbezieher(inne)n, das ausschließlich in seinem zweiten Teil eingelöst wurde. Der wohlklingende Werbeslogan verdeckte die Hauptfunktion des Gesetzespaketes, als Disziplinierungsinstrument, Drohkulisse und Druckmittel sowohl gegenüber Erwerbslosen wie gegenüber Beschäftigten zu dienen.

Ebenso wie die meisten übrigen »Agenda«-Reformen bezweckten die sog. Hartz-Gesetze eine weitreichende Deregulierung des Arbeitsmarktes, durch die das Lohnniveau gesenkt und die Machtposition des Kapitals (z. B. in Tarifverhandlungen) gestärkt wurde. Es handelte sich – in dieser Hinsicht der Währungsreform vom 20. Juni 1948 vergleichbar – um ein gigantisches Umverteilungsprogramm.

Die ziemlich drastischen Veränderungen der Arbeitswelt zu jener Zeit waren weder dem technologischen Wandel (Automatisierung, Computerisierung und Digitalisierung) noch der wirtschaftlichen Globalisierung, sondern bewussten Entscheidungen im politischen Raum geschuldet, die einflussreiche Konzernstiftungen, Lobbyeinrichtungen der Wirtschaft und neoliberale Thinktanks vorbereitet hatten. Die rot-grüne Arbeitsmarktpolitik veränderte die Klassen- und Sozialstruktur nachhaltig. Sich bereits unter den Regierungen von Helmut Kohl abzeichnende Fragmentierungs- und Polarisierungstendenzen wurden forciert und neue Spaltungsprozesse initiiert. Der Basler Soziologe Oliver Nachtwey ist der Überzeugung, dass die Arbeitsmarkt- und Sozialreformen zur Herausbildung einer neuen Unterklasse beigetragen haben, die aus den Empfänger(inne)n staatlicher Transferleistungen, meist »Hartzer« genannt, und einem wachsenden Heer von Niedriglohnbeschäftigten bestand.[65]

65 Vgl. Oliver Nachtwey, Die Abstiegsgesellschaft. Über das Aufbegehren in der regressiven Moderne, Berlin 2016, S. 162

Für die Entwicklung der Kanzlerpartei wies die »Agenda«-Politik tragische, ja fast suizidale Züge auf, denn die SPD zerstörte durch Auflösung des Facharbeitermilieus bzw. Verwandlung eines Teils des klassischen, überwiegend gewerkschaftlich organisierten Industrieproletariats in ein abgehängtes Dienstleistungsprekariat, das sein Dasein meist im Niedriglohnsektor fristete, ihre eigene Basis, was zur Folge hatte, dass sich ihre Mitgliedschaft, ihre Wählerstimmen auf Bundesebene und die Zahl der von ihr geführten Landesregierungen in den nächsten Jahren und Jahrzehnten halbierten. Trotz dieses unübersehbaren Niedergangs der ältesten und größten Partei Deutschlands zogen ihre Führungsgremien daraus lange keine Konsequenzen hinsichtlich der Rückkehr zu ihren bewährten Grundwerten.

Obwohl das als Hartz IV bekannte Artikelgesetz die soziale Ungleichheit in Deutschland wie kein anderes Gesetzespaket erhöht hat, stieß zunächst bloß der Name, den die Arbeitsmarktreform im Volksmund bekommen hatte, bei den Regierungsparteien auf Kritik. »Hartz« klingt hart, harsch, kalt und brutal, aber nicht fair, was mit zum Negativimage der staatlichen Reformpolitik beigetragen haben mag. Später geriet auch das Gesetzespaket selbst bei seinen Urheber(inne)n in Verruf, weshalb die SPD-Führung nach dramatischen Niederlagen der Partei bei Landtagswahlen im Herbst 2018 endlich versprach, Hartz IV »überwinden« zu wollen. Auch bei den Spitzenfunktionären der Bündnisgrünen fehlte aber noch immer die Einsicht, dass die Deregulierung des Arbeitsmarktes falsch gewesen war, führten sie doch ebenfalls nur veränderte Rahmenbedingungen und neue gesellschaftliche Herausforderungen wie den drohenden Fachkräftemangel als Gründe für ihre politische Kurskorrektur an.

Erst die Ampelkoalition setzte diese mit dem *Zwölften Gesetz zur Änderung des Zweiten Buches Sozialgesetzbuch und anderer Gesetze – Einführung eines Bürgergeldes* um, das teils am 1. Januar, teils am 1. Juli 2023 in Kraft trat, nachdem zuerst die FDP und später die Unionsparteien über ihre Mehrheit im Bundesrat den ursprünglichen Entwurf von Arbeits- und Sozialminister Hubertus Heil verwässert hatten. Zwar gab es einzelne (Leistungs-)Verbesserungen und Erleichterungen für die bisherigen SGB-II-Bezieher/innen wie für die Jobcenter, den Kern von Hartz IV hat die Bürgergeldreform aber nicht angetastet.[66] Auch bemängelt der Volkswirt Hartmut Reiners, dass sich an den Leistungsgrundlagen der Grundsicherung für Arbeitsuchende außer der Anpassung des Regelbedarfs kaum etwas geändert habe: »Das Bürgergeld ist ein weiterer Schritt in der allgemeinen Tendenz, das an den Arbeitseinkommen orientierte Sozialversicherungssystem durch staatlich finanzierte Grundsicherungssysteme zu ersetzen.«[67]

Wie sein Vorläufer, das Arbeitslosengeld II, ist das Bürgergeld keine den Lebensstandard von Erwerbslosen (noch halbwegs) sichernde Lohn*ersatz*leistung nach Art der früheren Arbeitslosenhilfe, die mit der Hartz-IV-Einführung am 1. Januar 2005 abgeschafft worden war, vielmehr eine höchstens noch das soziokulturelle Existenzminimum sichernde *Fürsorge*leistung, die als bloße Lohn*ergänzungs*leistung konzipiert ist. Die mit Hartz IV eingeführte Pauschalierung der Regelsätze, die inzwischen Regelbedarfe heißen und viel zu niedrig sind, um in Würde leben, sich gesund ernähren und ordentlich kleiden zu können, wurde beibehalten. Besonders kinderreiche Familien leiden darunter, dass es keine wiederkehrenden einmaligen Leistungen, etwa für die Reparatur einer Waschmaschine und die Anschaffung eines Fahrrades oder eines neuen Wintermantels für seit der letzten Kälteperiode stark gewachsene Kinder, mehr gibt.

Genau wie Hartz IV ist das Bürgergeld mit verschärften Zumutbarkeitsregeln für die Arbeitsaufnahme verbunden. SGB-II-Bezieher/innen müssen nach wie vor jeden Job annehmen, auch wenn er

66 Vgl. hierzu ausführlicher: Christoph Butterwegge, Bürgergeld und Kindergrundsicherung – Abschaffung oder Abmilderung von Hartz IV?, in: Axel Troost / Rudolf Hickel / Norbert Reuter (Hg.), Soziale Kipppunkte, bedrohte Existenzen, wachsende Armut. Alternativen zu Geldentwertung und Kaufkraftverlusten, Hamburg 2023, S. 121 ff.

67 Hartmut Reiners, Die ökonomische Vernunft der Solidarität. Perspektiven einer demokratischen Sozialpolitik, Wien 2023, S. 157

weder nach Tarif noch ortsüblich entlohnt wird. Einen Berufs- und Qualifikationsschutz, den man als Bezieher/in der Arbeitslosenhilfe vor seiner Abschaffung durch die CDU/CSU/FDP-Koalition zum 1. Januar 1998 genoss, gibt es beim Bürgergeld ebenso wenig wie bei Hartz IV.

Zwar wurden die Sanktionen einem Urteil des Bundesverfassungsgerichts vom 5. Dezember 2019 (Az.: 1 BVL 7/16) gemäß abgemildert und die Totalsanktionen, bei denen Jobcenter weder Geld zahlten noch die Miet- und Heizkosten übernahmen, zum 1. Januar 2023 abgeschafft. Allerdings wurde mit dem *Zweiten Haushaltsfinanzierungsgesetz 2024* eine Regelung geschaffen, die für zwei Monate den völligen Leistungsentzug »bei nachhaltiger Verweigerung der Aufnahme zumutbarer Arbeit« ermöglicht, und der Bürgergeldbonus, mit dem man ein halbes Jahr vorher finanzielle Anreize für nicht auf einen Berufsabschluss zielende Weiterbildungsmaßnahmen geschaffen hatte, wieder gestrichen. Insoweit erinnert die Bürgergeld-Reform an die Echternacher Springprozession, denn die Ampelkoalition ging zunächst drei Schritte vorwärts und dann wieder zwei Schritte zurück.

Begründet wurde die Rücknahme erst ein halbes Jahr vorher in Kraft getretener Gesetzesnormen mit dem Urteil des Bundesverfassungsgerichts (Az.: 2 BvF 1/22) vom 15. November 2023 zum später in »Klima- und Transformationsfonds« umbenannten Energie- und Klimafonds, das ein Unterlaufen der »Schuldenbremse« (Art. 109 Abs. 3 GG und Art. 115 Abs. 2 GG) durch Übertragung nicht benötigter Kredite in spätere Haushaltsjahre für mit dem *Grundgesetz* unvereinbar erklärte. Bundesfinanzminister Christian Lindner (FDP) hielt an der Schuldenbremse ebenso wie an seiner Ablehnung von Steuererhöhungen fest, weshalb drastische Ausgabenkürzungen notwendig wurden.

Auch die Kindergrundsicherung wird in einer »Schrumpfversion« an der Armutsbetroffenheit zahlreicher Familien, darunter besonders jene von Alleinerziehenden, kinderreiche und solche mit einer Migrationsgeschichte bzw. ohne deutsche Staatsangehörigkeit, nicht viel ändern. Um die soziale Ungleichheit zu verringern, müsste die Kindergrundsicherung so konstruiert sein, dass sowohl der Nachwuchs von Reichen, die stattdessen weiterhin den steuerlichen Kinderfreibetrag in Anspruch nehmen können, als auch jener von Geflüchteten einbezogen wären.[68]

Demontage des Sozialstaates und (Teil-)Privatisierung der Altersvorsorge durch die Riester-Rente

Die konservativen und neoliberalen Eliten haben dem Sozialstaat nach ihrem »Sieg über den Staatssozialismus« den Krieg erklärt. Wolfgang Schäuble, damals Vorsitzender der CDU/CSU-Bundestagsfraktion, sprach beispielsweise von einer »Hypertrophie des Sozialstaates«, die aufgrund hoher Wachstumsraten der Wirtschaft lange kaum als Problem empfunden worden sei.[69] An gleicher Stelle war von »sozialer Vollkaskomentalität«, fehlendem Wagemut (»Risikoscheu«) und bloßem »Besitzstandsdenken« die Rede, denen man entgegentreten müsse. Sozialpolitik diene der »Herstellung von Gleichheit auf immer breiterer Basis«, klagte Schäuble.[70] Obwohl sich das soziale Sicherungssystem der Bundesrepublik etwa mit Blick auf das Umlageverfahren in der Gesetzlichen Rentenversicherung nie mehr bewährt hat als im deutschen Vereinigungsprozess, wurden dessen immense Kosten teilweise als Begründung für seinen »Um-« bzw. Abbau herangezogen. Schäuble nannte für die angestrebten Reformen jedoch nicht allein finanzielle Gründe: »Auch ohne knappe Kassen wäre es erforderlich, die vom Staat ausgeschütteten Sozialleistungen vor allem mit Blick darauf zu prüfen, wieweit sie geeignet sind, die Menschen wieder in die Lage zu versetzen, selbst für ihren Lebensunterhalt zu sorgen.«[71]

---

68 Vgl. hierzu: Christoph Butterwegge, Deutschland im Krisenmodus, a. a. O., S. 170 ff.

69 Wolfgang Schäuble, Und der Zukunft zugewandt, Berlin 1994, S. 107

70 Siehe ebd., S. 122

71 Ebd., S. 107

Ein anderer Konservativer, der damalige Bundespräsident Roman Herzog, benutzte in seiner am 26. April 1997 gehaltenen Berliner »Ruck«-Rede die Metapher von einem »großen, globalen Rennen«, das begonnen habe und eine »Aufholjagd« der als schwerfällig, satt und behäbig dargestellten Deutschen nötig mache. Erforderlich war aus dieser wirtschaftsliberalen Sicht eine härtere Gangart gegenüber Leistungsverweigerern und Langzeitarbeitslosen. Herzog beklagte in Übereinstimmung mit den Mainstream-Medien einen »Reformstau«, der baldmöglichst aufgelöst werden müsse, um Deutschlands Weltmarktstellung nachhaltig zu stärken: »Uns fehlt der Schwung zur Erneuerung, die Bereitschaft, Risiken einzugehen, eingefahrene Wege zu verlassen, Neues zu wagen.«[72]

Wer wissen möchte, welche Faszination der Neoliberalismus auf Konservative seinerzeit ausgeübt hat und über welchen Einfluss bis in die Spitze der politischen Klasse hinein er weiterhin verfügt, sollte ähnliche Ausführungen von Friedrich Merz zur Kenntnis nehmen, der nach einer Aufsichtsrats- und Lobbytätigkeit für BlackRock sowie zwei vergeblichen Anläufen im Januar 2022 zum Vorsitzenden der CDU und kurz danach auch der Unionsfraktion im Bundestag gewählt wurde. In seinem am 1. Oktober 2008 erschienenen Buch »Mehr Kapitalismus wagen« hatte Merz dem bestehenden System der sozialen Sicherheit eine klare Absage erteilt und zu dessen Reform nach marktwirtschaftlichen Prinzipien geraten: »Der alles umsorgende Wohlfahrtsstaat alter Prägung ist nicht mehr länger bezahlbar. Der Kapitalismus im marktwirtschaftlichen Sinne könnte die Funktionsfähigkeit unseres Sozialstaats nicht nur besser organisieren, er könnte auch die vorhandenen Mittel viel wirkungsvoller einsetzen.«[73]

72 Roman Herzog, Aufbruch ins 21. Jahrhundert. »Berliner Rede« vom 26. April 1997, in: Manfred Bissinger (Hg.), Stimmen gegen den Stillstand. Roman Herzogs »Berliner Rede« und 33 Antworten, 2. Aufl. Hamburg 1997, S. 15

73 Friedrich Merz, Mehr Kapitalismus wagen. Wege zu einer gerechten Gesellschaft, 4. Aufl. München/Zürich 2009, S. 175

Auf der Grundlage eines neoliberalen Gerechtigkeitsbegriffs behauptete Merz, »dass die wahre Ungerechtigkeit darin besteht, in der Bevölkerung eine unfinanzierbare Bequemlichkeit und Versorgungsmentalität zu fördern.«[74] Zwar hat der Wohlfahrtsstaat laut Merz die Aufgabe, »ein Mindestmaß« an sozialer Sicherheit für den Einzelnen zu gewährleisten, was der CDU-Politiker in dem folgenden Satz erläuterte und zugleich einschränkte: »Leistungen des Sozialstaats sind umso wirkungsvoller, je mehr sie dem Ziel dienen, dass der Hilfebedürftige so schnell wie möglich wieder aus eigener Kraft für sich sorgen und einstehen kann.«[75] Die staatlichen Leistungssysteme möchte Merz mit einem stärkeren »Fundament aus Eigenkapital und Kapitalmarktorientierung« ausstatten, nicht ohne stärker auf »Ehrenamt, Freiwilligentätigkeit und Selbsthilfe« zu setzen.[76] Auf diese Weise könnte man die Lohnnebenkosten, d. h. die Sozialversicherungsbeiträge für die Unternehmen verringern, was wiederum deren internationale Konkurrenzfähigkeit und Gewinne erhöhen würde.

Unter dem selbst mit erzeugten Druck auf den Weltmärkten und dem wachsenden Einfluss des Neoliberalismus, besonders seiner Lobbyeinrichtungen und Thinktanks wie der im Unterschied zu dem globalisierungskritischen Netzwerk Attac gemeinnützigen und damit steuerbegünstigten Bertelsmann Stiftung oder der von Gesamtmetall großzügig alimentierten »Initiative Neue Soziale Marktwirtschaft« (INSM), ging die rot-grüne Koalition von einer schrittweisen Reduktion bestimmter Transferleistungen, wie sie die CDU/CSU/FDP-Koalition rund 16 Jahre lang praktiziert hatte, zu einer Restrukturierung des bestehenden Wohlfahrtsstaates und einer Revision seiner Leistungen über.[77]

---

74 Siehe ebd., S. 31

75 Ebd., S. 174

76 Siehe ebd., S. 208

77 Vgl. hierzu: Christoph Butterwegge, Krise und Zukunft des Sozialstaates, 6. Aufl. Wiesbaden 2018, S. 155 ff.

An die Stelle des »wohltätigen Staates« auf der Basis des Neokeynesianismus trat ein »investiver«, (Langzeit-)Erwerbslose »aktivierender« bzw. sozial Benachteiligte disziplinierender Staat,[78] der im Neoliberalismus verwurzelt war:

1. wurde die Sozialversicherung als institutioneller Kern des Bismarck'schen Sozialstaates ausgehöhlt, indem man das Prinzip der paritätischen Finanzierung durch Arbeitgeber und -nehmer/innen (Riester-Reform, Einführung von arbeitnehmerfinanzierten Zusatzbeiträgen in der Gesetzlichen Krankenversicherung – später revidiert) durchbrach und/oder auf die Lebensstandardsicherung von Langzeiterwerbslosen (Abschaffung der Arbeitslosenhilfe) verzichtete;
2. wurde der autoritäre, patriarchalische und repressive Charakter des Bismarck'schen Sozialstaates durch Einführung harter Sanktionen für Hartz-IV-Bezieher/innen gestärkt und seine disziplinierende Wirkung durch verschärfte Zumutbarkeitsregelungen hinsichtlich der Jobübernahme erhöht;
3. wurden Fürsorgeleistungen gekürzt oder im Laufe der Zeit nur unzureichend erhöht, wofür die Einführung des Arbeitslosengeldes II, die fragwürdigen Modalitäten einer Berechnung der Regelsätze im SGB II und SGB XII sowie deren seither immer stärkeres Absinken unter die EU-Armuts(risiko)schwelle von 60 Prozent des Nettoäquivalenzeinkommens standen;
4. wurden Teilbereiche der sozialen Sicherung bzw. der öffentlichen Daseinsvorsorge privatisiert und kollektive Solidarsysteme wie die Gesetzliche Rentenversicherung durch individuelle Sicherungsmechanismen ergänzt oder ersetzt, was neoliberale Leitbegriffe wie »Eigenvorsorge« und »Selbstverantwortung« legitimierten.

---

78 Vgl. z. B. Christian Brütt, Workfare als Mindestsicherung. Von der Sozialhilfe zu Hartz IV. Deutsche Sozialpolitik 1962 bis 2005, Bielefeld 2011; Roland Atzmüller, Aktivierung der Arbeit im Workfare-Staat. Arbeitsmarktpolitik und Ausbildung nach dem Fordismus, Münster 2014; Michael Büschken, Soziale Arbeit unter den Bedingungen des »aktivierenden Sozialstaates«, Weinheim/Basel 2017

Die rot-grüne Koalition verfolgte bei ihrer (Re-)Privatisierung sozialer Risiken eine Doppelstrategie: Einerseits wurden viele Menschen, bedingt durch die staatlicherseits geförderte Zunahme prekärer Beschäftigungsverhältnisse, von (Schein-)Selbstständigkeit und (Zwangs-)Teilzeit, aus dem System der sozialen Sicherung hinausgedrängt oder fanden gar keine bzw. nur begrenzte Aufnahme mehr. Andererseits zwang man den verbliebenen Rest, soziale Risiken, die bis dahin von der Versichertengemeinschaft oder vom Staat abgedeckt wurden, selbst zu tragen, indem Leistungen gestrichen oder gekürzt, durch Verschärfung der Zugangsvoraussetzungen entzogen oder durch Einführung von Zuzahlungsverpflichtungen eingeschränkt wurden.

Der neoliberale Zeitgeist, die Wirtschaftseliten und die etablierten Parteien meinten es nicht gut mit den Senior(inn)en. Prototypisch für eine »marktgesteuerte Alterssicherung«, wie sie das gesellschaftspolitische Großprojekt des Neoliberalismus beinhaltete,[79] war die nach dem damaligen Arbeits- und Sozialminister Walter Riester benannte Rentenreform. Mit ihr war ein doppelter Paradigmenwechsel verbunden: Zum einen stand nicht mehr das für den Wohlfahrtsstaat nach 1945 konstitutive Ziel der Lebensstandardsicherung, sondern die angeblich über die Leistungsfähigkeit des »Wirtschaftsstandortes« und damit die Zukunft Deutschlands entscheidende Beitragssatzstabilität im Zentrum der Alterssicherungspolitik. Zum anderen durchbrach man wie nach Einführung der Pflegeversicherung nun auch in einem »klassischen« Versicherungszweig das Prinzip der paritätischen Finanzierung, weil sich die Kapitalseite nicht an den Kosten der privaten Altersvorsorge beteiligen musste. Zudem erschloss sich Banken, Versicherungen und Finanzdienstleistern ein neues Geschäftsfeld, das ihnen hohe Profite und ihren Mitarbeiter(inne)n mehr Provisionen versprach.

---

79 Siehe dazu: Christian Christen, Marktgesteuerte Alterssicherung. Von der Entwicklung zur Implementierung eines neoliberalen Reformprojekts, in: Christoph Butterwegge/Bettina Lösch/Ralf Ptak (Hg.), Neoliberalismus, a. a. O., S. 181 ff.

Die beiden Gewerkschafter Kai Eicker-Wolf und Patrick Schreiner weisen darauf hin, dass sämtliche mit der Riester-Reform verbundenen, auf falschen ökonomischen Annahmen beruhenden Rentenkürzungen nicht bloß unnötig, sondern auch schädlich waren: »Sie werden absehbar die soziale Ungleichheit erhöhen, zu mehr Altersarmut führen und die Sicherung des Lebensstandards im Alter erschweren oder unmöglich machen.«[80] Auch die Einführung zweier weiterer »Dämpfungsfaktoren«, des Nachhaltigkeits- und des Nachholfaktors, in die Rentenanpassungsformel sowie die schrittweise Anhebung des Renteneintrittsalters von 65 auf 67 Jahre, mit der die erste Große Koalition unter Angela Merkel glaubte, auf den demografischen Wandel reagieren zu müssen, haben das Armutsrisiko für alte Menschen erhöht.

Nicht zufällig wurde die Riester-Rente kurz nach der Jahrtausendwende im Gefolge einer Hausse, d. h. eines länger andauernden Börsenbooms eingeführt, welcher die Idee, das Umlageverfahren durch den Aufbau eines Kapitalstocks zu ergänzen oder längerfristig sogar zu ersetzen, der Öffentlichkeit plausibel und vielen Versicherten attraktiv erscheinen ließ. Damals herrschte im vereinten Deutschland ein regelrechter Hype um die New Economy, Start-ups schossen wie Pilze aus dem Boden und Börsenlieblinge wie die T-Aktie waren in aller Munde. Zu dieser Zeit hatten es die Banken- und die Versicherungslobby denn auch relativ leicht, der Öffentlichkeit und den Bundestagsabgeordneten einzureden, Alterssicherung über die Börse funktioniere besser als im umlagefinanzierten, lohn- und beitragsbezogenen Rentensystem, das man als unmodern, ineffizient und »nicht demografieresistent« darstellte.[81]

80 Kai Eicker-Wolf/Patrick Schreiner, Mit Tempo in die Privatisierung. Autobahnen, Schulen, Rente – und was noch?, Köln 2017, S. 87

81 Vgl. dazu: Diana Wehlau, Lobbyismus und Rentenreform. Der Einfluss der Finanzdienstleistungsbranche auf die Teil-Privatisierung der Alterssicherung, Wiesbaden 2009; Christian Christen, Politische Ökonomie der Alterssicherung. Kritik der Reformdebatte um Generationengerechtigkeit, Demographie und kapitalgedeckte Finanzierung, Marburg 2011

Es dauerte allerdings gar nicht lange, bis die verbreitete Goldgräberstimmung einem allgemeinen Katzenjammer wich. Denn sehr bald platzte die Dotcom-Blase. Mit der sich anschließenden Pleitewelle endete die Party an der Börse und nach der Finanzkrise 2007/08 der Traum vom ewig dauernden Geldregen für die Börsianer. Hartmut Reiners bezeichnet die Vorstellung, man könne die Folgen des demografischen Wandels durch ein Ansparsystem nachhaltiger absichern, daher als illusionär: »Die Privatisierung der Alterssicherung ist keine Krisenbewältigung, sondern ein die sozialen und ökonomischen Disparitäten verschärfender Irrweg.«[82]

Trotzdem setzt die Ampelkoalition mit der von Finanzminister Christian Lindner im PR-Jargon als »Generationenkapital« bezeichneten Börsenrente einmal mehr auf die Finanzmärkte, um die Alterssicherung durch eine »teilweise Kapitaldeckung« durch Aktien zu ergänzen.[83] Mit dem Generationenkapital wird das vermeintliche Demografie-Problem der Altersvorsorge im Umlageverfahren allerdings nicht gelöst, sind die Finanzmärkte dagegen doch keineswegs gefeit. Denn keine Generation hat eine Spardose, in die sie durch Aufbau eines Kapitalstocks für ihr Alter einzahlen kann. Vielmehr müssen kommende Generationen die Fondsanteile kaufen, die Lebensversicherungen bedienen oder Zinsen für die Wertpapiere zahlen. Ein nach dem Kieler Sozialwissenschaftler Gerhard Mackenroth benanntes Theorem besagt, dass Sozialleistungen jedweder Art aus dem Volkseinkommen der laufenden Periode, d. h. der aktuellen Wertschöpfung einer Gesellschaft bezahlt werden müssen, diese also nicht wie ein Individuum für den Ruhestand »ansparen« kann.[84]

82 Hartmut Reiners, Die ökonomische Vernunft der Solidarität, a. a. O., S. 143

83 Vgl. hierzu: Christoph Butterwegge, Rente nach Rendite? – Alterssicherung im Generationenkapitalismus, in: Soziale Sicherheit 10/2023, S. 344 ff.

84 Vgl. Gerhard Mackenroth, Die Reform der Sozialpolitik durch einen deutschen Sozialplan, in: Die Berliner Wirtschaft zwischen Ost und West. Die Reform der Sozialpolitik durch einen deutschen Sozialplan. Verhandlungen auf der Sondertagung des Vereins für Sozialpolitik, Gesellschaft für Wirtschafts- und Sozialwissenschaften in Berlin 1952, Berlin 1952, S. 41 f.

Christian Christen, Tobias Michel und Werner Rätz sehen in einer partiellen Abkehr vom Umlageverfahren, wie sie der Einstieg in eine Börsenrente darstellt, ausschließlich Nachteile: »Kapitalgedeckte Systeme sind teurer, verteilungspolitisch ungerechter und funktionieren für die Masse der Bevölkerung nicht wie versprochen.«[85] Während das Umlageverfahren der Gesetzlichen Rentenversicherung inflationsresistent und risikoavers ist, häufen sich beim Kapitaldeckungsverfahren die Verlustrisiken: »Gewinnausschüttungen können geringer ausfallen als erwartet. Unternehmen können Pleite gehen, Aktien und Anleihen ihren Wert verlieren.«[86]

Neoliberalen geht es dabei auch gar nicht, wie sie behaupten, um eine Verbesserung der Altersvorsorge, sondern um die Zurückdrängung der solidarischen Rente, was nebenbei eine höhere Rendite für andere Kapitalanleger verspricht. Insofern handelt es sich beim Generationenkapital – wie schon bei der mit Walter Riesters Namen verbundenen Rentenreform fast ein Vierteljahrhundert zuvor – um einen Booster des Bundes für die Börsen, von dem Aktionäre, Kapitalanleger und Broker, aber weder die Rentner/innen noch die abhängig Beschäftigten profitieren dürften.

Deformation des Steuersystems durch Begünstigung der Reichen und Belastung der Armen

Mehr noch als die neoliberale Arbeitsmarkt- und Sozialpolitik hat die Steuerpolitik fast aller Bundesregierungen dazu beigetragen, dass sich die Kluft zwischen Arm und Reich im Laufe der Zeit vertiefte. Daher wird im Folgenden historisch weiter ausgeholt, was nicht zuletzt deshalb nötig ist, weil hinsichtlich der beschlossenen Maßnahmen große Unterschiede zwischen den einzelnen Regierungsparteien und Entwicklungsphasen bestanden. Es handelt sich

85 Christian Christen / Tobias Michel / Werner Rätz, Sozialstaat. Wie die Sicherungssysteme funktionieren und wer von den »Reformen« profitiert, Hamburg 2003, S. 45

86 Patrick Schreiner / Kai Eicker-Wolf, Wirtschaftsmärchen. Hundertundeine Legende über Ökonomie, Arbeit und Soziales, 2. Aufl. Köln 2024, S. 67

beim Steuerrecht um eine schwierige Materie, mit der sich außer den unmittelbar davon Betroffenen kaum jemand gern beschäftigt; hier liegt aber ein wichtiger Schlüssel zum Verständnis der wachsenden Ungleichverteilung von Einkommen und Vermögen.

Nach dem Zweiten Weltkrieg waren zwar mitnichten alle Menschen gleich, wie es der Titel eines Buches nahelegt, das der österreichische Historiker Walter Scheidel geschrieben hat.[87] Aufgrund der starken Zerstörungen, der militärischen Niederlage des NS-Regimes und veränderter politischer Kräfteverhältnisse im vormaligen Deutschen Reich wuchsen die Chancen für eine Nivellierung der Sozialstruktur jedoch eine Zeitlang. Den größten Einfluss auf die Entwicklung der Ungleichheit nahmen damals die Siegermächte, deren Maßnahmen und politische Leitlinien über die Einkommens- und Vermögensverhältnisse in der jeweiligen Besatzungszone entschieden. Während die Sowjetunion auf eine rasche Enteignung von Unternehmern und Großgrundbesitzern drängte, um die Wurzeln des Faschismus, Rassismus und Militarismus zu beseitigen, sorgten die westlichen Alliierten dafür, dass die kapitalistischen Eigentumsverhältnisse erhalten blieben.

Weniger zögerlich agierten Großbritannien und die USA als einflussreichste Besatzungsmacht im Hinblick auf die Besteuerung hoher und sehr hoher (Kapital-)Einkommen, die in der unmittelbaren Nachkriegszeit allerdings recht selten waren. Marc Buggeln nennt als einen Grund für die extrem hohen Spitzensteuersätze den Wunsch der US-Administration, die deutsche Wirtschaftselite wegen deren Mitverantwortung für die NS-Kriegspolitik stark zu belasten, relativiert seine Einschätzung jedoch durch die Feststellung, »dass hinter den verordneten hohen Steuersätzen nicht allein der Wille zur Bestrafung stand. Vielmehr hielt die Mehrzahl der amerikanischen wie britischen Ökonomen damals ein stark progressives Steuersystem für vorteilhaft für die wirtschaftliche

87 Vgl. Walter Scheidel, Nach dem Krieg sind alle gleich. Eine Geschichte der Ungleichheit, Darmstadt 2018

Entwicklung.«[88] Diese Position wurde seinerzeit nicht nur von Keynesianern, sondern auch von einzelnen Vertretern der Neoklassik bezogen. Und das anschließende »Wirtschaftswunder« in Westdeutschland gab ihnen recht, denn die Steuerbelastung der Unternehmen wie ihrer Eigentümer war zwar durch Bemühungen der Bundesregierung, den Wohlstand zu fördern und das Kapital zu begünstigen, im Laufe der 1950er-Jahre gesunken, aber im Vergleich mit der heutigen noch immer exorbitant hoch.

Steuerpolitisch nahm der Alliierte Kontrollrat entscheidende Weichenstellungen vor, die sogar noch wirkten, als die Bundesrepublik aufgrund der Pariser Verträge am 5. Mai 1955 ihre Souveränität erlangte. Genannt sei in diesem Zusammenhang vor allem das *Kontrollratsgesetz Nr. 12*, mit dem die Finanzbehörden der Besatzungszonen am 11. Februar 1946 zu einer progressiveren Besteuerung von Spitzenverdienern verpflichtet wurden, als es sie hierzulande je gegeben hatte. So betrug die veranlagte Einkommensteuer für Jahreseinkommen über 100.000 Reichsmark rückwirkend ab 1. Januar 1946 nicht weniger als 85.513 Reichsmark plus 95 Prozent des 100.000 Reichsmark überschreitenden Betrages.[89] Grenz- und Spitzensteuersatz lagen für Höchsteinkommensbezieher also bei 95 Prozent, und auch ihr Durchschnittssteuersatz war nur unwesentlich geringer. Spitzeneinkommen belastete die Bundesrepublik im Gründungsstadium damit gezwungenermaßen so hoch wie die USA in der Tradition des New Deals von Präsident Franklin Delano Roosevelt.[90]

Laut Art. IV Abs. 1 des *Kontrollratsgesetzes Nr. 12* betrug die Körperschaftsteuer ab 500.000 Reichsmark 65 Prozent. Aufsichtsrats-

---

88 Marc Buggeln, Das Versprechen der Gleichheit, a. a. O., S. 572

89 Vgl. Gesetz Nr. 12 des Kontrollrats der Alliierten Kontrollbehörde vom 11. Februar 1946: Änderung der Gesetzgebung in bezug auf Einkommensteuer, Körperschaftsteuer und Gewinnabführung, Anlage A: Grundtabelle zur Berechnung der Einkommensteuer im Jahre 1946 (Veranlagte Einkommensteuer), in: Amtsblatt des Kontrollrats in Deutschland 1946, Nr. 4 v. 28.2.1946, S. 60

90 Vgl. dazu: Peter Bühner, Die Einkommensteuer in den drei Besatzungszonen der Westalliierten (1945-1949). Ein Beitrag zur Effizienz des Systemgedankens im Steuerrecht, Köln 1990, S. 59 ff.

vergütungen unterlagen nach Art. VII Abs. 2 der Einkommensteuer gleichfalls diesem hohen Satz. Demselben Ziel folgte das *Kontrollratsgesetz Nr. 13* vom 11. Februar 1946, mit dem die Vermögensteuer-Freibeträge für natürliche Personen auf 10.000 Reichsmark für den Steuerpflichtigen selbst beschränkt, andere Freibeträge abgeschafft und die Vermögensteuersätze für natürliche Personen auf 1,5 bzw. 2,5 Prozent erhöht wurden, wenn das steuerpflichtige Gesamtvermögen 50.000 bzw. 500.000 Reichsmark überstieg.[91]

In den nächsten Jahren arbeiteten die CDU/CSU-geführten Bundesregierungen mit Hochdruck an Steuersatzsenkungen und – wenn sie gegen die von den Alliierten auf der Grundlage des Besatzungsstatuts vom 10. April 1949 eingesetzte, mit bestimmten Kontrollrechten ausgestattete Kommission nicht durchsetzbar waren – Steuervergünstigungen für Spitzenverdiener und Unternehmen. Zunächst wurde die Bemessungsgrundlage »verschlankt« und später der Spitzensteuersatz im Rahmen einer »kleinen« und einer »großen« Steuerreform, die 1953 und 1955 in Kraft traten, nach unten gedrückt.

Trotz intensiver Bemühungen der bürgerlichen Regierungsparteien, die Steuerbelastung von Wohlhabenden und Reichen zu senken, betrug die Einkommensteuer ab einem zu versteuernden Jahreseinkommen von 250.001 DM zu Beginn der 1950er-Jahre immer noch 186.215 DM plus 95 Pfennig auf jede weitere D-Mark.[92] Einkommensmillionäre zahlten damals, wenn es sie schon gab, also nicht weniger als 898.715 DM Einkommensteuer, was knapp 90 Prozent entsprach. Bei noch höheren Einkommen näherte sich der Durchschnittssteuersatz immer mehr 95 Prozent.

1953 sank der Spitzensteuersatz der Einkommensteuer von 95 auf 80 Prozent. Auch nach der im darauffolgenden Jahr beschlos-

91 Vgl. Gesetz Nr. 13 des Kontrollrats der Alliierten Kontrollbehörde vom 11. Februar 1946: Änderung der Vermögensteuergesetze, Art. II und III

92 Vgl. Verordnung vom 15. Mai 1950 betreffend Jahrestabellen für die Einkommensteuer und Lohnsteuer. Einkommensteuertabelle, gültig ab 1. Januar 1950, Anlage 1, in: Bundesgesetzblatt, Jahrgang 1950, Teil I, ausgegeben zu Bonn am 17. Mai 1950, S. 169

senen Großen Steuerreform, die Marc Buggeln als »bis heute umfassendste Steuersatzsenkung der deutschen Geschichte« bezeichnet,[93] behielt das westdeutsche Steuersystem seinen ausgesprochen progressiven Charakter: »Die Gehälter der Arbeiter und Angestellten waren zwar deutlich stärker durch Sozialbeiträge und indirekte Steuern belastet als die Einkommen Selbständiger, doch dies wurde durch deren stärkere Belastungen bei der Einkommens- und Vermögensbesteuerung mehr als ausgeglichen.«[94] Trotz des immer noch relativ hohen Spitzensteuersatzes wuchs jedoch die Einkommensungleichheit in Westdeutschland, wie Buggeln feststellt: »Insbesondere der Anteil der absoluten Spitzeneinkommen im obersten Prozent nahm von 1949 bis 1961 deutlich zu, während derjenige der obersten zehn Prozent der Einkommen eher moderat anstieg.«[95]

Am 1. Januar 1958 wurde das besonders männliche Gutverdiener in einer »Hausfrauenehe« begünstigende Ehegattensplitting eingeführt und der Einkommenspitzensteuersatz auf 53 Prozent gesenkt. Die sozial-liberale Koalition unter Bundeskanzler Willy Brandt hob diesen zum 1. Januar 1975 wieder leicht auf 56 Prozent an, wo er bis zum Kanzlerwechsel von Helmut Schmidt zu Helmut Kohl verharrte. Kaum hatten der neue Bundeskanzler und seine Minister am 4. Oktober 1982 unter dem Motto »Leistung muss sich wieder lohnen!« ihre Ämter angetreten und sie in der vorgezogenen Bundestagswahl am 6. März 1983 verteidigt, senkten CDU, CSU und FDP die Vermögensteuer, später auch die (damals noch 56 Prozent auf einbehaltene Gewinne betragende) Körperschaftsteuer und den ebenso hohen Einkommensteuerspitzensatz.

Seither folgt die Steuerpolitik aller Bundesregierungen dem Matthäus-Prinzip, heißt es doch in dem Buch dieses Evangelisten sinngemäß: Wer hat, dem wird gegeben, und wer nicht viel hat, dem wird auch das noch genommen. Während man alle Besitz-, Kapital- und

93 Siehe Marc Buggeln, Das Versprechen der Gleichheit, a. a. O., S. 638

94 Ebd., S. 627

95 Ebd., S. 689

Gewinnsteuern, die es hierzulande gab, in den vergangenen Jahrzehnten entweder wie die Börsenumsatz- und die Gewerbekapitalsteuer abgeschafft, wie die Vermögensteuer einfach nicht mehr erhoben, wie die Erbschaftsteuer durch Firmenerben privilegierende Sonderregelungen nach und nach »aufgeweicht« oder wie die Einkommen-, die Kapitalertrag- und die Körperschaftsteuer durch Senkungen des jeweiligen (Spitzen-)Steuersatzes ihrer redistributiven Wirksamkeit beraubt hat, wurde die Arme und Geringverdienende am härtesten treffende Steuerart, die zum 1. Januar 1968 als Umsatzsteuer mit Vorsteuerabzug und einem Normalsteuersatz von 10 Prozent eingeführte Mehrwertsteuer, wiederholt angehoben. Statt der verfassungsrechtlich gebotenen Armutsbekämpfung betrieben die etablierten Parteien systematisch Reichtumsförderung, was sich vor allem für Spitzenverdiener, Firmenbesitzer, Kapitaleigner, Finanzinvestoren und Hochvermögende auszahlte. Diese mussten ihr Geld also gar nicht in ferne Steueroasen transferieren, um es vor dem Zugriff des Fiskus zu bewahren.[96]

Nach der Vereinigung von BRD und DDR bürdete die liberalkonservative Bundestagsmehrheit den Sozialkassen versicherungsfremde Leistungen in einer dreistelligen Milliardenhöhe auf. Hierdurch vermied sie – mit Ausnahme einer zweimaligen Erhöhung der Mineralöl- und der Versicherungsteuer sowie einer Anhebung der Erdgas-, der Tabak- und der Mehrwertsteuer – Steuererhöhungen für den »Aufbau Ost«, die Helmut Kohl als »Kanzler der Einheit« rigoros ausgeschlossen hatte. Abgesehen vom Solidaritätszuschlag, der als Ergänzungsabgabe auf die Lohn-, Einkommen- und Körperschaftsteuer erhoben wurde, handelte es sich ausschließlich um indirekte, Verbrauch- bzw. Massensteuern, die sozial Benachteiligte härter trafen als materiell Privilegierte.

Weil das Bundesverfassungsgericht in einem Urteil vom 22. Juni 1995 (Az.: 2 BvL 37/91) jene Bestimmungen des Vermögensteuer-

96 Vgl. dazu: Gabriel Zucman, Steueroasen. Wo der Wohlstand der Nationen versteckt wird, 2. Aufl. Berlin 2014; Markus Meinzer, Steueroase Deutschland. Warum bei uns viele Reiche keine Steuern zahlen, 2. Aufl. München 2016

rechts für mit dem *Grundgesetz* unvereinbar erklärt hatte, die insbesondere Grundvermögen steuerlich geringer belasteten als das sonstige Vermögen, war der Gesetzgeber verpflichtet, spätestens bis zum 31. Dezember 1996 eine Neuregelung zu treffen. Der von Paul Kirchhof, einem der damaligen Verfassungsrichter in dem Karlsruher Richterspruch ohne ersichtlichen Grund verankerte »Halbteilungsgrundsatz« bot für die liberal-konservative Bundesregierung jedoch einen willkommenen Aufhänger, die Vermögensteuer stattdessen ab dem Veranlagungsjahr 1997 gar nicht mehr zu erheben.[97]

Dass es zu einer Umverteilung von Unten nach Oben kam, führt Norbert Walter-Borjans auf die Aushöhlung des gut durchdachten Steuersystems der Bundesrepublik zurück.[98] Die schwarz-gelben Koalitionen sorgten in den 1990er-Jahren mit ihrer Steuerpolitik dafür, dass sich die Einkommensverteilung zulasten der Arbeitnehmer/innen und ihrer Familien verschob, wohingegen massiv begünstigt wurde, wer Einkünfte aus Unternehmertätigkeit und Vermögen erzielte.[99] Während die Gewinne der Unternehmen stiegen und die Vermögen ihrer Eigentümer bzw. Aktionäre wuchsen, wurden die Besitz-, Kapital- und Gewinnsteuern gesenkt. Genannt sei in diesem Kontext neben den schon genannten Maßnahmen vor allem die Aussetzung der Vermögensteuer ab 1. Januar 1997, von einer Vielzahl von Sonderabschreibungsregelungen für Investoren in den neuen Bundesländern ganz zu schweigen. Zudem wurde das sog. Dienstmädchenprivileg, als Sonderausgabenabzug im Einkom-

97 Vgl. Hans Dietrich von Loeffelholz, Perspektiven und Optionen der Vermögensbesteuerung in Deutschland, in: Achim Truger (Hg.), Rot-grüne Steuerreformen in Deutschland. Eine Zwischenbilanz, Marburg 2001, S. 229

98 Vgl. Norbert Walter-Borjans, Steuern – der große Bluff, 2. Aufl. Köln 2018, S. 19 f.

99 Empirische Belege dafür finden sich bei Claus Schäfer, Von massiven Verteilungsproblemen zu echten Wettbewerbsnachteilen? – Daten, Fakten und Argumente zur Entmythologisierung der »Standort«-Debatte, in: Christoph Butterwegge / Martin Kutscha / Sabine Berghahn (Hg.), Herrschaft des Marktes – Abschied vom Staat?, Folgen neoliberaler Modernisierung für Gesellschaft, Recht und Politik, Baden-Baden 1999, S. 63 ff.

mensteuerrecht verankert, ausgebaut. Besserverdienende konnten nunmehr die Bezahlung von Haushaltshilfen steuerlich absetzen, und zwar unabhängig davon, ob Kinder zu betreuen oder pflegebedürftige Angehörige zu versorgen waren.

Hatte die SPD/FDP-Koalition mit der Kindergeldreform 1975 die steuerlichen Freibeträge abgeschafft, von denen Wohlhabende besonders profitierten, und ein Kindergeld für das erste Kind in Höhe von 50 DM eingeführt sowie das Kindergeld für ein zweites Kind auf 70 DM und für alle weiteren Kinder auf 120 DM erhöht, kehrte die liberal-konservative Bundesregierung zum *dualen* Familienlastenausgleich (Kombination von Kindergeld und Steuerfreibetrag) zurück. Eltern, die aufgrund ihres zu geringen Einkommens die steuerlichen Freibeträge nicht (voll) ausschöpfen konnten, gewährte man einen Kindergeldzuschlag, der jedoch niedriger als der Steuervorteil für die Besserverdienenden ausfiel. Die negativen Folgewirkungen des *horizontalen* Familienlastenausgleichs in verteilungspolitischer Hinsicht nahm man bewusst in Kauf. Da kein *vertikaler* Lastenausgleich erfolgte, der vor allem die Kinder sozial Benachteiligter ins Zentrum familienpolitischer Bemühungen gerückt hätte, fand eine Umverteilung von Unten nach Oben statt. »Denn ein horizontal ausgerichteter Familienlastenausgleich hat zum Ergebnis, daß bestehende Einkommens- und Chancenungleichheiten nachhaltig verschärft werden.«[100]

Als die SPD nach Stimmengewinnen bei der Bundestagswahl im September 1998 erstmals zusammen mit den Bündnisgrünen die Parlamentsmehrheit stellte, schien es für einen kurzen historischen Moment, als ob die Chance für eine verteilungspolitische Kurskorrektur bestünde. Der damalige SPD-Vorsitzende Oskar Lafontaine, am 27. Oktober 1998 zum Finanzminister ernannt, hatte sich erheblich mehr Kompetenzen als seine Amtsvorgänger gesichert und mit Heiner Flassbeck und Claus Noé zwei neokeynesianisch, d. h. nachfrageorientierte Ökonomen zu Staatssekretären gemacht. Bereits am

100 Peter Flieshardt / Johannes Steffen, Renaissance der Familie? – Praktische Tips und kritische Fragen zur »neuen« Steuer- und Sozialpolitik, Hamburg 1986, S. 19

11. März 1999 erklärte Lafontaine allerdings überraschend seinen Rücktritt vom Amt des Bundesfinanzministers, was zu Kurssprüngen an den internationalen Aktienmärkten führte.

Hans Eichel, der sein Nachfolger wurde und für strenge Haushaltsdisziplin stand, leitete eine steuerpolitische Kehrtwende ein, die maßgeblich zur Verschärfung der sozialen Ungleichheit beigetragen hat. Nun ging es wieder ausschließlich um die Erhöhung der Wettbewerbsfähigkeit des »Wirtschaftsstandorts D«, die Stärkung seiner großen Kapitalgesellschaften und die spürbare Entlastung der Aktionäre. Wahrscheinlich hat keine Bundesregierung vor ihr bessere Verwertungsbedingungen für das Kapital, günstigere Anlagemöglichkeiten für (Groß-)Aktionäre und niedrigere Steuersätze für Unternehmer geschaffen als die rot-grüne Regierungskoalition unter Gerhard Schröder. Ungeachtet einzelner Akzentverschiebungen knüpfte sie an die Steuerpolitik ihrer Vorgängerinnen an, welche sie als Opposition noch bekämpft und lange mit Erfolg blockiert hatte.[101]

Kurz vor dem Jahrtausendwechsel erfreute die Börsianer ein regelrechtes Kursfeuerwerk, als die Entscheidung der Bundesregierung zur Auflösung der »Deutschland AG« bekannt wurde. Darunter verstand man ein durch personelle und Kapitalverflechtungen zwischen Industrieunternehmen, Handelskonzernen und Großbanken gekennzeichnetes Wirtschaftsmodell, das – von den politisch Verantwortlichen jahrzehntelang mittels Steuervergünstigungen gestützt – zwar ein hohes Maß an Stabilität, aber nicht genug Flexibilität aufwies, um den Herausforderungen einer globalisierten Ökonomie und einer sich verschärfenden Weltmarktkonkurrenz gewachsen zu sein. Dies führte zu einer von Rot-Grün politisch flankierten und subventionierten Umstrukturierung der Unternehmenslandschaft.[102]

101 Vgl. Stefan Bach, Die Unternehmensteuerreform, in: Achim Truger (Hrsg.), Rot-grüne Steuerreformen in Deutschland, a. a. O., S. 87

102 Vgl. Thomas Hutzschenreuter / Sebastian Jans, Eigentum, Governance und Strategie. Von den Ursprüngen der Deutschland AG zur Neuorientierung börsennotierter Unternehmen, Berlin/Boston 2022, S. 129 ff.

Die später wenigstens partiell wieder rückgängig gemachte Steuerbefreiung der Erlöse aus dem Verkauf inländischer Kapitalbeteiligungen und die Einführung des Halbeinkünfteverfahrens im Hinblick auf Dividenden und Kursgewinne rissen tiefe, schwer zu schließende Löcher in den Staatshaushalt. Hauptprofiteure waren die (Mit-)Eigentümer von Kapitalgesellschaften und die Großaktionäre ertragreicher Konzerne. Man reduzierte den Satz der (von diesen zu entrichtenden) Körperschaftsteuer stark, ohne die Vermögensteuer wieder zu erheben oder die Erbschaftsteuer zu erhöhen.

Hatte das Aufkommen der (von 45 bzw. 30 Prozent auf einheitlich 25 Prozent gesenkten und mit günstigeren Verrechnungsmöglichkeiten versehenen) Körperschaftsteuer im Jahr 2001 noch bei über 46 Milliarden DM gelegen, brach es im darauf folgenden Jahr völlig ein: Nunmehr musste der Staat ca. 800 Millionen DM an die Unternehmen (zurück)zahlen.

Am 1. Januar 2004 sank der Eingangssteuersatz der Einkommensteuer von 19,9 auf 16 Prozent und der Spitzensteuersatz von 48,5 auf 45 Prozent. Gleichzeitig traten zahlreiche Verschlechterungen in Kraft, die hauptsächlich Arbeitnehmer/innen trafen: So wurden der Arbeitnehmer-Pauschbetrag, die Arbeitnehmersparzulage für vermögenswirksame Leistungen, die sog. Pendlerpauschale, der Sparerfreibetrag und die Eigenheimzulage verringert. Die zur Gegenfinanzierung der Steuersenkung neben einer Ausweitung der öffentlichen Kreditaufnahme vereinbarte Privatisierung von Bundeseigentum erschloss neue Gewinnquellen für Anleger, verringerte den Handlungsspielraum des Staates allerdings weiter.

In der Öffentlichkeit weniger beachtete Änderungen im Tarifverlauf, vor allem die Verkürzung des Progressionsbereichs, der bei 52.152 Euro (ca. 102.000 DM) statt wie früher bei 130.000 DM (ca. 66.468 Euro) endete, trugen gleichfalls zur Vergrößerung der sozialen Schieflage bei. Nicht bloß nominal, sondern auch prozentual wurden die Spitzenverdiener stärker entlastet als die Bezieher/

innen geringerer Einkommen. Vergleichbares galt im Hinblick auf die Dividendenbesteuerung: Durch die Umstellung vom Vollanrechnungs- auf das Halbeinkünfteverfahren wurden ausgerechnet jene Anleger begünstigt, deren Einkommensteuersatz 40 Prozent überstieg, Kleinaktionäre hingegen benachteiligt.[103] Unter dem Strich finanzierten die Mittelschichtangehörigen einen Großteil der Steuergeschenke an Spitzenverdiener und Konzerne.

Auch die sog. Ökosteuern trafen in der Form, wie die rot-grüne Koalition sie eingeführt hatte, statt der Hauptumweltverschmutzer des produzierenden Gewerbes bzw. der Großindustrie vor allem sozial Benachteiligte: Sozialhilfeempfänger/innen, Rentner/innen, Arbeitslose, Zivildienstleistende und Studierende. Während sie die Unternehmen nahezu komplett überwälzen konnten, handelte es sich für die privaten Haushalte um eine neue Verbrauchsteuer. Dabei war die relative Belastung der Bezieher/innen von Transfereinkommen, die keine Rentenversicherungsbeiträge entrichteten und daher nicht in den Genuss von deren Senkung kamen, am höchsten.[104] Durch die Ökosteuern wurden die sog. *Lohn*nebenkosten (Arbeitgeber- und Arbeitnehmerbeiträge zur Rentenversicherung) gesenkt, die *Wohn*nebenkosten von Arbeitslosen, Rentner(inne)n, Schüler(inne)n und Studierenden, die hiervon nicht oder höchstens indirekt profitierten, aber erhöht.

Die genannten Reformen der Einkommens- und der Unternehmensbesteuerung haben zu einer weiteren Vertiefung der Kluft zwischen Arm und Reich beigetragen. Nun wurden hohe (Kapital-) Einkünfte und Unternehmensgewinne geringer als jemals zuvor nach 1945 besteuert. Mit dem privaten Reichtum, der sich aufgrund der rot-grünen Steuerpolitik noch mehr bei den finanzkräftigsten Bevölkerungsgruppen konzentrierte, wuchs auch die öffentliche Armut. Erst nach der Abwahl von SPD und Bündnisgrünen, im

---

103 Vgl. Stefan Bach, Die Unternehmensteuerreform, a. a. O., S. 60 und 68

104 Vgl. Rudolf Hickel, Abschied vom Rheinischen Kapitalismus?, Zum rot-grünen Kurswechsel in der Wirtschafts- und Finanzpolitik, in: Blätter für deutsche und internationale Politik 8/1999, S. 951

Jahr 2006, wurden die fünf Jahre zuvor beginnenden Einnahmeausfälle des Staates ausgeglichen und erreichten die Steuereinnahmen wieder das frühere Niveau.[105]

Durch eine schrittweise Verlagerung von den direkten zu indirekten bzw. Verbrauchsteuern wollte man den »Standort D« attraktiver machen und mehr ausländische Investoren anlocken. Damit entschied nicht mehr ausschließlich die finanzielle Leistungsfähigkeit über die Steuerlast der Bürger/innen, sondern ihr Bedarf an Konsumgütern, welcher etwa bei kinderreichen Familien ohne hohes Einkommen relativ groß ist. Außerdem spielte das Argument der Unüberschaubarkeit des komplizierten Steuersystems im öffentlichen Diskurs eine wichtige Rolle. Friedrich Merz, damals stellvertretender Vorsitzender der Unionsfraktion im Bundestag, knüpfte daran seinen Plan für eine radikale Vereinfachung der Einkommensteuer, die – auf drei Tarifstufen (12, 24 und 36 Prozent) komprimiert – eine Berechnung der Steuerschuld für die meisten Bürger/innen »auf einem Bierdeckel« ermöglichen sollte.[106]

Paul Kirchhof, früherer Verfassungsrichter und Vorsitzender einer Steuerreformkommission, entwarf ein nur 23 Paragrafen umfassendes einheitliches Einkommen- und Körperschaftsteuergesetz, das keine Lenkungs- bzw. Ausnahmetatbestände enthielt: »In diesem vereinfachten System, das insbesondere die Einkünfte aus Arbeit und Kapital gleich belastet, genügt eine progressive Besteuerung, die bei einem Spitzensatz von 25 Prozent endet.«[107]

105 Vgl. Norbert Walter-Borjans, Steuern – der große Bluff, a. a. O., S. 17

106 Vgl. Friedrich Merz, Ein modernes Einkommensteuerrecht für Deutschland. Zehn Leitsätze für eine radikale Vereinfachung und eine grundlegende Reform des deutschen Einkommensteuersystems, in: ders., Nur wer sich ändert, wird bestehen. Vom Ende der Wohlstandsillusion – Kursbestimmung für unsere Zukunft, 2. Aufl. Freiburg im Breisgau / Basel / Wien 2004, S. 206

107 Paul Kirchhof, Durchs Kassenhäuschen der Steuer in den Garten der Freiheit. Der Entwurf für ein neues Einkommensteuerrecht ist nicht nur einfach, sondern auch gerecht, in: Stephan Hebel / Wolfgang Kessler (Hg.), Zukunft sozial: Wegweiser zu mehr Gerechtigkeit, Frankfurt am Main / Oberursel 2004, S. 99;

Bevor Kirchhof in das »Kompetenzteam« der CDU/CSU-Kanzlerkandidatin Angela Merkel berufen wurde, war er Gastredner auf dem FDP-Parteitag vom 5. bis 7. Mai 2005 in Köln, der das liberale Steuermodell mit drei Tarifstufen (15, 25 und 35 Prozent) bestätigte, aber hervorhob, dass sie längerfristig zusammengeführt und verschmolzen werden sollten.

Bodo Hombach, seinerzeit Kanzleramtsminister, später Balkan-Beauftragter der EU und WAZ-Manager, ging noch weiter, als er in seinem Buch »Aufbruch« den Einheitssteuersatz nach Vorbild der US-amerikanischen Flat Tax von 20,5 Prozent nannte.[108] Dieser sollte gleichermaßen für Krankenschwestern wie Konzernvorstände, Hausmeister wie Topmanager und Müllwerker wie Multimilliardäre gelten. Konsequent zu Ende gedacht, erfordert wahre Steuergerechtigkeit nach der neoliberalen Logik denselben Zahlbetrag für alle Bürger/innen, ganz unabhängig von ihrem jeweiligen Einkommen.

Franz Müntefering suchte die seiner SPD bei der nordrhein-westfälischen Landtagswahl am 22. Mai 2005 drohende Niederlage als Parteivorsitzender durch öffentliches Klagen über ausländische Finanzinvestoren einzudämmen, die wie »Heuschreckenschwärme« über deutsche Unternehmen herfielen. Dabei hatten sozialdemokratische Politiker durch die Kapitalgesellschaften im Rahmen der rot-grünen Unternehmensteuerreform 2001 für Veräußerungsgewinne gewährte Steuerfreiheit und das *Investmentmodernisierungsgesetz*, welches erstmals Hedgefonds auch in der Bundesrepublik zuließ, den nunmehr kritisierten Handlungsspielraum für solche Spekulanten erweitert bzw. überhaupt erst geschaffen.

Die im November 2005 gebildete erste Große Koalition unter der Bundeskanzlerin Angela Merkel setzte die Steuerpolitik nach dem Matthäus-Prinzip fort: Während sie den Höchstsatz der Mehr-

---

vgl. ergänzend: ders., Der sanfte Verlust der Freiheit. Für ein neues Steuerrecht – klar, verständlich, gerecht, München 2004

108 Vgl. Bodo Hombach, Aufbruch. Die Politik der Neuen Mitte, Mit einem Nachwort von Gerhard Schröder, München/Düsseldorf 1998, S. 91

wertsteuer, also der Steuerart, welche Arme am härtesten trifft, weil diese ihr gesamtes Einkommen verausgaben (müssen) und dabei genauso hoch besteuert werden wie Wohlhabende, Reiche und Hyperreiche, zum 1. Januar 2007 von 16 auf 19 Prozent erhöhte, senkte sie die Körperschaftsteuer für Kapitalgesellschaften, die am Ende der Kanzlerschaft von Helmut Kohl noch 45 bzw. 30 Prozent für einbehaltene bzw. ausgeschüttete Gewinne (statt 56 bzw. 36 Prozent zu Beginn seiner Amtszeit) betragen hatte, zum 1. Januar 2008 auf 15 Prozent.

Der damalige Bundesfinanzminister Peer Steinbrück führte eine Abgeltungsteuer auf Kapitalerträge ein, die er mit dem flotten Spruch »*25 Prozent* Steuern auf einen Betrag von *x* sind besser als *42 Prozent* auf gar nix« (wegen der Anlage- und Steuervermeidungsmöglichmöglichkeiten im Ausland) begründete. Später stellte sich heraus, dass es für den Staat fortan 25 Prozent auf fast gar nix gab, denn natürlich holten die reichen Anleger ihr Kapital nicht wie erhofft reumütig aus »Steueroasen« wie Luxemburg, mittelamerikanischen Bananenrepubliken oder den britischen Kanalinseln zurück nach Deutschland.

Nach der von Steinbrück initiierten Gesetzesänderung entrichteten auch die gesetzestreuen Kapitalanleger erheblich weniger Steuern als vorher, was sie für den Staat trotz der vollmundigen Ankündigung des Bundesfinanzministers zu einem milliardenschweren Verlustgeschäft machte. Dividenden, die bisher dem sog. Halbeinkünfteverfahren unterlagen, mussten ab 1. Januar 2009 voll und Kursgewinne aus Aktien- und Fondsanteilskäufen erstmals ohne Rücksicht auf eine (zuletzt zwölf Monate betragende) Spekulationsfrist versteuert werden. Beide unterlagen fortan aber genauso wie Zinsen einer Abgeltungsteuer, die pauschal 25 Prozent beträgt und die Steuerprogression im Einkommensteuerrecht somit unterläuft. Davon profitierten hauptsächlich jene sehr wohlhabenden Einkommensbezieher, die den Spitzensteuersatz in Höhe von 42 bzw. 45 Prozent (sog. Reichensteuer) entrichten müssen, während sich Kleinaktionäre, die mittels entsprechender Wertpapiere privat für das Alter vorsorgen wollen, aufgrund ihres niedrigeren Steuersatzes nunmehr eher schlechter als vorher standen.

Die *duale* Einkommensteuer führte dazu, dass Kapitalerträge nunmehr geringer besteuert wurden als Arbeitseinkommen. Während ein Großaktionär nur 25 Prozent Abgeltungsteuer entrichtete, wurde einem Techniker, Ingenieur oder sehr gut entlohnten Facharbeiter bei zahlreichen Überstunden nunmehr vom Finanzamt im Extremfall der Spitzensteuersatz von 42 Prozent auferlegt. Der Kölner Sozialwissenschaftler Tim Engartner weist darauf hin, »dass ein Steuersystem, das Arbeit diskriminiert und Kapital privilegiert, nicht nur die Kluft zwischen Arm und Reich vertieft, sondern auch den Privatisierungsdruck erhöht.«[109] Da die Kapitalertragsteuer zu einer Abgeltungs- bzw. Quellensteuer umgestaltet worden ist, wissen Staat und Öffentlichkeit heute außerdem weniger über die Kapitaleinkünfte seiner Höchsteinkommensbezieher, denn die Banken führen deren Steuerschuld als Pauschalbetrag ohne persönliche Veranlagung unter Wahrung der Anonymität des Steuerpflichtigen an den Fiskus ab.

Wie die im November/Dezember 2014 publizierten Dokumente der »Luxemburg Leaks«, die im April 2016 veröffentlichten »Panama Papers«, die im November 2017 erschienenen »Paradise Papers« und die im Oktober 2021 von investigativen Journalist(inn)en ausgewerteten »Pandora Papers« unter Beweis stellten, boomten Strategien der Steuervermeidung, Steuerumgehung und Steuerhinterziehung vielmehr weiterhin, etwa mittels anonymer Briefkastenfirmen, dubioser Treuhandfonds und Offshore-Banken.[110] Aufgrund des von massiven Störmanövern begleiteten Ankaufs von Steuerdaten-CDs aus der Schweiz durch das nordrhein-westfälische Finanzministerium unter Norbert Walter-Borjans, die eine Verschiebung von Riesensummen ins Ausland belegten, gab es allein 130.000 Selbst-

109 Siehe Tim Engartner, Staat im Ausverkauf, a. a. O., S. 13 f.

110 Vgl. dazu: Bastian Obermayer / Frederik Obermeier, Panama Papers. Die Geschichte einer weltweiten Enthüllung, Köln 2016; Jana Wolken, Die Paradise Papers. Die Steuertricks von Riesenkonzernen und mögliche Gegenmaßnahmen, München 2018

anzeigen im gesamten Bundesgebiet.[111] Folglich handelte es sich bei diesem Delikt keinesfalls, wie zur Beschwichtigung der Gemüter häufig vorgebracht wurde, um einen nur von wenigen »schwarzen Schafen« begangenen Gesetzesverstoß.

Die im Oktober 2009 gebildete CDU/CSU/FDP-Koalition unter Angela Merkel hatte noch weniger Hemmungen, Wohlhabende, Reiche und Hyperreiche durch ihre steuerpolitischen Entscheidungen zu begünstigen, als ihre Vorgängerinnen. Angesichts des am 1. Januar 2010 in Kraft getretenen *Wachstumsbeschleunigungsgesetzes* dürften die Champagnerkorken in den feinsten Kreisen unserer Gesellschaft am Silvesterabend lauter als sonst geknallt haben, weil deren Mitglieder nunmehr noch weniger Steuern entrichten mussten. Die darin enthaltenen »Korrekturen« der Unternehmens- und Erbschaftsteuerreform boten den Vorteil, dass sie von der breiten Öffentlichkeit weniger stark wahrgenommen wurden als massive Senkungen des Einkommensteuerspitzensatzes oder die Abschaffung der Gewerbesteuer, wie sie die FDP (und später auch die AfD) forderte. Stattdessen weichte die schwarz-gelbe Koalition eher Regelungen auf oder nahm sie ganz zurück, die ein drastisches Absinken des Steueraufkommens im Unternehmensbereich durch Finanzmanipulationen verhindern sollten, etwa die während der kurzen Amtszeit von Oskar Lafontaine eingeführte »Zinsschranke«, die Mindestbesteuerung der Konzerne sowie die zeitweilige Aussetzung der degressiven Abschreibung.

Noch das geringste Finanzvolumen hatte die Herabsetzung des Mehrwertsteuersatzes für Übernachtungen von 19 auf 7 Prozent, die das bayerische Tourismusgewerbe beflügeln sollte, aber für normale Firmen bei Dienstreisen ihrer Mitarbeiter/innen wegen eines unterschiedlich hohen Vorsteuer-Abzuges bei deren Übernachtung und Frühstück mehr Verwaltungsaufwand mit sich brachte. Obwohl die CSU gleichfalls als treibende Kraft der Mehrwertsteuersenkung für Hoteliers wirkte, geriet vor allem die FDP unter Korruptionsver-

---

111 Vgl. Norbert Walter-Borjans, Steuern – der große Bluff, a. a. O., S. 90

dacht. Dass sie Parteispenden in Höhe von 1,1 Millionen Euro der Substantia AG in Düsseldorf erhalten hatte, die wie die Mövenpick-Kette zur Firmengruppe des seinerzeit in der Schweiz residierenden und mittlerweile verstorbenen Barons August von Finck junior gehörte,[112] trug der FDP die Bezeichnung »Mövenpick-Partei« ein.

Der lobbygetriebene Rückbau des Steuersystems zeitigte erhebliche Folgen im Hinblick auf die weitere Spreizung der Einkommen und Vermögen. Selbst die EU-Kommission attestierte der Bundesregierung in einem Länderbericht, die sozioökonomische Polarisierung vorangetrieben zu haben: »Im Zeitraum 2008-2014 hat die deutsche Politik in hohem Maße zur Vergrößerung der Armut beigetragen, was auf die Tatsache zurückzuführen ist, dass die bedarfsabhängigen Leistungen real und im Verhältnis zur Einkommensentwicklung gesunken sind.«[113] Als für die genannten Spaltungstendenzen ursächlich erwähnte der Bericht auch den Verzicht auf die Erhebung der Vermögensteuer, die Absenkung des Einkommensteuerspitzensatzes von 53 Prozent auf 42 Prozent und die Einführung der pauschalen Abgeltungsteuer auf Kapitalerträge.

Nach den Erbschaft- und Schenkungsteuerreformen der ersten beiden Koalitionsregierungen unter Angela Merkel,[114] die sich negativ auf die gesellschaftlichen Verteilungsverhältnisse auswirkten, können Firmenerben heute von ihren Eltern unter bestimmten Voraussetzungen einen ganzen Konzern übertragen bekommen, ohne einen einzigen Cent betriebliche Erbschaft- bzw. Schenkungsteuer zahlen zu müssen. »So wurde im Ergebnis aus einer Steuer, die vor allem die Vermögenden treffen sollte, nach und nach eine Steuer,

112 Vgl. dazu: Christian Rickens, Ganz oben. Wie Deutschlands Millionäre wirklich leben, Köln 2011, S. 184

113 Europäische Kommission, Länderbericht Deutschland 2017 mit eingehender Überprüfung der Vermeidung und Korrektur makroökonomischer Ungleichgewichte, Brüssel, 22.2.2017 – SWD (2017) 71 final, S. 7

114 Vgl. hierzu ausführlicher: Christoph Butterwegge, Reichtumsförderung statt Armutsbekämpfung. Eine sozial- und steuerpolitische Halbzeitbilanz der Großen Koalition, Wiesbaden 2016, S. 27 ff.

von der die Vermögenden immer stärker befreit sind.«[115] Dies hat die seit geraumer Zeit deutlicher hervorstechende Spaltung in Arm und Reich tendenziell noch verschärft. Auch der Frankfurter Journalist Stephan Hebel resümiert als Bilanz der Amtszeit von Angela Merkel, dass die soziale Ungleichheit weiter zugenommen hat: »Nicht nur bei den Arbeitseinkommen hat sich die Schere zwischen Arm und Reich in der Ära Merkel geöffnet, sondern auch bei den Vermögen.«[116] Ebenfalls vertan wurde die Chance, der öffentlichen Armut (von Ländern und Kommunen) entgegenzuwirken.

Nimmt die Kinderzahl der Unternehmerfamilien – wie allgemein vermutet – im demografischen Wandel tendenziell weiter ab, kommt es biologisch bedingt zu einer noch stärkeren Vermögenszusammenballung an der Spitze. Die von CDU, CSU, FDP, SPD und Teilen der Bündnisgrünen vorgenommenen Neuregelungen fördern die Konzentration des Kapitals, die Kumulation der Vermögen und die soziale Polarisation. Im 29. Subventionsbericht der Bundesregierung wurde im September 2023 festgestellt: »Die größte Steuervergünstigung ist die Vergünstigung für Erwerber von Betrieben und Anteilen an Kapitalgesellschaften im Erb- oder Schenkungsfall, deren Steuermindereinnahmen vollständig den Ländern zuzurechnen sind.«[117] Diesen entgehen dadurch nach Angaben des Bundesfinanzministeriums allein im Jahr 2024 Einnahmen in Höhe von 4,5 Milliarden Euro.

Von den *steuerfreien* Unternehmensübertragungen der Festsetzungsjahre 2011 bis 2014 im Wert von 144 Milliarden Euro, für die

---

115 Yannick Haan, Für mehr Gleichheit: Erben für alle!, in: Blätter für deutsche und internationale Politik 1/2024, S. 119

116 Stephan Hebel, Merkel. Bilanz und Erbe einer Kanzlerschaft, Frankfurt am Main 2018, S. 83

117 Bundesministerium der Finanzen (Hg.), Bericht der Bundesregierung über die Entwicklung der Finanzhilfen des Bundes und der Steuervergünstigungen für die Jahre 2021 bis 2024 (29. Subventionsbericht), Zugeleitet mit Schreiben des Bundesministeriums der Finanzen vom 5. September 2023 gemäß § 12 des Gesetzes zur Förderung der Stabilität und des Wachstums der Wirtschaft, Berlin, 6.9.2023, S. 20

Altersangaben verfügbar sind, fielen 37 Milliarden Euro an Minderjährige; 90 Kinder im Alter von unter 14 Jahren, denen ein Vermögen von mindestens 20 Millionen Euro übertragen wurde, erhielten zusammen 29,4 Milliarden Euro, was im Durchschnitt nicht weniger als 327 Millionen Euro pro Kind ergibt.[118] Diese hier exemplarisch genannten, der breiten Öffentlichkeit unbekannten Zahlen illustrieren eindrucksvoll, welche enormen Vermögen manchen Sprösslingen von Unternehmerfamilien aufgrund entsprechender Gesetze steuerbefreit in den Schoß fallen, und zwar zum großen Teil, bevor ihre Eltern tot sind.

Julia Jirmann, Referentin für Steuerrecht und Steuerpolitik beim Netzwerk Steuergerechtigkeit, hat im Auftrag der Friedrich-Ebert-Stiftung eine Sonderauswertung der Erbschaft- und Schenkungsteuerstatistik des Statistischen Bundesamtes für die Festsetzungsjahre 2009 bis 2020 vorgenommen, um die Auswirkungen der Steuerprivilegien bei Erbschaften und Schenkungen auf die Verteilungsgerechtigkeit in Deutschland zu erfassen. Sie gelangte zu dem Ergebnis, dass es »große Ungerechtigkeiten bei der Besteuerung der Vermögenstransfers« gibt: »In den letzten zwölf Jahren erhielten 3.630 Personen mit Übertragungen von mehr als 20 Millionen Euro insgesamt 260 Milliarden Euro steuerfrei, im Durchschnitt also mehr als 71 Millionen Euro pro Person. Allein 43 Milliarden Euro davon gingen an 220 Kinder unter 14 Jahren, im Durchschnitt also fast 200 Millionen Euro pro Kind. Frauen erhielten nur etwa ein Drittel des steuerfrei übertragenen Vermögens und nur 1,6 Prozent landeten im Osten der Republik.«[119] In dem Untersuchungszeitraum wurde Betriebsvermögen in einer Gesamthöhe von mindestens 409 Milliarden Euro vererbt oder verschenkt, ohne dass Steuern anfielen. Marc Bug-

118 Vgl. Stefan Bach / Thomas Mertz, Vor der Erbschaftsteuerreform: Nutzung der Firmenprivilegien hat Minderjährige zu Multimillionären gemacht, in: DIW Wochenbericht 36/2016, S. 812

119 Julia Jirmann, Steuerprivilegien bei Erbschaften und Schenkungen. Auswirkungen auf die Verteilungsgerechtigkeit in Deutschland, Friedrich-Ebert-Stiftung, Bonn, November 2022, S. 3

geln konstatiert denn auch, »dass die Betriebsvermögen inzwischen in Deutschland kaum noch mit Erbschaftsteuern belegt werden.«[120] Schaut man auf die Höhe der familialen Vermögensübertragungen im Unternehmensbereich, so ist unübersehbar, dass hier eine Hauptwurzel der extremen Ungleichheit im Gegenwartskapitalismus liegt.

In der Bundesrepublik findet eine systematische Reichtumsförderung statt, obwohl eine konsequente Armutsbekämpfung nötig wäre, um das Land sozial zu befrieden. Wie viel Geld dem Staat entgeht, das ihm die Bewältigung sozialer Probleme und der jüngsten Krisen erleichtern würde, offenbaren die Steuerstatistiken des Bundes und der Länder. Bei gleichen Steuern und gleichen Steuersätzen wie in der »Kohl-Ära« wäre das jährliche Gesamtsteueraufkommen heute um weit mehr als 100 Milliarden Euro höher, die öffentliche Armut sehr viel geringer und die sozioökonomische Ungleichheit deutlich weniger bedrückend.

Regierende, Parlamentarier/innen und Verfassungsrichter/innen haben sich jahrzehntelang schützend vor die reichsten und mächtigsten Familien im Land gestellt. Während die Kinderarmut und die Zahl der in SGB-II-Bedarfsgemeinschaften lebenden Menschen unter 18 Jahren zunahmen, wurden ausgerechnet die Erben der Burdas, Quandts und Oetkers, also die reichsten Kinder im Land, mit Steuergeschenken in mehrstelliger Milliardenhöhe überhäuft. Unternehmerdynastien wurden in einer Weise begünstigt, die angesichts des Vermögens in mehrfacher Billionenhöhe, das während dieses und des nächsten Jahrzehnts vererbt wird, im Rahmen des Finanzmarktkapitalismus eine weitere Refeudalisierung bewirken dürfte.

Joseph Stiglitz warnt mit Blick auf die USA vor Erbdynastien: »Wenn eine Generation ihr Vermögen ungeschmälert an die nachfolgende Generation vermachen kann, beeinträchtigt dies die Gleichheit der Lebenschancen.«[121] Deutschland hat durch die von

120 Siehe Marc Buggeln, Das Versprechen der Gleichheit, a. a. O., S. 923

121 Joseph Stiglitz, Der Preis der Ungleichheit. Wie die Spaltung der Gesellschaft unsere Zukunft bedroht, 3. Aufl. München 2012, S. 113

CDU, CSU, FDP und SPD in unterschiedlichen Koalitionsregierungen gesetzlich fixierten Verschonungsregelungen bei der Erbschaft- und Schenkungsteuer große Schritte auf dem Weg zu einer »patrimonialen Gesellschaft« gemacht. So nennt Thomas Piketty ein Land, in dem die Höhe des »väterlichen Erbes« darüber entscheidet, wer arm und wer reich ist.[122]

Umgekehrt fordern manche Neoliberale und – nebenbei bemerkt: die AfD im Bundestag –, der Staat solle ganz auf die Erbschaftsteuer verzichten. Andernfalls bleibe das Recht des Erblassers auf der Strecke, über sein Privatvermögen auch über den Tod hinaus zu verfügen, was ein Frontalangriff auf die bürgerliche Gesellschaft sei. So behauptete etwa der Hamburger Ökonom Thomas Straubhaar: »Wer Erbschaften besteuert, enteignet Eigentum. Wer Eigentum enteignet, zerrüttet die Fundamente einer kapitalistischen Wirtschaftsordnung.«[123] Schließlich handle es sich um eine Substanzsteuer, bei der nicht Finanzströme, sondern Finanzbestände erfasst würden: »Mit der Erbschaftssteuer werden Einkommen und Erträge früherer Perioden erneut und damit mehrfach besteuert, was, in aller Kürze zusammengefasst, die Anreize mindert, Einkommen und Erträge zu generieren.«[124]

Ganz ähnlich argumentierte Stefan Quandt, BMW-Hauptaktionär, im ersten gemeinsamen Interview mit seiner Schwester Susanne Klatten, die fast genauso viele Aktien an dem Münchner Konzern besitzt: »Ich frage mich immer, warum ein Todeszeitpunkt ein Moment sein sollte, in dem der Staat auf bereits versteuertes Einkommen noch einmal zugreift.«[125] Abgesehen davon, dass Normalverdiener/innen tatsächlich zweimal besteuert werden, wenn sie aus

---

122 Vgl. Thomas Piketty, Das Kapital im 21. Jahrhundert, 6. Aufl. München 2015, S. 501 ff.

123 Thomas Straubhaar, Hände weg vom Erbe!, in: Steffen Mau / Nadine Schöneck (Hg.), (Un-)Gerechte (Un-)Gleichheiten, Berlin 2015, S. 160

124 Ebd., S. 155

125 Stefan Quandt, »Wer würde denn mit uns tauschen wollen?«, in: manager magazin 7/2019, S. 32

ihrem bereits versteuerten Einkommen eine Ware im Laden kaufen, auf die Mehrwertsteuer anfällt, ohne dass dies weder Straubhaar, der sogar für eine stärkere Besteuerung des Konsums warb, noch Quandt störte, irrten der Volkswirt und der Konzernerbe hier aber gewaltig: Da nicht der Erblasser – zum zweiten Mal –, sondern der Erbe – zum ersten Mal – besteuert wird, muss die Erbschaftsteuer keineswegs aus versteuerten Einkommen oder Kapitalerträgen entrichtet werden. Die deutsche Erbschaftsteuer ist schließlich keine Nachlass-, sondern eine Erbanfallsteuer, die in gewisser Hinsicht der Einkommensteuer ähnelt.

Noch obskurer wirkte jener Einwand, der bei Quandt anklang und den Christian Lindner weiter zuspitzte, um die Erbschaftsteuer in Verruf zu bringen: »Die Besteuerung des Todes ist inhuman.«[126] Die beiden Herren übersahen oder unterschlugen nämlich, dass nicht der Tod des Erblassers besteuert wird, was in der Tat pietätlos wäre, sondern ein dem Erben bzw. der Erbin durch seinen Tod leistungslos zugefallenes großes Vermögen. Es wäre unfair gegenüber Millionen anderen, mehr oder weniger besitzlosen Erben, die genauso um ihre verstorbenen Angehörigen trauern, würde der Staat bei Witwen und Waisen von Unternehmern *nicht* im Interesse aller Bürger/innen an einer gesicherten Finanzierung des Gemeinwesens auf einen Teil des Erbes zugreifen.

Kurioserweise hatte Lindners Vorvorgänger als FDP-Vorsitzender, der damalige Außenminister und Vizekanzler Guido Westerwelle, übrigens mit Blick auf die Hartz-IV-Bezieher/innen, also nicht etwa im Hinblick auf die von seiner Regierung großzügig bedachten Firmenerben, von »anstrengungslosem Wohlstand« gesprochen.[127] Westerwelles neoliberale Devise lautete: »Leistung soll sich lohnen!« Es ist aber keine »Leistung«, der Sohn oder die

---

126 Christian Lindner, Freiheit und Fairness, in: Philipp Rösler / Christian Lindner (Hg.), Freiheit: gefühlt – gedacht – gelebt. Liberale Beiträge zu einer Wertediskussion, Wiesbaden 2009, S. 25

127 Siehe Guido Westerwelle, Hartz IV und die Frage, wer das alles zahlt: Vergesst die Mitte nicht!, in: Die Welt v. 11.2.2010

Tochter eines Milliardärs zu sein, sondern einem Volltreffer in der Spermienlotterie zu verdanken. Trotzdem scheute sich die *FAZ* im Rahmen ihrer umfangreichen Berichterstattung über die Neuregelung der Erbschaftsteuer für Firmenerben nicht, die Verschonungsbedarfsprüfung mit zynischem Unterton als »Hartz IV für Reiche« zu bezeichnen.[128] Wie wohltuend sich die Bedarfsprüfung für um Steuerverschonung nachsuchende Firmenerben durch ein Finanzamt von der Bedürftigkeitsprüfung für Hartz-IV- bzw. heutige Bürgergeldbezieher/innen durch ein Jobcenter unterscheidet, lässt sich gut daran erkennen, dass Letzteren selbst eine kleinere Erbzahlung in voller Höhe als Einkommen angerechnet und die Transferleistung daher verweigert bzw. gekürzt wird.

Häufig geht es auch gar nicht um die Entrichtung von Erbschaft-, sondern von Schenkungsteuer, weil Unternehmerfamilien den Vermögensübergang häufig nicht erst »im Moment des Todes« regeln, wie Quandt auch selbst andeutete, als er an gleicher Stelle sagte: »Wir treffen alle möglichen Vorkehrungen, dass wir dann nicht an die Substanz gehen müssen. Täten wir das nicht, könnten plötzlich weite Teile von BMW den Chinesen oder arabischen Scheichs gehören.« Da wurden von einem Multimilliardär in dem Bemühen, um Verständnis für Maßnahmen der eigenen Steuergestaltung zu werben, sogar nationalistische, wenn nicht rassistische Ressentiments der Leser/innen bedient.

Hier konnte nur eine kleine Auswahl der steuerpolitischen Maßnahmen vorgestellt werden, die im Laufe der Jahrzehnte zur Verschärfung der Ungleichheit beigetragen haben. Es gab noch zahlreiche weitere große und kleine Reformen, mit denen Spitzenverdiener und große Konzerne stärker als Normalverdiener/innen und Kleinunternehmer/innen begünstigt wurden: »Sie alle haben der fortschreitenden Umverteilung von unten nach oben zumindest nicht entgegengewirkt. Oft genug haben sie sie verstärkt. Das gilt erst recht, wenn man die Erhöhung der Hebesätze für Grund- und

---

128 Siehe Hartz IV für Erben und andere Hürden, in FAZ v. 7.7.2015

Gewerbesteuern dazunimmt, mit denen Not leidende Kommunen den Einnahmeausfall kompensieren mussten, den ihnen die Steuersenkungen auf der Bundesebene mitbeschert haben.«[129]

2.3 Polarisierungseffekte der Covid-19-Pandemie, der Energiepreisexplosion und der Inflation

Während der vergangenen Jahre haben sich die Lebensbedingungen von Millionen Menschen drastisch verschlechtert, weil sich die Krisenphänomene häuften und intensivierten. Mit der Pandemie und dem ersten bundesweiten Lockdown setzten inflationäre Tendenzen ein, die sich mit dem russischen Krieg gegen die Ukraine und den westlichen Sanktionen als Reaktion darauf verschärften. Während der Reichtum hiervon kaum tangiert wird und sich das Vermögen seither mehr denn je bei wenigen (Unternehmer-)Familien konzentriert, nimmt die Armut heute bis in die Mittelschicht hinein zu.

Für die weitere Vertiefung der im Kapitalismus seit jeher typischen Kluft zwischen Arm und Reich spielten sich häufende und gegenseitig verstärkende Krisenphänomene, die zusammen mit (Fehl-)Entscheidungen der politisch Verantwortlichen, von Regierungsmitgliedern und Parlamentarier(inne)n als sozioökonomische Spaltpilze fungieren, keine unbedeutsame Rolle. Sowohl die Covid-19-Pandemie wie auch die seither grassierende Inflation und die Energiepreisexplosion im Gefolge des Ukrainekrieges waren Katalysatoren des Polarisierungsprozesses, der unsere Gesellschaft auf Dauer vor eine soziale Zerreißprobe stellt.

Die kapitalistischen Wirtschaftsstrukturen, Eigentumsverhältnisse und Verteilungsmechanismen bewirkten, dass die Pandemie den ohnehin bestehenden Trend zur Fragmentierung der Gesellschaft unterstützte. Durch die Coronakrise trat das Kardinalproblem

129 Norbert Walter-Borjans, Steuern – der große Bluff, a. a. O., S. 214

der Bundesrepublik, die wachsende sozioökonomische Ungleichheit, nicht bloß stärker ins öffentliche Bewusstsein, sie verschärfte diese vielmehr noch. Wenn man so will, glich die Coronakrise einem Verstärker der Ungleichheit und fungierte als Paternoster, der materiell Privilegierte nach oben und weniger Betuchte zur selben Zeit nach unten beförderte. Ähnliches gilt für die Energie(preis)krise und die Inflation. Somit wächst die sozioökonomische Ungleichheit und vertieft sich die Kluft zwischen Arm und Reich weiter.

Während der pandemischen Krisensituation nahmen Armut und Reichtum in einem seit dem Jahrtausendwechsel nie wieder erreichten Ausmaß zu. Denn wie fast alle Epidemien traf die Coronakrise finanzschwache Bevölkerungsgruppen, die aufgrund zahlreicher und schwerer Vorerkrankungen (Asthma, Adipositas, Diabetes mellitus, COPD u. a.) oft auch eher immunschwach sind, besonders hart.[130] Zu den Hauptleidtragenden sowohl der Pandemie wie auch der seither zu verzeichnenden Teuerungswellen gehörten mit Wohnungs- und Obdachlosen, Migrant(inn)en ohne gesicherten Aufenthaltsstatus, Menschen mit Behinderungen, Pflegebedürftigen, Suchtkranken, Sexarbeiter(inne)n, Erwerbslosen, Geringverdiener(inne)n, Kleinstrentner(inne)n und Transferleistungsbezieher(inne)n, also Empfänger(inne)n von Arbeitslosengeld II, Sozialgeld, Grundsicherung im Alter und bei Erwerbsminderung, aber auch Asylbewerberleistungen, sowie den Bewohner(inne)n von Gemeinschaftsunterkünften, z. B. Strafgefangenen, Geflüchteten, (süd)osteuropäischen Werkvertragsarbeiter(inne)n der Subunternehmen deutscher Großschlachtereien bzw. Fleischfabriken und Saisonarbeiter(inne)n in der Landwirtschaft, nur Bevölkerungs- und Berufsgruppen, deren Mitglieder ohnehin als sozial Benachteiligte gelten müssen.

Nikolaus Piper, ehemaliger Leiter des Wirtschaftsressorts der *Süddeutschen Zeitung*, erteilte Umverteilungsmaßnahmen in deren Onlineausgabe (v. 15.1.2021) unter dem Titel »Feindbild Milliardär«

130 Vgl. hierzu und zum Folgenden ausführlicher: Christoph Butterwegge, Deutschland im Krisenmodus, a. a. O., S. 26 ff.

gleichwohl eine klare Absage.[131] Vor allem eine Vermögensabgabe, mit der man die Kosten der Covid-19-Pandemie, der staatlichen Infektionsschutzmaßnahmen und der Hilfspakete für davon negativ Betroffene hätte refinanzieren können, lehnte Piper mit der Begründung ab, dass sie eine Kapitalflucht auslösen, die wirtschaftliche Krise verschärfen und unnötige politische Konflikte heraufbeschwören würde.

Umverteilung von Oben nach Unten erklärte Piper deshalb für überflüssig, weil sich die Kluft zwischen Arm und Reich in Deutschland während der pandemischen Ausnahmesituation nicht vertieft habe. »Zwar sind weltweit mehr schlecht- als gutbezahlte Jobs weggefallen. Deutschland hat aber mit Kurzarbeitergeld, Kinderbonus und anderem dagegengehalten, weshalb die Ungleichheit nicht zu-, sondern sogar leicht abgenommen hat.« Anschließend erwähnte Piper paradoxerweise den »Milliardärsreport« der Schweizer Großbank UBS und der Unternehmensberatung PricewaterhouseCoopers, aus dem hervorging, dass die deutschen Milliardäre zwischen dem März 2019 und dem Juli 2020 um 95 Milliarden US-Dollar reicher geworden waren. Dies sei der durch Covid-19 beschleunigten Digitalisierung geschuldet: »Profitiert hat, wer jetzt richtig investierte, zum Beispiel in Technologie- und Pharmaaktien. Das ist vorausschauend, nicht ungerecht.« Was gerecht ist und was nicht, entscheidet laut Piper der Aktienmarkt. Und eine Leistung, die mit Reichtum belohnt werden und möglichst gering besteuert werden soll, besteht für den neoliberalen Wirtschaftsjournalisten darin, an der Börse auf das richtige Pferd zu setzen.

Überhaupt kein Problem hatte Piper damit, dass die Entwickler von Covid-19-Impfstoffen wie die BioNTech-Chefs Uğur Şahin und Özlem Türeci in kürzester Zeit zu Milliardären werden: »Solche Menschen mit einer Abgabe zu belasten, wäre nicht gerecht, sondern dumm.« Umgekehrt ist freilich zu fragen, warum jemand, der

---

131 Vgl. Nikolaus Piper, Was gerecht wäre, in: Süddeutsche Zeitung v. 16.1.2021 (Fassung der Printausgabe unter einem anderen Titel)

eine solche Erfindung gemacht und es damit praktisch über Nacht zu großem Reichtum gebracht hat, eigentlich nicht durch eine Vermögensabgabe seinen Teil dazu beitragen soll, dass die Gesellschaft, welcher er diesen Erfolg verdankt, mit den gigantischen Folgekosten der Pandemie fertigwird. Obwohl das Bundesforschungsministerium die Entwicklung des am 21. Dezember 2020 von der EU-Kommission zugelassenen BioNTech-Impfstoffs mit 375 Millionen Euro subventioniert hatte, musste das mit dem US-Pharmakonzern Pfizer kooperierende, schon in seiner Gründungsphase geförderte Start-up-Unternehmen diesen Betrag aus einem Sonderprogramm nicht zurückzahlen. Auch bekam die Bundesrepublik weder einen Rabatt auf den »Normalpreis« des Vakzins noch eine Beteiligung am Unternehmen eingeräumt.

Piper sah höchstens ein Problem darin, dass Amazon, Alphabet (Google), Apple, Facebook und Microsoft keine oder sehr niedrige Steuern zahlen. Mit dem Hinweis auf dieses fragwürdige Geschäftsmodell transnationaler Konzerne lenkte er davon ab, dass die sozioökonomische Ungleichheit hierzulande während der Pandemie noch drastischere Formen angenommen hatte. Die soziale Frage sei nicht verschwunden, räumte Piper abschließend ein, sie stelle sich heute aber neu: »Das Problem ist in den meisten Ländern nicht, dass einige Leute zu viel Vermögen haben, sondern dass sehr viele über keines verfügen.« Dass beides miteinander zusammenhängt, kam Piper gar nicht in den Sinn. Dazu hätte er die wachsende Ungleichheit als strukturelles Problem eines kapitalistischen Wirtschafts- und Gesellschaftssystems begreifen müssen.

Wirtschaftsunternehmen wurden vom Staat mit Finanzhilfen, Ausfallbürgschaften und Krediten unterstützt, während die Armen mit Brosamen zufrieden sein mussten. So legte der Bund schon im März 2020, also unmittelbar nach Beginn der Pandemie, den Wirtschaftsstabilisierungsfonds mit einem Volumen von 600 Milliarden Euro auf, der Konzerne wie die Deutsche Lufthansa, TUI und Galeria Karstadt Kaufhof in der Coronakrise enorme Geldsummen zur Verfügung stellte. Hingegen dauerte es bis zum Mai 2021, also 14 Monate länger, bis alte Menschen im Grundsicherungsbezug und alleinstehende Hartz-IV-Empfänger/innen mit einer Einmalzahlung in Höhe von 150 Euro rechnen konnten. Kleinunternehmer/innen erhielten überwiegend einmalige Zuschüsse, die ihre laufenden Betriebskosten decken sollten, aber nicht zur Bestreitung ihres Lebensunterhalts verwendet werden durften. Freiberufler/innen, Soloselbstständige und Kleinunternehmer/innen, die Sofort-, Überbrückungs-, Notfall- oder Neustarthilfe beantragten, hatten große bürokratische Hürden zu überwinden. Teilweise war zur Antragstellung ein Steuerberater oder eine Steuerberaterin erforderlich, was sie Geld kostete, ohne dass die Bewilligung der finanziellen Mittel feststand.

Offenbar wurden die staatlichen Mittel nicht nach dem Bedarfsprinzip, sondern nach dem neoliberalen Leistungsprinzip vergeben. Und als Leistungsträger gelten einer stark vom Neoliberalismus beeinflussten Öffentlichkeit allemal erfolgreiche Unternehmer. Wer für den »Wirtschaftsstandort D« produktiv tätig war, wurde großzügig bedacht, wer schon vor der Pandemie in finanziellen Schwierigkeiten gesteckt hatte, ging hingegen teilweise leer aus. Auf diese Weise hat der Staat mit dazu beigetragen, während der Pandemie die Ungleichheit noch zu verschärfen. Statt wie die Bundesregierung das Motto »Gemeinsam gegen Corona!« auszugeben, hätte ihre Devise lauten müssen: »Keine weitere Spaltung unserer Gesellschaft durch Belastung von Menschen, die schon das Virus stärker getroffen hat als Wohlhabende, sondern Verlagerung der Pandemiekosten auf diese!«

Selbst die »Sozialschutz-Pakete« der CDU/CSU/SPD-Koalition wiesen eine verteilungspolitische Schieflage auf. Während der Arbeitslosengeld-II-Bezug für von der Coronakrise geschädigte Soloselbstständige erleichtert wurde, indem man die strenge Vermögensprüfung für sie vorübergehend aussetzte und ein halbes Jahr lang die Angemessenheit der Wohnung stillschweigend voraussetzte, gab es für Menschen im Langzeit- bzw. Dauerbezug selbst dann keinen Ernährungszuschlag, wenn ihre Kinder während der KiTa- und Schulschließungen zuhause verpflegt werden mussten, anstatt wie sonst kostenfrei die Gemeinschaftsverpflegung in einer Betreuungseinrichtung zu nutzen.

Das gewerkschaftsnahe Institut für Makroökonomie und Konjunkturforschung (IMK) gab die Spanne der haushaltsspezifischen Inflationsraten für März 2022 mit 1,9 Prozentpunkten an: »Sie reicht von 6 % für einkommensstarke Alleinlebende bis 7,9 % für einkommensschwache vierköpfige Familien. Noch ausgeprägter ist der Unterschied zwischen der kombinierten Belastung durch die Preise von Nahrungsmitteln, Haushaltsenergie und Kraftstoffen mit 2,6 Prozentpunkten, wobei einkommensschwache Familien einen Inflationsbeitrag von 5,9 Prozentpunkten verzeichnen, verglichen mit 3,3 Prozentpunkten im Falle von einkommensstarken Alleinlebenden.«[132]

Fragt man, welche Auswirkungen die höchste Inflationsrate seit Jahrzehnten auf die Sozialstruktur der Bundesrepublik hatte, lautet die Antwort: Ohnehin deutlich ausgeprägte Polarisierungseffekte verstärkten sich, die Spaltungstendenzen nahmen zu und die Zerklüftung der Gesellschaft schritt weiter voran. Umstritten war, welche Bevölkerungsschichten von der Inflation am härtesten getroffen wurden und welche glimpflich davongekommen sind.

Unter dem Einfluss der Inflation entwickelten sich die Einkommen und Vermögen der einzelnen Bevölkerungsgruppen unterschiedlich, wenn nicht gegensätzlich. So hatte das größtenteils aus Immobilien, Unternehmen(santeilen) und Edelmetallen (Gold) bestehende Sachvermögen der Wohlhabenden, Reichen und Hyperreichen vor und während der Covid-19-Pandemie im Wert stark zugelegt. Nicht zuletzt deshalb waren die Hochvermögenden überwiegend noch reicher geworden, wohingegen die Zahl der Armen aufgrund verbreiteter Einkommensverluste von abhängig Beschäftigten wie Solo- und Scheinselbstständigen noch zugenommen hat.

132 Sebastian Dullien / Silke Tober, IMK Inflationsmonitor. Hohe Unterschiede bei haushaltsspezifischen Inflationsraten: Energie- und Nahrungsmittelpreisschocks belasten Haushalte mit geringem Einkommen besonders stark, IMK Policy Brief 121, April 2022, S. 1

Der Chemnitzer Ökonom Klaus Müller spricht in diesem Zusammenhang von einer »sekundären Ausbeutung« durch Reallohnsenkungen und Mehrwertsteigerungen, die zu einer Umverteilung von Einkommen der Arbeiter/innen, Angestellten und Rentner/innen zugunsten der die Märkte beherrschenden Großunternehmen geführt habe.[133] Joachim Rock, der die Abteilung Sozial- und Europapolitik im Paritätischen Gesamtverband leitet, weist zudem darauf hin, dass die Inflation nicht bloß materielle Wohlstandsverluste von Individuen nach sich zog, sondern auch die soziale Infrastruktur des Landes mit voller Wucht traf sowie die weitere Ökonomisierung und Kommerzialisierung öffentlicher wie privat-gemeinnütziger Einrichtungen der Daseinsvorsorge fördern kann.[134]

Arme, sozial Benachteiligte und Menschen ohne Besitztümer waren die Verlierer der Energie(preis)krise wie des pandemischen Ausnahmezustandes, während viele Reiche, Unternehmer und Kapitaleigentümer als Gewinner daraus hervorgingen, weil sie ihr Vermögen teilweise sogar noch vergrößern konnten. Zuletzt verstärkte der inflationäre Preisauftrieb, den gestörte Lieferketten, gestiegene Transportkosten sowie fehlende Rohstoffe und Vorprodukte mit verursacht haben, den sozioökonomischen Paternostereffekt.

Obwohl das Land insgesamt ärmer wurde und die Armen besonders unter den steigenden Preisen und – weil sie häufiger verschuldet waren – unter den ebenfalls steigenden Zinsen litten, gab es eine »Gewinnflation«, von der ohnehin privilegierte Bevölkerungsgruppen profitierten. Joachim Ragnitz, stellvertretender Geschäftsführer der Dresdner Niederlassung des ifo Instituts an der Universität München, sieht in den gestiegenen Beschaffungspreisen für importierte Waren jedenfalls nicht den alleinigen Grund für die inflationäre Entwicklung: »Vielmehr scheinen einige Unternehmen

133 Siehe Klaus Müller, Inflation, Köln 2023, S. 131

134 Vgl. Joachim Rock, Inflation und Soziale Infrastruktur. Heute am Abgrund, morgen schon einen Schritt weiter?, in: Axel Troost / Rudolf Hickel / Norbert Reuter (Hg.), Soziale Kipppunkte, bedrohte Existenzen, wachsende Armut, a. a. O., S. 93

den Kostenschub auch als Vorwand dafür zu nehmen, durch eine noch stärkere Erhöhung ihrer Absatzpreise auch ihre Gewinnsituation zu verbessern.«[135]

Mechthild Schrooten, Professorin für Volkswirtschaftslehre an der Hochschule Bremen, weist darauf hin, dass jede Inflation einerseits Gewinner/innen und andererseits Verlierer/innen erzeugt: »Die ärmeren Haushalte zählen zu den deutlichsten Verlierer:innen der langfristigen Preisentwicklung; Inflation verschärft Armut.«[136] Reiche erlitten durch die Inflation zwar auch Kaufkraftverluste, die aber kaum ins Gewicht fielen, weil ihr Sach-, Immobilien- und Betriebsvermögen nicht an Wert einbüßte.

Zu einem ähnlichen Ergebnis ist auch die Deutsche Bundesbank gelangt, denn sie ging von einer höheren Gesamtrendite der oberen Verteilungshälfte aus, weil das Immobilienvermögen von 2009 bis Anfang 2022 neben Aktien im Durchschnitt die höchste reale Rendite aller Vermögenskomponenten verzeichnet und das Betriebsvermögen für das obere Prozent der Vermögensverteilung zusätzlich einen merklichen Beitrag geleistet habe. Dies hat zur Folge, »dass sich der renditesenkende Effekt der Inflation insbesondere am unteren Ende der Vermögensverteilung bemerkbar macht. Das gesamte Vermögen dieser Haushalte besteht zu einem Großteil aus niedrig verzinsten Einlagen. Folglich führen hohe Inflationsraten vor allem dort leichter zu negativen realen Vermögensrenditen.«[137]

Umso mehr überraschten die Resultate einer Befragung der Bundesbank zu den Finanzen privater Haushalte in Deutschland, wonach die Vermögensbestände »insbesondere auch bei Haushalten

135 Joachim Ragnitz, Gewinninflation und Inflationsgewinner, in: ifo Dresden berichtet 5/2022, S. 24

136 Mechthild Schrooten, Inflation und Inflationsangst, in: Aus Politik und Zeitgeschichte. Beilage zur Wochenzeitung *Das Parlament* 18-19/2022, S. 30

137 Eine verteilungsbasierte Vermögensbilanz der privaten Haushalte in Deutschland – Ergebnisse und Anwendungen, in: Deutsche Bundesbank (Hg.), Monatsbericht 7/2022, S. 37

mit geringem Vermögen« zwischen 2017 und 2021 »starke Zuwächse« erfahren hatten.[138] In diesem Zeitraum, an dessen Ende sich inflationäre Tendenzen bemerkbar gemacht hatten, sei das Durchschnittsvermögen um 36 Prozent auf 316.500 Euro gestiegen. Auch wenn vermutlich kein Durchschnittsbürger auch nur annähernd so viel Geld besitzt, sondern sich angesichts der Energiepreisexplosion und der Inflation fragte, wo er noch sparen konnte, ging die Bundesbank von einem »leichten Rückgang der Ungleichheit« aus.[139] Sie begründete das hauptsächlich mit der Covid-19-Pandemie und von dieser beeinflussten Maßnahmen wie den Lockdowns, Restaurantschließungen und Reisebeschränkungen, welche die Konsummöglichkeiten der Menschen eingeschränkt und sie zu verstärktem Sparen motiviert hätten.

»*Die Deutschen* sind *reicher* – und *etwas gleicher*« war am 25. April 2023 in der *FAZ* zu lesen, »Die Deutschen werden immer reicher – und auch etwas gleicher« hieß es in der *Welt* am selben Tag, ebenfalls unter Berufung auf die Bundesbank-Studie.[140] Deren argumentative Brüche und inhaltliche Widersprüche waren allerdings unübersehbar. Einerseits wurde nämlich festgestellt, dass sich die Struktur des Vermögens »kaum verändert« habe: »Nach wie vor sind Immobilien- und Unternehmensbesitz stark mit hohen Vermögen korreliert. Dagegen besteht das Vermögen der vermögensärmeren Haushalte primär aus Guthaben auf Sparkonten und anderen risikoarmen Anlageformen.«[141] Während diese keine oder nur geringe Zinsen abwarfen, vermehrte sich das Vermögen der

---

138 Siehe Vermögen und Finanzen privater Haushalte in Deutschland: Ergebnisse der Vermögensbefragung 2021, in: Deutsche Bundesbank (Hg.), Monatsbericht 4/2023, S. 25

139 Siehe ebd., S. 27

140 Christian Siedenbiedel, *Die Deutschen* sind *reicher* – und *etwas gleicher*, in: FAZ v. 25.4.2023; Holger Zschäpitz, Die Deutschen werden immer reicher – und auch etwas gleicher, in: Die Welt v. 25.4.2023

141 Vermögen und Finanzen privater Haushalte in Deutschland: Ergebnisse der Vermögensbefragung 2021, a. a. O., S. 25

Reichen kräftig, wie die Bundesbank bestätigte: »So stiegen die Immobilienpreise zwischen 2017 und 2021 stark an, und die Leitzinsen blieben auf niedrigem Niveau. Auch die Aktienkurse erhöhten sich zwischen 2017 und 2021 insgesamt deutlich.«[142] Andererseits soll sich die Kluft zwischen Arm und Reich nicht vertieft, sondern ganz im Gegenteil ein Stück weit geschlossen haben. Immerhin räumte die Bundesbank-Studie ein, dass die Ungleichheit hierzulande »im europäischen Vergleich weiterhin hoch« bleibe.[143]

Während die Mittelschicht, bei deren Angehörigen vermieteter und/oder selbstgenutzter Immobilienbesitz traditionell den Löwenanteil des Gesamtvermögens ausmacht, aufgrund der Wertsteigerungen ebenfalls nicht unwesentliche Vermögenszuwächse verzeichnete, ging die untere Hälfte der Vermögensverteilung mangels Wohneigentums praktisch leer aus. Ähnliches gilt für das Betriebsvermögen. Wenige hyperreiche Unternehmerfamilien besitzen zum Teil riesige Konzerne. Um eine bessere Datenbasis zu erhalten, müssten das Bank- und das Steuergeheimnis aufgehoben werden sowie alle Informationen zu Privatstiftungen im In- und Ausland sowie zu den in »Steueroasen« transferierten Vermögen vorhanden sein.[144]

Aufgrund der Covid-19-Pandemie, die für Geringverdiener/innen und Soloselbstständige häufiger mit Einkommensverlusten durch Arbeitslosigkeit, Kurzarbeit oder Auftragseinbußen verbunden war, sowie der Energiepreisexplosion und der Inflation, die mit erhöhten Lebenshaltungskosten einhergingen, überzogen viele Menschen ihr Girokonto stärker, weshalb sie hohe Dispozinsen zahlen mussten, wodurch diejenigen noch reicher wurden, denen die Banken gehören. Aus demselben Grund kauften mehr Familien beim Lebensmittel-Discounter ein, was die Vermögen der Eigentümer von Ketten wie Aldi Nord, Aldi Süd und Lidl erhöhte, die ohnehin zu den reichsten Deutschen gehören.

142 Ebd., S. 26

143 Siehe ebd., S. 29

144 Vgl. Martin Schürz, Überreichtum, Frankfurt am Main / New York 2019, S. 22

(Grund-)Nahrungsmittel, Mieten, Heizen und Strom fungierten als Hauptpreistreiber. Fragt man nach den Verteilungswirkungen der höchsten Inflationsrate seit Jahrzehnten und sich hieraus ergebenden Folgen für die Sozialstruktur der Bundesrepublik hat, lautet die Antwort: Ohnehin deutlich ausgeprägte Polarisierungseffekte verstärkten sich, die Spaltungstendenzen nahmen zu und die Zerklüftung der Gesellschaft verschärfte sich. Zahlreiche einheimische Anbieter nutzten die Gunst der Stunde, um für ihre Waren stark überhöhte Preise durchzusetzen. Anders lassen sich weder die Explosion der Energiepreise noch die massiven Preissteigerungen bei den (Grund-)Nahrungsmitteln erklären. Lebensmittelhersteller, meistenteils internationale Großkonzerne wie Kellogg oder Nestlé, und Handelsketten wie Edeka und Rewe trugen gemeinsam dazu bei, das vor der Pandemie im (west)europäischen Vergleich moderate deutsche Preisniveau dem internationalen anzupassen. Die inflationäre Entwicklung erreichte im Herbst 2022 ihren Höhepunkt, als die Verbraucherpreise um mehr als 10 Prozent stiegen, was seit mehr als einem halben Jahrhundert nicht mehr der Fall gewesen war.

Von den immensen Preissteigerungen betroffen waren hauptsächlich einkommensarme und armutsgefährdete Personengruppen, weil ihnen im Unterschied zu wohlhabenden Bevölkerungskreisen finanzielle Rücklagen fehlten. Während die abhängig Beschäftigten in den vergangenen Jahren schmerzhafte Reallohnverluste erlitten, die sich durch (auch für die Unternehmen) steuer- und sozialabgabenfreie, als »Inflationsausgleichsprämie« bezeichnete Einmalzahlungen nicht im Mindesten kompensieren ließen, gab es gerade bei großen Unternehmen eine Inflation der Gewinne, die zum Teil auf Mitnahmeeffekten beruhte. Die wichtigsten Aktienindizes, darunter der Dax, verzeichneten historische Höchststände, und auch der Goldpreis erreichte ein Rekordniveau.

Konzerne schütteten an ihre Aktionäre während der Dauerkrise so hohe Dividenden wie nie zuvor aus. Klaus Michael Kühne bezog als zweitreichster Deutscher im Frühjahr 2023 eine Dividende des Reedereikonzerns Hapag-Lloyd, von dessen Aktien ihm fast ein Drittel gehören, in der Rekordhöhe von 3,3 Milliarden Euro, die er wie jeder Aktionär noch nicht einmal mit 25 Prozent (plus Solidaritätszuschlag in Höhe von 5,5 Prozent der Kapitalerträge und etwaiger Kirchensteuer) hätte versteuern müssen, wenn sie das Unternehmen – wie das bei der geringeren Dividende des Jahres 2020 der Fall war – aus den Einlagen des Unternehmens statt aus dem laufenden Geschäft entnommen hätte. Dann gilt die Dividende nämlich als Rückzahlung der Einlagen statt als Gewinnbeteiligung, was zur Steuerbefreiung der Aktionäre führt. Selbst wenn dies nicht der Fall war, nutzt Kühne die Vorteile eines Steuerausländers, denn er ist (vermutlich aus steuerlichen Gründen) schon vor langer Zeit aus Hamburg in die Schweiz gezogen.

Bei den »Entlastungspaketen«, die vom Koalitionsausschuss im Februar, im März und im September 2022 geschnürt wurden, um die finanziellen Belastungen der gestiegenen Energiekosten für private Haushalte und Wirtschaft abzufedern, standen – wie schon bei den staatlichen Finanzhilfen für Pandemiegeschädigte – Unternehmen, Erwerbstätige und Steuerpflichtige im Vordergrund. Das erste, umfangreichere Entlastungspaket bestand im Wesentlichen aus steuerpolitischen Maßnahmen: Rückwirkend zum Jahresbeginn stieg der Arbeitnehmerpauschbetrag um 200 auf 1.200 Euro, der Grundfreibetrag in der Einkommensteuer um 363 auf 10.347 Euro und die Entfernungspauschale für Fernpendler/innen (ab dem 21. Kilometer) sowie die Mobilitätsprämie auf 38 Cent. Wohngeldbezieher/innen erhielten einen Heizkostenzuschuss in Höhe von 270 Euro (bei einem Haushalt mit zwei Personen: 350 Euro, je weiterem Familienmitglied zusätzliche 70 Euro), Auszubildende und Studierende im Bafög-Bezug 230 Euro. Außerdem entfiel die EEG-Umlage vorzeitig zum 1. Juli 2022, was besonders großen Unternehmen zugutekam.

Das zweite Entlastungspaket beinhaltete die Absenkung der Energiesteuer auf Kraftstoffe für drei Monate, ein auf denselben Zeitraum befristetes, bundesweit gültiges Neun-Euro-Monatsticket für den Öffentlichen Personennahverkehr, das den Bund 500 Millionen Euro weniger kostete und als soziales Trostpflaster für Menschen ohne Auto wirkte, eine sehr kostenträchtige Energiepreispauschale in Höhe von 300 Euro für alle einkommensteuerpflichtigen Erwerbstätigen, einen weiteren Kinderbonus in Höhe von 100 Euro als zusätzliche Einmalzahlung für Familien sowie Einmalzahlungen in Höhe von 200 Euro für Transferleistungsbezieher/innen und in Höhe von 100 Euro für Bezieher/innen von Arbeitslosengeld I.

Das dritte Entlastungspaket hatte zwar – seinen Kosten für den Staat nach – das größte Volumen, enthielt aber vieles, was die Ampelkoalition ohnehin geplant hatte. Sein inhaltlicher Schwerpunkt lag auf Steuerermäßigungen, die eher Bessersituierten zugutekamen. So verabschiedete der Bundestag am 10. November 2022 das *Inflationsausgleichsgesetz*, mit dem die »kalte Progression« beseitigt werden sollte. Am 2. Dezember folgte das *Jahressteuergesetz 2022*, in dem die Erhöhung des Arbeitnehmer- und des Sparer-Pauschbetrages, eine Verbesserung der Homeoffice-Pauschale, eine steuer- und abgabenbefreite Inflationsausgleichsprämie von bis zu 3.000 Euro, mit der tabellenwirksame Lohn- bzw. Gehaltserhöhungen vermieden, die Sozialversicherungen jedoch um Beitragseinnahmen gebracht wurden, sowie eine Anhebung des Entlastungsbetrages für Alleinerziehende enthalten waren.

Eva Völpel, Referentin für Wirtschafts- und Sozialpolitik am Institut für Gesellschaftsanalyse der Rosa-Luxemburg-Stiftung, bemerkte mit Blick auf die Entlastungspakete, »dass die Bundesregierung bei der Bekämpfung der Folgen der Inflation zwar einiges abgefedert, aber verteilungs- und sozialpolitisch keine neuen Wege im Sinne einer gerechteren Politik beschritten hat.«[145] Vielmehr war die

145 Siehe Eva Völpel, Verschärfte Verteilungskrise und blockierte Umverteilung. Die sozialen Folgen der Inflation sind verheerend – zugleich droht in Deutschland und Europa eine neue Runde der Sparpolitik, in: Axel Troost/ Rudolf Hickel/Norbert Reuter (Hg.), Soziale Kipppunkte, bedrohte Existenzen, wachsende Armut, a.a.O., S. 74

verteilungspolitische Schlagseite der Entlastungspakete unübersehbar. Unter den Privathaushalten, denen sie zugutekamen, befanden sich vornehmlich einkommensstarke: Mehr als die Hälfte des Entlastungsvolumens war für Erwerbstätige reserviert, die von Steuerermäßigungen profitierten.[146]

Ulrich Schneider, Hauptgeschäftsführer des Paritätischen Gesamtverbandes, kritisierte die »einkommensproportionale Privilegierung« wohlhabender und reicher Haushalte, etwa durch die auf drei Monate befristete Absenkung der Energiesteuer auf Kraftstoffe zum 1. Juni 2022 sowie die vorgezogene Abschaffung der EEG-Umlage zum 1. Juli 2022: »Die Reduzierung von Verbrauchssteuern führt dazu, dass derjenige mit dem höchsten Verbrauch auch die höchste absolute Entlastung erfährt. Das sind nicht die armen Haushalte. Es sind die Haushalte mit den großen Wohnungen und Einfamilienhäusern mit dem zusätzlichen Kühlschrank, der guten EDV-Ausstattung bis in die Kinderzimmer hinein, mehreren Fernsehern oder vielleicht auch der Energie fressenden Heimsauna im Keller.«[147]

Nicht in den Entlastungspaketen enthalten waren die »Strom-« und die »Gaspreisbremse«, mit denen 80 Prozent des Stromverbrauchs der Bürger/innen bei 40 Cent pro Kilowattstunde und des Gasverbrauchs bei 12 Cent (bei Fernwärme bei 9,5 Cent) pro Kilowattstunde gedeckelt wurden. Eine hohe Entlastung verzeichneten Konsument(inn)en mit sehr hohem Verbrauch, beispielsweise dann, wenn ihr Haushalt beispielsweise über einen Swimmingpool verfügte.

Erheblich weniger öffentliche Aufmerksamkeit erregten massive Entlastungen für die Wirtschaft, die im *Vierten Corona-Steuerhilfegesetz* enthalten waren, darunter die erweiterte Verlustverrechnung für Unternehmer sowie die Verlängerung der degressiven Abschrei-

146 Vgl. Ulrich Schneider, Entlastung für alle? – Zur haushalts- und sozialpolitischen Fragwürdigkeit des Entlastungspakets, in: Soziale Sicherheit 6/2022, S. 223

147 Ebd., S. 224

bung um ein Jahr, steuerfreie Zuschüsse zum Kurzarbeitergeld und die Steuerbefreiung des Corona-Pflegebonus bis zu 4.500 Euro. Darüber hinaus wurde ein »Wirtschaftspaket« für vom Ukrainekrieg und/oder den Sanktionen betroffene Unternehmen geschnürt, darunter ein KfW-Kreditprogramm für kurzfristige Liquidität, Bund-Länder-Bürgschaftsprogramme, ein Finanzierungsprogramm für durch hohe Sicherheitsleistungen (Margining) gefährdete Unternehmen und ein Hilfsprogramm für die energieintensive Industrie.

Steuerentlastungen nützen Geringverdiener(inne)n wenig und Transferleistungsbezieher(inne)n gar nichts, weil sie kaum bzw. gar keine Einkommensteuer zahlen. Auch breit streuende Pro-Kopf-Zahlungen an einen großen Personenkreis wie die Energiepreispauschale sind wenig hilfreich, weil nicht passgenau. Auszubildende, Studierende sowie Rentnerinnen und Rentner erhalten sie gar nicht. Transfers für bedürftige Haushalte wie der Heizkostenzuschuss oder die Einmalzahlungen für Menschen in der Grundsicherung sind gleichfalls nur begrenzt geeignet, die Hauptbetroffenen zu entlasten. Denn sie bekämpfen zwar die Symptome, beseitigen jedoch nicht die Ursachen.

Zwar können Liquiditätshilfen und Entlastungspakete zur Bewältigung akuter Notlagen während einer Wirtschaftskrise, einer Pandemie oder einer Inflation beitragen, aber nicht für immer verhindern, dass finanzschwache Bevölkerungsgruppen durch solche Krisenereignisse in Schwierigkeiten geraten. Pandemie- und/oder krisenbedingte Preissteigerungen kann ein Staat nicht in vollem Umfang ausgleichen, weil sonst enorme Kosten auf ihn zukämen. Wenn er milliardenschwere »Entlastungspakete« schnürt, stellt sich immer die Frage nach der Zielsetzung, Konstruktion und Verteilungswirkung ihrer Maßnahmen. Sind diese so gestaltet, dass ihre Unterstützung einkommensproportional erfolgt, kommen jene Bevölkerungsgruppen zu kurz, die einer Finanzhilfe am nötigsten bedürfen. Von den meisten Entlastungen im Steuersystem profitieren wegen dessen progressiver Struktur hauptsächlich Personen mit hohen Einkommen. Weder eine pauschale Unterstützung (etwa in Form einer für alle Bürger/innen gleich hohen Einmalzahlung) noch eine einkommensproportionale Unterstützung (in Form einer Steuersenkung) kann verhindern, dass die Armen stärker von Krisen getroffen werden als Wohlhabende, Reiche und Hyperreiche.

Dass es 2023/24 auch in Bereichen der kritischen Infrastruktur zum Teil langwierige und sehr harte Tarifauseinandersetzungen gab, die Politiker der FDP, der Union und der AfD nach weiteren Einschränkungen des in Deutschland ohnehin restriktiven Streikrechts rufen ließen, war nicht bloß eine Folge der pandemie- und inflationsbedingten Kaufkraft- bzw. Reallohnverluste von dort Beschäftigten, sondern auch der früheren Privatisierung von Lufthansa, Post/DHL, Telekommunikation und Bahn geschuldet, die seither dem öffentlichen Dienst- und Arbeitsrecht entzogen sind.

Die aktive Rolle des Staates beim Pandemiemanagement, bei der Linderung von Krisenfolgen und bei der sozialen Abfederung des inflationären Preisauftriebs hat erneut Hoffnungen in Bezug auf eine Schwächung oder Überwindung des Neoliberalismus geweckt. Vorschnell sprach der Ökonom Bert Rürup mit Blick auf die Coronakrise vom »Ende der neoliberalen Weltordnung« und Marcel Fratzscher, Präsident des Deutschen Instituts für Wirtschaftsforschung, gar vom »letzten Sargnagel für den Neoliberalismus«,[148] was sich einmal mehr als Illusion erwies. Tim Engartner ist hingegen Realist, denn er glaubt nicht, dass es sich bei den durch die Covid-19-Pandemie und Russlands »Energie-Krieg« bzw. die westlichen Sanktionen ausgelösten Staatsinterventionen um eine auf Dauer angelegte Abkehr vom Neoliberalismus handelt, sprächen die Pläne zur Rückführung der zusätzlichen Staatsverschuldung doch eindeutig dagegen.[149]

148 Siehe Bert Rürup, Corona und das Ende der neoliberalen Weltordnung, in: Handelsblatt v. 16.4.2020; DIW-Chef Marcel Fratzscher: »Corona-Krise ist letzter Sargnagel für den Neoliberalismus«, in: FAZ v. 30.4.2020

149 Vgl. Tim Engartner, Renaissance des Staates für die Menschen, in: Wolfgang Kubicki / Tim Engartner, Privatisierung?, Frankfurt am Main 2022, S. 61

2.4
Die unsozialen Auswirkungen des Ukrainekrieges und der »Zeitenwende« in Deutschland

Aufgrund des Ukrainekrieges, des Kohle- und Ölembargos der EU gegenüber Russland sowie des Rückgangs der Gasimporte stiegen die Preise für Kraftstoffe und Haushaltsenergie im Frühjahr 2022 rasant. Verstärkt wurde die Preisexplosion durch die Weigerung der Bundesregierung, die Ostsee-Pipeline Nord Stream 2 in Betrieb zu nehmen, und ihre verzweifelten Bemühungen, Deutschland baldmöglichst vom russischen Gas unabhängig zu machen. Durch die Aufnahme von Handelsbeziehungen mit dem Emirat Katar, den Bau von LNG-Terminals zur Einfuhr von Fracking-Gas aus Übersee, die Reaktivierung von Kohlekraftwerken und im Notfall gar den »Streckbetrieb« von Atomkraftwerken, die ursprünglich spätestens zum 31. Dezember 2022 abgeschaltet werden sollten, wollte man die russischen Gaslieferungen substituieren. Eine rigide Sanktionspolitik gegenüber Russland, deren Maßnahmen den Armen hier teilweise mehr schadeten als den Reichen (Oligarchen) dort, war jedoch nicht bloß unsozial, sondern auch wirtschafts-, finanz- und energiepolitisch irrational.

Energiearmut, von der man spricht, wenn die Kosten für Haushaltsenergie mehr als 10 Prozent des Nettoeinkommens verschlingen, ist weder gottgewollt noch naturgegeben, sondern menschengemacht und systembedingt. Die regressive Belastungswirkung der durch Russlands Angriffskrieg und den um eine »monetäre Kriegsführung« (Aaron Sahr) erweiterten »Wirtschaftskrieg« des Westens gegen Russland galoppierenden Energiekosten zementierte die materielle Ungleichheit in Deutschland, was durch die Entlastungspakete des Bundes nicht ansatzweise kompensiert wurde. Vielmehr ist zu befürchten, dass sich Miet-, Energie- und Ernährungsarmut gemeinsam zur neuen Sozialen Frage der Bundesrepublik entwickeln.

Für die künftige Gesellschaftsentwicklung in Deutschland spielt die von Bundeskanzler Olaf Scholz als Reaktion auf den russischen

Angriffskrieg gegen die Ukraine erklärte »Zeitenwende« vermutlich eine Schlüsselrolle, wobei ihre außen-, energie- und militärpolitischen Implikationen leichter erkennbar waren als ihre sozialpolitischen Folgen. Mit der Zeitenwende verbanden sich zunächst die Abkehr von der Ost- und Entspannungspolitik, die man zur tragischen Fehlleistung des früheren Bundeskanzlers und Friedensnobelpreisträgers Willy Brandt erklärte, ein Verzicht auf russische Gaslieferungen, die durch ökologisch weit fragwürdigere LNG-Importe ersetzt wurden, und die massive Anhebung der Rüstungsausgaben durch ein kreditfinanziertes »Sondervermögen« von 100 Milliarden Euro, das man als notwendigen Beitrag zur »Ertüchtigung« der Bundeswehr rechtfertigte.

Später folgte auch eine Zeitenwende für den Wohlfahrtsstaat, die Rainer Schlegel, liberalkonservativer Präsident des Bundessozialgerichts, bereits wenige Wochen nach Kriegsbeginn in einem Zeitungsartikel umrissen hat. Darin forderte Schlegel eine sozialpolitische »Aufgabenkritik«, als deren Konsequenz »strukturelle Reformen« und größeren Mut seitens der politisch Verantwortlichen, »das heiße Eisen von Leistungskürzungen im Sozialbereich« anzufassen, nachdem möglicherweise vorhandene »Effizienzreserven ermittelt und gehoben« worden seien: »Im Bereich Gesundheit und Soziales ist ganz allgemein ein Diskurs darüber erforderlich, auf was wir am ehesten verzichten könnten, was weiterhin staatlicher Fürsorge und solidarischer Lastentragung überlassen bleiben soll, aber ebenso, was man wieder in die Eigenverantwortung des Einzelnen zurückgeben könnte.«[150]

Da würde es kaum verwundern, wenn die Agenda 2010 demnächst eine aktualisierte Neuauflage als »Agenda 2030« oder »Agenda 2040« erführe. Die außen- und innenpolitische Großwetterlage erscheint hierfür jedenfalls günstig, weshalb sich bloß noch eine parlamentarische Mehrheit zusammenfinden muss. Während die

150 Rainer Schlegel, Zeitenwende für den Sozialstaat, in: FAZ v. 13.5.2022; kritisch dazu: Hartmut Reiners, Zeitenwende für den Sozialstaat, in: Makroskop, 17.5.2022

AfD bis zu den großen Demonstrationen im Januar/Februar 2024 nach Bekanntwerden eines Potsdamer Geheimtreffens von Politiker(inne)n dieser Partei mit anderen Rechtsextremisten, auf dem Pläne zur »Remigration« bzw. Deportation von Menschen mit und ohne Migrationshintergrund erörtert wurden, bei Umfragen immer mehr Zustimmung fand, entwickelten sich CDU und CSU durch ihre Ablehnung des Bürgergeldes wie der Kindergrundsicherung und Pläne für eine »Neue Grundsicherung« mit einer Arbeitspflicht für Transferleistungsbezieher/innen, härteren Sanktionsdrohungen und einer unbefristeten Totalsanktion für »Totalverweigerer« immer stärker zu einer Partei des forcierten Sozialabbaus.

Die von einer pathetischen, wenn nicht patriotischen Stimmung erfüllte Sondersitzung des Bundestages, in der Olaf Scholz am 27. Februar 2022 seine erste Regierungserklärung zum Ukrainekrieg abgab, vermittelte kritischen Beobachter(inne)n den Eindruck, dass die meisten Spitzenpolitiker der SPD und der Bündnisgrünen ihre antimilitaristischen bzw. pazifistischen Grundüberzeugungen aufgegeben hatten. Symptomatisch dafür war, dass Olaf Scholz, der sich in den 1980er-Jahren als stellvertretender Bundesvorsitzender der Jungsozialisten noch der Friedensbewegung zugehörig gefühlt und gegen die Stationierung US-amerikanischer Mittelstreckenraketen demonstriert hatte, kurz vor dem zweiten Jahrestag des Kriegsbeginns, am 12. Februar 2024, zusammen mit dem Rheinmetall-Vorstandschef Armin Theodor Papperger und Verteidigungsminister Boris Pistorius (SPD) den Grundstein für eine Munitionsfabrik des größten deutschen Rüstungskonzerns in Niedersachsen legte.

Bundesfinanzminister Christian Lindner verknüpfte zehn Tage später in der TV-Talkshow »Maybrit Illner« das Thema »Zuwanderung« mit dem Thema »Wohlfahrtsstaat«, wie es auch Politiker und Parlamentarier der AfD bewusst tun.[151] Er sprach sich dafür aus, die

151 Vgl. hierzu: Christoph Butterwegge / Gudrun Hentges / Gerd Wiegel, Rechtspopulisten im Parlament. Polemik, Agitation und Propaganda der AfD, 2. Aufl. Frankfurt am Main 2019, S. 125 ff.

»illegale Migration in unseren Sozialstaat« endgültig zu unterbinden, und forderte, die Sozialausgaben drei Jahre lang einzufrieren, um den Militäretat nach Auslaufen des »Sondervermögens Bundeswehr« dauerhaft auf das von der NATO recht willkürlich mit 2 Prozent des Bruttoinlandsprodukts bezifferte Mindestniveau hieven zu können. Für den Freidemokraten Lindner, der am liebsten jährlich mehr als 12 Milliarden Euro in eine vom Staat organisierte, kreditfinanzierte und kapitalmarktabhängige Altersvorsorge stecken würde, führt kein Weg an einem Abbau des Wohlfahrtsstaates vorbei.

Bald kristallisierte sich die Alternative »höhere Rüstungsausgaben oder höhere Renten und Transferleistungen« heraus. Was von Lindner im ZDF als mehrjähriges Moratorium für die Sozialausgaben des Bundes verharmlost wurde, liefe in Wahrheit auf eine weitere Demontage des Wohlfahrtsstaates hinaus, die für Armutsbetroffene und Armutsbedrohte existenzgefährdend sein kann. Denn wenn die sozialen Probleme wie bereits seit geraumer Zeit deutlich zunehmen, die ihrer Bewältigung dienenden Staatsausgaben aber nicht mehr steigen dürfen, handelt es sich um erhebliche reale Kürzungen in diesem Bereich. Dies gilt erst recht unter der Voraussetzung, dass sich die inflationären Tendenzen der vergangenen Jahre in Zukunft fortsetzen oder wiederholen.

Noch deutlicher als Lindner wurde Clemens Fuest in derselben Talkshow: »Kanonen und Butter, es wäre schön, wenn das ginge, aber das ist Schlaraffenland, das geht nicht.« Tatsächlich stellt sich angesichts der regierungsoffiziellen Hochrüstungspläne, die als »Ertüchtigung« der Bundeswehr zur Verteidigung des Landes gegen einen russischen Angriff verharmlost werden, hinsichtlich der zukünftigen Gesellschaftsentwicklung die Frage: »Rüstungs- oder Sozialstaat?« Dass ein neoliberaler Ökonom für »Kanonen ohne Butter« plädierte, war keine große Überraschung. Fuest suchte die Fernsehzuschauer/innen zwar mit seiner Feststellung zu beruhigen, der Wohlfahrtsstaat werde im Zuge der geforderten Schwerpunktverschiebung vom Sozialetat zum Rüstungshaushalt nicht

»zusammengekürzt«, sondern nur »kleiner ausfallen«. Möglicherweise steht der Wohlfahrtsstaat gleichwohl vor einem ähnlich gravierenden Einschnitt wie um die Jahrtausendwende, als er mithilfe der Agenda 2010, der Riester-Reform und den Hartz-Gesetzen einer neoliberalen Schrumpfkur unterzogen wurde.

Die verteilungspolitischen Folgen des Ukrainekrieges für Deutschland und seine Bevölkerung lassen sich zwar erst grob abschätzen, dürften aber gravierend sein. Aufgrund der großzügigen Finanzhilfen, der umfangreichen Waffenlieferungen und der Aufnahme von ukrainischen Geflüchteten sind hohe Kosten entstanden, welche die öffentlichen Haushalte über einen längeren Zeitraum erheblich belasten werden. Folgt der militärpolitischen Zeitenwende zudem eine sozialpolitische Zeitenwende, weil die Mittel knapp sind und Rüstung im Bundeshaushalt priorisiert wird, tragen einkommensschwache Bevölkerungsgruppen die Hauptlast, während Gutbetuchte wenig in Mitleidenschaft gezogen werden oder als Großaktionäre von Rüstungskonzernen sogar profitieren. Hochrüstung, wie sie mit Hinweis auf die vermeintliche Gefahr eines russischen Angriffs in der Bundesrepublik von unterschiedlicher Seite gefordert wird, bedeutet nicht bloß eine unnötige Verschwendung gesellschaftlicher Ressourcen sowie eine zusätzliche Gefährdung von Klimazielen und Umwelt, sondern auch eine weitere Verschärfung des Arm-Reich-Gegensatzes.

Es gehört nicht viel Fantasie dazu, sich die Folgen des seit Beginn des Ukrainekrieges um sich greifenden Rüstungswahns sowie einer (Re-)Militarisierung des medialen Diskurses und der politischen Kultur vorzustellen: Armut und soziale Ungleichheit dürften künftig erheblich zunehmen, die Rüstungskonzerne noch profitabler, die Reichen noch reicher und die Armen immer zahlreicher werden. Zu den Kriegsgewinnlern gehören die Großaktionäre von Rheinmetall. Aufgrund des Ukrainekrieges und der seither massiv ausgeweiteten Waffenlieferungen in alle Welt hat sich der Aktienkurs dieses Rüstungskonzerns, der am 20. März 2023 in den Dax aufgestiegen ist, mehr als verdreifacht.

Entsolidarisierungstendenzen und soziale Eiseskälte, die sich in der Bundesrepublik ausgebreitet hatten,[152] drohen noch weiter um sich zu greifen. Darauf deuten Kampagnen der Boulevardmedien gegen Geflüchtete, denen man »Sozialtourismus« (Friedrich Merz) vorwarf, und gegen deutsche Transferleistungsbezieher/innen hin, denen man wahlweise »Arbeitsscheu«, »Schwarzarbeit« oder »Sozialschmarotzertum« unterstellte. Letzteres verband sich mit der vielfach widerlegten Behauptung, eine sozialversicherungspflichtige Beschäftigung lohne sich nach dem »Ende von Hartz IV« und der Einführung des Bürgergeldes zumindest für gering qualifizierte Arbeitnehmer/innen finanziell nicht mehr.[153]

Die ökonomische und soziale Zerrissenheit der Bundesrepublik manifestiert sich auch in einer politischen Zerrissenheit: Das parlamentarisch-demokratische Repräsentativsystem befindet sich in einer tiefen Krise, das wegen seiner Stabilität gerühmte Modell der »Volksparteien« franst aus, die Wahlbeteiligung sozial Deprivierter ist signifikant gesunken und ein Teil der unteren Mittelschicht für die rechtspopulistische Demagogie (der AfD) ebenso anfällig wie für eine rassistische bzw. nationalistische Ideologie, mit der Sündenböcke für angebliche Fehlentwicklungen gefunden, aber nicht die wahren Verursacher der gesellschaftlichen Spaltung haftbar gemacht werden. Durch die länger anhaltende Rezession wächst die Gefahr einer »Regression der Mitte«, wie der Humangeograf Daniel Mullis die Rechtsentwicklung im Kleinbürgertum und dessen Sehnsucht nach der heilen Welt früherer Epochen nennt.[154]

---

152 Vgl. Ernst-Ulrich Huster, Soziale Kälte. Rückkehr zum Wolfsrudel?, Stuttgart 2016

153 Vgl. hierzu: Christoph Butterwegge, Stimmungsmache auf Stammtischniveau, in: Blätter für deutsche und internationale Politik 12/2022, S. 37 ff.; ders., Reformruine Bürgergeld. Die Kampagne gegen das sozialpolitische Prestigeprojekt der Ampel-Koalition war erfolgreich, in: Soziale Sicherheit 12/2022, S. 458 ff.

154 Siehe Daniel Mullis, Der Aufstieg der Rechten in Krisenzeiten. Die Regression der Mitte, Stuttgart 2024

3. Wo anzusetzen ist und was keinen Erfolg verspricht

Um die Verteilungsschieflage bei Einkommen und Vermögen zu beseitigen, die soziale Ungleichheit zu verringern und mehr Gerechtigkeit zu verwirklichen, sind radikale Maßnahmen der Um- bzw. Rückverteilung des Reichtums erforderlich. Was darunter zu verstehen ist und ob sich das Problem der wachsenden Ungleichheit auf diese Weise aus der Welt schaffen lässt, bedarf einer intensiven Diskussion. Deshalb werden im Folgenden unterschiedliche Lösungsvorschläge dargestellt, programmatische Alternativen entwickelt und Handlungsmöglichkeiten für mehrere Politikfelder eröffnet.

Wie kann man den scheinbar unaufhaltsamen Prozess der Konzentration von Einkommen und Vermögen umkehren, in der Bevölkerung die nötige Akzeptanz für eine Umverteilung von Oben nach Unten schaffen und diese realisieren, ohne dass Hochvermögende, die einen Verlust ihrer materiellen Privilegien befürchten, den Wandel sabotieren? Nur wenn man den materiellen Überfluss der (Multi-)Millionäre und Milliardäre beendet, kann man den Mangel der Armen beseitigen. Eine wirksame Armutsbekämpfung, die sich keineswegs auf das Niveau von Almosen beschränken darf, kostet sehr viel Geld, das sich mittels einer stärkeren Besteuerung großer Vermögen aufbringen lässt, sofern es gelingt, die Mehrheit der Bevölkerung von ihrer Notwendigkeit zu überzeugen und Druck auf die politisch Verantwortlichen auszuüben.

3.1 Keine glückliche, gesunde und gerechte Zukunft ohne Egalität

Die wirksamste Garantie für das Fortbestehen der sozioökonomischen Ungleichheit ist die Gleichgültigkeit der Bevölkerungsmehrheit. Sie zu durchbrechen muss deshalb die wichtigste Aufgabe ihrer Kritiker/innen sein. Ungleichheits- bzw. armutssensibles Handeln, das es zu fördern gilt, kann von der Erkenntnis motiviert sein, welche Nachteile mit Armut und sozialer Ungleichheit verbunden sind, oder von dem Wissen, welche Vorteile soziale Gleichheit ohne Armut beinhaltet. Weshalb tut die wachsende soziale Ungleichheit der Gesellschaft nicht gut? Warum sind Megavermögen auf der einen sowie Niedriglöhne, Minirenten und geringe Transferleistungen auf der anderen Seite des Verteilungsspektrums für die jeweiligen Individuen wie die Gesellschaft im höchsten Maß problematisch?

Durch eine Rückverteilung des Reichtums würden relativ wenige Hochvermögende und Spitzenverdiener etwas verlieren, sehr viele Besitzlose, Geringverdiener/innen und Transferleistungsbezieher/innen aber etwas gewinnen. Daher muss der Ungleichheitsdiskurs um einen Gleichheitsdiskurs ergänzt werden. Dieser sollte auf der positiven Vision einer solidarischen, weitgehend egalitären Gesellschaft beruhen und Andersdenkende überzeugen. Welche immensen Vorteile würde eine Gesellschaft der Gleichheit mit sich bringen, und was könnte das für einzelne Individuen und Personengruppen bedeuten?

César Rendueles, der die Ungleichheit für »eine erschütternde Zahl beschädigter Lebensläufe und kollektiver Dilemmata« verantwortlich macht, erklärt die soziale Gleichheit mit der Begründung zu einem Ziel an sich, »dass wachsende Ungleichheit mit gesellschaftlichem Zerfall, einem Verlust an Solidarität und der Zunahme kollektiven Misstrauens verknüpft ist.«[1] Umgekehrt bedarf es wieder

---

1 Siehe César Rendueles, Gegen Chancengleichheit. Ein egalitaristisches Pamphlet, Berlin 2022, S. 11

größerer Egalität, um die gesellschaftliche Kohäsion zu bewahren, die Krisen der Gegenwart zu meistern und auch künftig die Grundlagen für ein demokratisches Gemeinwesen zu garantieren.

Bezogen auf die vorrangig zu adressierenden Personengruppen sind gute Argumente nötig, um sie zu überzeugen, dass mehr Gleichheit allen Menschen ermöglicht, ein Leben in Würde zu führen. Ein britisches Epidemiologenpaar, Richard Wilkinson und Kate Pickett, hat durch den empirischen Vergleich unterschiedlicher Länder und von US-Bundesstaaten in überzeugender Klarheit nachgewiesen, dass ein Mehr an sozialer Gleichheit eine Gesellschaft glücklicher und deren Mitglieder ausgeglichener und gesünder macht. »Mehr Gleichheit bringt deutliche Vorteile auch für die Menschen in der obersten Berufsgruppe, auch für das reichste und am besten gebildete Viertel oder Drittel einer Gesellschaft, zu dem dann auch die kleine Minderheit der Superreichen gehört.«[2]

Ganz entscheidend ist das öffentliche Bewusstsein, welches die mentale Basis für eine Perpetuierung oder eine Umgestaltung der Einkommens- und Vermögensverhältnisse bildet. Am wenigsten sensibel für die sozioökonomische Ungleichheit sind Wohlhabende, Reiche und Hyperreiche als deren Hauptnutznießer. Das bestätigen die Forschungsergebnisse des Darmstädter Soziologen Michael Hartmann, der die Einstellungen an der Spitze wichtiger Organisationen stehender Personen zu gesellschaftspolitischen Fragen untersucht hat. Umso stärker sind im Bewusstsein dieser von Hartmann als »Abgehobene« bezeichneten Eliteangehörigen der Glaube an das Leistungsprinzip und der meritokratische Mythos verankert: »Selbst Milliardenvermögen werden als Resultat eigener Leistung begriffen.«[3]

Anscheinend ist die Bevölkerungsmehrheit der sozioökonomischen Ungleichheit gegenüber zuletzt sensibler geworden. Sie weist dem Staat heute eher die Aufgabe zu, die bestehenden Einkommens-

---

2 Richard Wilkinson / Kate Pickett, Gleichheit ist Glück. Warum gerechte Gesellschaften für alle besser sind, 3. Aufl. Berlin 2010, S. 213

3 Michael Hartmann, Die Abgehobenen. Wie die Eliten die Demokratie gefährden, Frankfurt am Main / New York 2018, S. 180

und Vermögensunterschiede zu begrenzen, also neben der inneren und äußeren Sicherheit des Landes auch die Existenzsicherheit seiner Bürger/innen zu gewährleisten. »Ganz offenbar begegnen die Bürgerinnen und Bürger der steigenden Ungleichheit und der damit verbundenen Debatte um soziale Gerechtigkeit mit zunehmenden Forderungen nach staatlichen Aktivitäten zur Reduktion der Einkommensunterschiede.«[4] Auch die öffentlichen Appelle, gründlich über die Einkommensunterschiede in Deutschland nachzudenken, häufen sich. Exemplarisch dafür sei ein Artikel im Magazin der *Zeit* – immerhin die auflagenstärkste Wochenzeitung der Bundesrepublik – genannt. Darin skandalisierte sein Autor, der Journalist Alard von Kittlitz, die großen Einkommensunterschiede in Deutschland und plädierte dafür, sie nicht tatenlos hinzunehmen.[5]

Erforderlich ist eine stärkere Medienresonanz für Prekarisierungs-, Marginalisierungs- bzw. Pauperisierungsprozesse sowie eine höhere Sozialmoral, die aufgrund der Wohnungsnot und des Mietwuchers in Großstädten wie Ballungsgebieten allmählich bis in die Mittelschicht reichende Desintegrations-, Exklusions- und Deprivationstendenzen als Gefahr für den gesellschaftlichen Zusammenhalt begreift. Über die Existenzangst armutsbetroffener und -bedrohter Menschen spricht man hierzulande aber immer noch viel wenig,[6] schon gar nicht mit den Leidtragenden selbst. Dass arme Menschen unter ihrer Bedürftigkeit schon deshalb sehr leiden, weil sie stigmatisiert, marginalisiert und sozial ausgegrenzt werden, ist banal. Obwohl die Armut nicht ansteckend ist, werden Arme wie Aussätzige behandelt.

4 Dieter Fuchs / Edeltraud Roller, Einstellungen zu Demokratie und Sozialstaat, in: Bundeszentrale für politische Bildung / Statistisches Bundesamt (Destatis) / Wissenschaftszentrum Berlin für Sozialforschung (WZB) (Hg.), Datenreport 2018. Ein Sozialbericht für die Bundesrepublik Deutschland, Bonn 2018, S. 364

5 Vgl. Alard von Kittlitz, Womit haben wir das verdient? – Die einen haben alles, viele fast nichts: Warum wir über die Einkommensunterschiede in Deutschland noch mal gründlich nachdenken sollten, in: Zeit-Magazin v. 2.11.2023, S. 53 ff.

6 Vgl. hierzu: Christoph Butterwegge, Armut in einem reichen Land. Wie das Problem verharmlost und verdrängt wird, 4. Aufl. Frankfurt am Main / New York 2016

Dass selbst bei vielen Menschen, die sich von Berufs wegen mit der Armut und dem Mangel sozial Benachteiligter intensiver befassen, kein oder nur ein rudimentäres Bewusstsein für die Spaltung der Gesellschaft existiert, zeigt folgendes Beispiel: Das Deutsche Schulbarometer der Robert Bosch Stiftung weist aus, dass über ein Drittel der 1.032 im Juni 2023 vom Meinungsforschungsinstitut forsa repräsentativ befragten Lehrkräfte an allgemein- und berufsbildenden Schulen in Deutschland angaben, häufiger als im Schuljahr davor bei ihren Schüler(inne)n unzureichendes Schulmaterial sowie Sorgen der Kinder und Jugendlichen in Bezug auf die finanzielle Situation ihrer Familien beobachtet zu haben.[7] Ebenfalls beinahe jede dritte Lehrkraft berichtete, dass Schüler/innen häufiger ohne Frühstück in die Schule kamen, aber auch weniger außerschulische Lernorte wie eine Musikschule oder einen Sportverein aufsuchten und seltener an mehrtägigen Schulveranstaltungen, z.B. Ausflügen ins Schullandheim, teilnahmen. Dies galt besonders im Hinblick auf Förder-, Gesamt-, Haupt- und Realschulen, während die Armut an Gymnasien weniger stark ausgeprägt war. Trotzdem hieß es im Schulbarometer der Robert Bosch Stiftung: »Bemerkenswert ist, dass selbst in sozial (eher) privilegierten Lagen (Anteil der Eltern mit Sozialtransferbezug unter 25%) ungefähr jede vierte Lehrkraft häufiger die Beobachtung macht, dass ihre Schüler:innen unzureichendes Schulmaterial (28%) haben, sich Sorgen um die finanzielle Situation ihrer Familien machen (30%), ohne Frühstück in die Schule kommen (22%) und weniger an außerschulischen Aktivitäten teilnehmen (27%). Kinderarmut in Deutschland betrifft demzufolge alle sozialen Schichten.«[8] Diesen kuriosen Fehlschluss kann nur ziehen, wer für die sozioökonomische Zerklüftung des Landes kein Gespür hat, sondern gegenüber dem Kardinalproblem unserer Gesellschaft ignorant ist.

---

7 Vgl. Robert Bosch Stiftung (Hg.), Das Deutsche Schulbarometer: Aktuelle Herausforderungen aus Sicht der Lehrkräfte. Ergebnisse einer Befragung von Lehrkräften allgemein- und berufsbildender Schulen, Stuttgart 2023, S. 5

8 Ebd., S. 15

Beispielsweise sind weder die Familie Bosch noch die Familien der Konzernvorstände, die ihren Nachwuchs auf teure Privatschulen oder ausländische Eliteinternate schicken können, im Geringsten von Kinderarmut betroffen.

Wenn es nicht gelingt, in der Bevölkerung mehr Armuts- und soziale Ungleichheitssensibilität zu erzeugen, fehlt jener massive außerparlamentarische Druck, der nötig sein wird, um die politisch Verantwortlichen zur Einsicht zu bringen. Jens Berger plädiert ebenfalls dafür, das Thema der ungleichen Vermögensverteilung auf die Straße zu tragen: »Nur wenn Fragen der Vermögensverteilung wahlentscheidend sind, wird sich die Politik ihrer ernsthaft annehmen.«[9] Es gilt, die Gesellschaft zur Eindämmung der Kluft zwischen Arm und Reich zu bewegen. »Echte Gleichheit kann nur durch politische Einmischung hergestellt werden, sie ist das Produkt gesellschaftlichen Handelns und einer systematisch gepflegten Demokratie. Egalität ist kein Rohzustand, sondern das Ergebnis komplexer sozialer Anstrengungen.«[10]

Der im Februar 2024 verstorbene Hannoveraner Soziologe Oskar Negt hob besonders hervor, welch lange Tradition die Verteilungsgerechtigkeit als wesentliches Element eines Konsenses zur Erhaltung der Gesellschaft hat: »Die großen politischen Philosophen der griechischen und römischen Antike waren sich bewußt, daß für den Zusammenhalt des Gemeinwesens vor allem die extremen Ausschläge von Reichtum und Armut bekämpft werden müssen.«[11] Zwar müssen nicht alle Menschen gleich viel haben, wie der US-amerikanische Philosoph Harry Gordon Frankfurt in seinem Büchlein »Ungleichheit« zu begründen sucht.[12] Das hat aber auch nie jemand, der ernsthaft über eine konkrete Utopie der Gleichheit nach-

---

9 Jens Berger, Wem gehört Deutschland? – Die Bilanz der letzten 10 Jahre, Neu-Isenburg 2024, S. 259

10 César Rendueles, Gegen Chancengleichheit, a. a. O., S. 53

11 Oskar Negt, Arbeit und menschliche Würde, 2. Aufl. Göttingen 2002, S. 228

12 Vgl. Harry G. Frankfurt, Ungleichheit. Warum nicht alle gleich viel haben müssen, Berlin 2016

denkt, behauptet. Ein spitzfindiger Antiegalitarismus, der im philosophischen Gewand des Besserwissers auftritt, ist dabei keine Hilfe, sondern neben den Partikularinteressen von materiell Privilegierten, Bessersituierten und Besitzenden, die alle politischen Ideale einer gerechten Ordnung durch ihre politische Einflussnahme zu verdrängen oder zu unterdrücken suchen, der größte Hemmschuh.

Wer eine ökonomisch, sozial und politisch zerrissene Republik wieder zusammenschweißen möchte, muss dafür sorgen, dass sich die Ungleichheit verringert. Denn sozialer Zusammenhalt und Gleichheit sind laut César Rendueles so eng miteinander verbunden wie physikalischer Druck und Temperatur.[13] Der gesellschaftliche Zusammenhalt, den zu stärken alle etablierten Parteien versprechen, kann nur durch Umverteilung von Oben nach Unten gestärkt werden, was harte Auseinandersetzungen zwischen mächtigen Interessengruppen, die man früher als Klassenkämpfe bezeichnete, nicht ausschließt, sondern zur Voraussetzung hat.[14]

Möglichst bald sollten Alternativen zur sozioökonomischen Spaltung, zur strukturellen Fragmentierung und zur autoritären Formierung der Gesellschaft entwickelt und anschließend entsprechende Reformmaßnahmen für die Mehrheit der Bevölkerung verwirklicht werden. Vordringlich ist die Beantwortung der Verteilungsfrage im Sinne von mehr sozialer Gerechtigkeit, womit ein Glaubwürdigkeitstest für Parteien einhergeht, die behaupten, den gesellschaftlichen Zusammenhalt wahren sowie Armut und Ausgrenzung von Minderheiten wirkungsvoll bekämpfen zu wollen.[15]

Thomas Piketty kritisiert die wachsende Ungleichheit seit vielen Jahren in einer sehr öffentlichkeits- und medienwirksamen Art, vergisst jedoch auch nicht, die »historische Bewegung hin zur Gleich-

---

13 Vgl. César Rendueles, Gegen Chancengleichheit, a. a. O., S. 322

14 Vgl. ebd.

15 Vgl. Ulrich Schneider, Umsonst gibt es gar nichts: Umverteilen tut not, in: Christoph Butterwegge / Gudrun Hentges / Bettina Lösch (Hg.), Auf dem Weg in eine andere Republik? – Neoliberalismus, Standortnationalismus und Rechtspopulismus, Weinheim/Basel 2018, S. 12

heit« zu erwähnen,[16] wodurch er ihre Träger/innen motiviert, nicht den Mut zu verlieren und angesichts der historischen Herausforderung frühzeitig zu kapitulieren, sondern sich auch künftig für dieses Ziel zu engagieren. Es gibt keinen Grund zur Resignation, denn gute Ansatzpunkte zur Skandalisierung der Ungleichheit existieren mehr als genug. Ein höheres Maß an Gleichheit ist wirtschaftlich sinnvoll, ökologisch notwendig, moralisch geboten, verteilungsgerecht und politisch möglich.

Eine nach meritokratischen Grundsätzen umgestaltete Leistungsgesellschaft kann allerdings nicht das Ziel sein, weil sie kaum zu mehr sozialer Gerechtigkeit führen würde. In diesen Zusammenhang gehört das Konzept einer »solidarischen Leistungsgesellschaft« des SPD-Politikers Erhard Eppler, der damit die von ihm als »Blamage der Marktradikalen« empfundene Epoche des Neoliberalismus überwinden wollte. Eppler unterschied zwischen »Leistung« und »Erfolg«, ohne dass die Grenzziehung im Finanzmarktkapitalismus einfach war, wie folgende Passage in seinem Buch zeigt: »Finanzieller Erfolg wird weder verboten noch als moralischer Makel eingestuft. Aber es wird nicht mehr verdrängt, dass Jahreseinkommen, von deren Zinsen man für den Rest seines Lebens sorglos konsumieren könnte, auf Dauer den sozialen Frieden gefährden. Und wenn dies die Verantwortlichen in den Aufsichtsräten nicht beschwert, dann muss die Einkommensteuer dafür sorgen, dass von Einkommen, die noch vor vierzig Jahren undenkbar waren, ein angemessener Teil für die öffentlichen Aufgaben abgezweigt wird.«[17]

Sahra Wagenknecht, Vorsitzende des nach ihr benannten Bündnisses, äußerte sich ähnlich und akzeptierte eine Leistung im wohlverstandenen Sinne ebenfalls als normativen Maßstab für eine gerechte Gesellschaft, wenn sie forderte: »Das Ziel sollte […] darin

16 Siehe Thomas Piketty, Eine kurze Geschichte der Gleichheit, 3. Aufl. München 2022, S. 13

17 Erhard Eppler, Eine solidarische Leistungsgesellschaft. Epochenwechsel nach der Blamage der Marktradikalen, Bonn 2011, S. 111 f.

bestehen, sich leistungsgerechter Verteilung, leistungsabhängigen Aufstiegschancen und einer an vorangegangenen Leistungen orientierten sozialen Absicherung weitestmöglich anzunähern.«[18] Eine »solidarische« oder »echte Leistungsgesellschaft«, von der Wagenknecht spricht, kann es nach Ansicht von Michael J. Sandel jedoch überhaupt nicht geben: »Werden Jobs und Chancen gemäß der Leistung vergeben, wird die Ungleichheit nicht geringer – sie wird lediglich so umetikettiert, dass sie mit den Fähigkeiten übereinstimmt. Und diese Grundannahme vertieft die Kluft zwischen Arm und Reich.«[19] Sandel macht den von Neoliberalen für sich reklamierten Leistungsgedanken sogar für die wachsende Zerrissenheit der kapitalistischen Gesellschaften verantwortlich. Eine wie auch immer geartete Leistungsgesellschaft wäre nicht gerecht, weil unklar bleibt, was Leistung überhaupt bedeutet, wer darüber entscheiden soll und ob jedem (gesunden) Menschen dieselbe Leistungsfähigkeit und -bereitschaft abverlangt werden kann.

Der sich verschärfende Konflikt zwischen Befürworter(inne)n einer Identitäts- und einer Klassenpolitik dreht sich nicht zuletzt um die Frage, ob Gruppengerechtigkeit für diskriminierte Minderheiten oder materielle Gleichheit aller Gesellschaftsmitglieder im Zentrum des linken Emanzipationsprojekts stehen sollte. Der US-amerikanische Politikwissenschaftler Yascha Mounk lehnt das modische Konzept einer Fixierung auf die Identität der Mitglieder bestimmter Personengruppen ab und plädiert stattdessen für eine Strategie, die *allen* sozial Benachteiligten und Bedürftigen – unabhängig von ihrer ethnischen Zugehörigkeit und ihrem Geschlecht – nützt, weil sie besser geeignet sei, Armut und Disparitäten zwischen verschiedenen Gruppen zu minimieren: »Umgekehrt wird es in einer Gesellschaft, die Gruppengerechtigkeit statt Gleichheit herstellen will, schwerfallen, das gewaltige wirtschaftliche Gefälle zwischen Arm

18 Sahra Wagenknecht, Die Selbstgerechten. Mein Gegenprogramm – für Gemeinsinn und Zusammenhalt, Frankfurt am Main / New York 2021, S. 298

19 Michael J. Sandel, Vom Ende des Gemeinwohls. Wie die Leistungsgesellschaft unsere Demokratien zerreißt, 3. Aufl. Frankfurt am Main 2020, S. 187

und Reich zu verringern. Ja, letztlich könnte sie gar die Lebensumstände für Bürger aller Gruppen verschlimmern.«[20]

Auch der US-amerikanische Literaturwissenschaftler Walter Benn Michaels kritisiert die Identitätspolitik, weil sie durch Hypostasierung von Minderheiteninteressen zur Entkernung der Sozialen Frage beitrage und von der Ausbeutung durch das Kapital ablenke: »Falsch an der Identitätspolitik ist, mit anderen Worten, dass sie nur solche Ungerechtigkeiten zur Kenntnis nimmt, die durch Diskriminierung (Rassismus, Sexismus, Homophobie) hervorgebracht werden. Die Ungleichheiten, die jedem von uns in jedem Augenblick dadurch entstehen, dass Arbeiter weniger bezahlt bekommen als den Wert dessen, was sie produzieren, werden außer Acht gelassen oder, schlimmer, als normal erachtet.«[21] Michaels polemisiert gegen den Begriff »Klassismus«, dessen Benutzer offenbar glaubten, dass Arme weniger unter Geldmangel als darunter litten, wie schlecht sie seinetwegen behandelt würden.[22]

Kritisch sieht den Terminus auch Jean-Philippe Kindler, ein Satiriker und Moderator, der sich die Wiederbelebung des Klassenkampfgedankens zur Aufgabe gemacht hat: »Ausbeutung ist keine Diskriminierungserfahrung wie jede andere auch, so wie es der Ausdruck ›Klassismus‹ oftmals andeutet, sondern die materielle Grundlage für verschiedene Formen der Diskriminierung.«[23] Ein weiteres Problem ergibt sich aus der falschen Analogie zum Rassismus. Dieser konstruiert verschiedene menschliche Rassen, die es in der Realität gar nicht gibt, und schreibt ihnen unterschiedliche Eigenschaften zu, um sie auf- bzw. abwerten zu können. Von der Gefahr einer Verwechslung mit dem Klassizismus abgesehen,

---

20 Yascha Mounk, Im Zeitalter der Identität. Der Aufstieg einer gefährlichen Idee, Stuttgart 2024, S. 281

21 Walter Benn Michaels, Der Trubel um Diversität. Wie wir lernten, Identitäten zu lieben und Ungleichheit zu ignorieren, Berlin 2021, S. 14

22 Vgl. ebd., S. 202

23 Jean-Philippe Kindler, Scheiß auf Selflove, gib mir Klassenkampf. Eine neue Kapitalismuskritik, 3. Aufl. Hamburg 2023, S. 21

erweckt der Begriff »Klassismus« somit fälschlicherweise den Eindruck, es handle sich bei den Klassen ebenfalls um eine Fiktion, denn auch denen werden im Alltagsbewusstsein und in den Massenmedien unterschiedliche Eigenschaften zugeschrieben, um sie auf- bzw. abwerten zu können.

Der Kölner Soziologe Markus Gamper und die Dresdner Sozialpädagogin Annett Kupfer differenzieren innerhalb des Klassismus-Ansatzes zwischen einer »sozialstrukturell-ungerechtigkeitsorientierten« und einer »antidiskriminatorischen« Position, deren Erkenntnisse verschmelzen, wenn sie den Begriff folgendermaßen definieren: »Klassismus bezeichnet strukturelle, institutionelle, kulturelle oder auch individuelle Praktiken und Einstellungen, die Menschen aus unteren sozioökonomischen Klassen bzw. Klassenmilieus stigmatisieren und/oder diskriminieren und soziale, kulturelle oder ökonomische Hegemonien produzieren oder reproduzieren.«[24]

Um mehr soziale Gerechtigkeit zu erreichen, muss man für weniger Ungleichheit in der *allgemeinen* Verteilung materieller Güter eintreten. Hier liegt der Schlüssel für eine demokratische, friedliche und humane Fortentwicklung unserer Gesellschaft. Um die sich weiter verschärfende Verteilungsschieflage zu beseitigen, sind Strukturveränderungen auf der Basis einer umfassenden System- bzw. Fundamentalkritik nötig, welche die destruktiven Folgen kapitalistischen Wirtschaftens anprangert und grundlegende Alternativen benennt, die über das bestehende Gesellschaftssystem hinausweisen.

Wenn die zunehmende Ungleichheit primär eine Folge der neoliberalen Modernisierung unserer Gesellschaft ist, kann sie nur durch die Beseitigung oder die Milderung der Folgen dieses Prozesses mit Erfolg bekämpft werden. Weil der Neoliberalismus die soziale Ungleichheit legitimiert, ja geradezu glorifiziert, muss er wieder energischer bekämpft werden, will man gesellschaftliche Polarisierungsprozesse in Zukunft vermeiden. Ohne eine Abkehr vom Neoliberalismus ist die Rückverteilung des Reichtums nicht vorstellbar.

24 Markus Gamper / Annett Kupfer, Klassismus, Bielefeld 2024, S. 129 und 195

Was kann eine intensivere Auseinandersetzung mit dem Neoliberalismus befördern und wie kann sie aussehen? Um die Jahrtausendwende gab es dazu eine Diskussion auf hohem theoretischem Niveau. Selbst konservative Autoren wie der CDU-Politiker Norbert Blüm, Arbeits- und Sozialminister in allen Bundeskabinetten von Helmut Kohl, traten dem Neoliberalismus damals argumentativ entgegen. Blüm hielt das neoliberale Gerechtigkeitsverständnis für »unchristlich«, unterzog die Fixierung auf den Homo oeconomicus einer beißenden Kritik und stellte den quasireligiösen Charakter des Marktradikalismus heraus: »Der verwirtschaftete Mensch ist die Leitfigur der Welt. Er ist der Bannerträger der globalisierten Wirtschaft. Die Rendite ist die Wegzehrung eines neuen Glaubens, der mit dem Versprechen des ewigen Reichtums lockt.«[25]

Heute verfolgen Patrick Schreiner und Kai Eicker-Wolf mit der Entlarvung von »Wirtschaftsmärchen«, die Kapitalisten und ihre Lobbyisten unter die Leute bringen, einen originellen Ansatz der politökonomischen Bildung. Unter der Überschrift »Soziale Ungleichheit, Armut und Reichtum« setzen sich die beiden Autoren mit zehn populären Narrativen – »Es gibt keine Klassen mehr«, »Es gibt bei uns keine Armut«, »Besser mehr Chancengleichheit durch Bildung als mehr Umverteilung«, »Soziale Ungleichheit ist Voraussetzung für unseren Wohlstand«, »Soziale Ungleichheit ist unvermeidbar, denn Menschen sind verschieden«, »Hinter Sozialstaat und Umverteilung steckt blanker Neid«, »Globalisierung und technologischer Wandel erhöhen die Ungleichheit«, »Frauen verdienen nicht schlechter als Männer«, »Hohe Managergehälter sind Folge des Wettbewerbs um gute Manager« sowie »Wachstum nützt allen« – auseinander.[26] Schreiner und Eicker-Wolf widerlegen den Neoliberalismus anhand gut nachvollziehbarer Beispiele aus dem Alltagsleben oder der Stammtischpraxis. Dass es sich um Märchen

25 Norbert Blüm, Gerechtigkeit. Eine Kritik des Homo oeconomicus, Freiburg im Breisgau / Basel / Wien 2006, S. 82

26 Siehe Patrick Schreiner / Kai Eicker-Wolf, Wirtschaftsmärchen. Hundertundeine Legende über Ökonomie, Arbeit und Soziales, 2. Aufl. Köln 2024, S. 84 ff.

handelt, ist allerdings eine schiefe Metapher, denn sie werden gewöhnlich Kindern von Erwachsenen erzählt, die es besser wissen. Neoliberale überzeugen ihre Zuhörer/innen aber vermutlich deshalb viel zu häufig, weil sie selbst an ihre marktradikalen Erzählungen glauben.

Weil die Entstehung der sozioökonomischen Ungleichheit nicht monokausal zu begreifen ist, kann diese auch nur mehrdimensional bekämpft werden. Der US-amerikanische Wirtschaftswissenschaftler und Politikberater Joseph Stiglitz weist ebenfalls darauf hin, dass der Kampf gegen die soziale Ungleichheit an unterschiedlichen Stellen anzusetzen hat: »Wir müssen die Exzesse an der Spitze zügeln, die Mitte stärken und den Unterprivilegierten helfen.«[27] Jedes dieser Teilziele erfordere einen spezifischen Maßnahmenkatalog.

Durch eine systematische Rückverteilung des Reichtums würden nur relativ wenige Hochvermögende und Spitzenverdiener etwas verlieren, aber vor allem sehr viele Besitzlose, Geringverdiener/innen und Transferleistungsbezieher/innen etwas gewinnen. Daher sollte der Ungleichheits- um einen Gleichheitsdiskurs ergänzt werden. Auf diesem Weg ließe sich nämlich vermitteln, welche Vorteile mehr soziale Gleichheit und Gerechtigkeit für die Gesellschaft bzw. deren Mitglieder hätten. »Die Herausforderung besteht vor allem darin, die Forderung nach Umverteilung – die laut Umfragen regelmäßig von einer großen Mehrheit der Bürger*innen unterstützt wird – in breiten Bündnissen und Alltagskämpfen so kampagnenfähig zu machen, dass wirkungsvoll politischer Druck aufgebaut wird.«[28]

---

27 Joseph Stiglitz, Der Preis der Ungleichheit. Wie die Spaltung der Gesellschaft unsere Zukunft bedroht, 3. Aufl. München 2012, S. 62

28 Eva Völpel, Verschärfte Verteilungskrise und blockierte Umverteilung. Die sozialen Folgen der Inflation sind verheerend – zugleich droht in Deutschland und Europa eine neue Runde der Sparpolitik, in: Axel Troost / Rudolf Hickel / Norbert Reuter (Hg.), Soziale Kipppunkte, bedrohte Existenzen, wachsende Armut. Alternativen zu Geldentwertung und Kaufkraftverlusten, Hamburg 2023, S. 77

3.2
Für die Rückverteilung des Reichtums sprechen viele Gründe

Damit mehr Gleichheit möglich wird, muss vielen Menschen bewusst gemacht werden, dass es bei der Rückverteilung des Reichtums nicht bloß um die Verwirklichung von sozialer Gerechtigkeit, sondern auch um die Bewahrung des gesellschaftlichen Wohlstandes, die Sicherung der Demokratie, die Rettung des Planeten und die Verhinderung eines Krieges geht. Hiermit sind zentrale Gegenstandsbereiche benannt, auf denen Überzeugungsarbeit dazu beitragen kann, dass es zur Beseitigung der globalen und der innergesellschaftlichen Verteilungsschieflage kommt.

Argumentiert werden kann, dass mehr sozioökonomische Gleichheit wirtschaftlich sinnvoll, verteilungsgerecht, ökologisch notwendig, friedenssichernd und moralisch geboten, aber auch politisch machbar ist. Gleichheit böte den ökonomischen Vorteil, das Leben der Menschen ohne hohes Einkommen bezahlbar zu machen. Christian Neuhäuser rechnet vor, dass viele Preise, etwa für Mietwohnungen, Kleidung und Nahrungsmittel, sinken würden, wenn die Einkommensspreizung geringer ausfiele, weil der Aufschlag für den mit diesen Waren verbundenen Statuskonsum entfallen würde: »Alle Menschen könnten gut wohnen, sich gut kleiden und gut essen, wenn das Geld nur anders verteilt wäre.«[29]

Da die *Fähigkeit*, finanzielle Ressourcen *nicht* für die private Lebensführung zu verausgaben, genauso wie die Spar*neigung* mit der Höhe des Einkommens und Vermögens einer Person tendenziell zunimmt, entzieht die Kapitalkonzentration (Monopolisierung) der Volkswirtschaft die zur Ankurbelung der Binnenkonjunktur und damit zur Bewältigung von Wirtschaftskrisen nach keynesianischem Muster nötigen Mittel und lähmt so die Wachstumskräfte,

29 Christian Neuhäuser, Reichtum als moralisches Problem, 2. Aufl. Berlin 2018, S. 24

wodurch die Krisenhaftigkeit des Systems steigt und der zunehmende private Reichtum wiederum mehr Armut schafft.[30]

Pointiert formuliert: Ungleichheit rechnet sich weder für die Volkswirtschaft, die an Dynamik einbüßt, noch für die Gesellschaft, deren Zusammenhalt schwindet. »Abgesehen von ihren Kosten in puncto sozialer Gerechtigkeit, kann eine zu ungleiche Verteilung von Chancen und ökonomischen Erträgen negative Auswirkungen auf den Umfang der Wirtschaftstätigkeit und den durchschnittlichen materiellen Wohlstand einer Gesellschaft haben.«[31] Umverteilung von Oben nach Unten würde der Volkswirtschaft nützen, eine Stärkung der Massenkaufkraft bewirken und die schwächelnde Konjunktur ankurbeln. Vor allem die Kaufkraft der untersten Einkommensgruppen durch staatliche Maßnahmen wie eine kräftige Anhebung des Mindestlohns dauerhaft zu erhöhen, wäre nicht bloß sozial gerecht, sondern auch ökonomisch sinnvoll. Deshalb liegt es sogar im wohlverstandenen Systeminteresse, die Kluft zwischen Arm und Reich ein Stück weit zu schließen.

Die sozioökonomische Polarisierung der Gesellschaft wirkt für diese hingegen kontraproduktiv, denn sie fördert Tendenzen zur Entsolidarisierung, Entpolitisierung und Entdemokratisierung. Daher ist die Verschärfung der Ungleichheit sowohl Gift für den sozialen Zusammenhalt wie für die Demokratie. Wirtschaftliche und soziale Polarisierungstendenzen ziehen in der Regel auch politische Polarisierungstendenzen nach sich, die aus Deutschland schon vor Beginn der Covid-19-Pandemie im Frühjahr 2020 eine »zerrissene Republik« gemacht haben.[32]

Aus folgenden Gründen bildet die wachsende sozioökonomische Ungleichheit eine akute Gefahr für die Demokratie: Erstens beteili-

---

30 Vgl. dazu: Karl Georg Zinn, Wie Reichtum Armut schafft. Verschwendung, Arbeitslosigkeit und Mangel, 4. Aufl. Köln 2006

31 François Bourguignon, Die Globalisierung der Ungleichheit, Hamburg 2013, S. 91

32 Vgl. hierzu: Christoph Butterwegge, Die zerrissene Republik. Wirtschaftliche, soziale und politische Ungleichheit in Deutschland, 2. Aufl. Weinheim/Basel 2020

gen sich Armutsbetroffene immer weniger an Wahlen, die für das parlamentarische Repräsentativsystem konstitutiv und zudem sein niedrigschwelligstes politisches Partizipationsangebot sind. Zweitens verlieren manche Angehörige der (unteren) Mittelschicht, die armutsbedroht sind oder besonders in Krisensituationen große Angst vor einem sozialen Abstieg bzw. Absturz haben, ihr Vertrauen in das politische und Parteiensystem, was den Aufstieg ultrarechter, rechtspopulistischer bzw. rechtsextremer und neofaschistischer »Alternativorganisationen« begünstigt. Drittens konzentrieren sich das Kapital und der Medienbesitz immer stärker bei wenigen Hochvermögenden, deren Machtgewinn es ihnen ermöglicht, staatliche Entscheidungen so massiv in ihrem Sinne zu beeinflussen, dass von einer demokratischen Willensbildung keine Rede mehr sein kann. »Die Reichen haben die Mittel, das Wirtschaftsleben, die Medien und die Politik ihrem Einfluss zu unterwerfen und schränken den Handlungsspielraum von Demokratien ein, indem sie ihre Sonderinteressen und Weltanschauungen durchsetzen.«[33]

Bernd Skischally, Textchef des ARTE Magazins, spricht in diesem Zusammenhang von einer »entrückte(n) Elite«, die er an den »besonders große(n) Vermögen« ihrer Mitglieder festmacht und im Bereich von »Tech-Firmen wie Tesla, Amazon, Microsoft, Meta, Google und Oracle«, aber auch von Medien, im Gesundheitswesen, im Bildungsbereich sowie auf dem Wohnungsmarkt verortet. Der US-amerikanische Multimilliardär Elon Musk habe sich mit ChatGPT von OpenAI beinahe »die wohl spektakulärste Hightech-Erfindung seit dem Smartphone« unter den Nagel gerissen: »Schon jetzt besitzen Superreiche wie Musk eine ungeheure, historisch einmalige Machtfülle, weil sie an den Schalthebeln von Zukunftstechnologien sitzen. Das verschafft ihnen immer mehr politischen Einfluss, was umso gefährlicher wird, wenn sie antidemokratische Ideale verfolgen.«[34]

33 Andrew Sayer, Warum wir uns die Reichen nicht leisten können, München 2017, S. 10

34 Bernd Skischally, Entrückte Elite, in: ARTE Magazin 11/2023, S. 16

Stelle man dem Chatbot, der künstliche Intelligenz einsetzt, um mit seinen Nutzer(inne)n über textbasierte Nachrichten und Bilder zu kommunizieren, die Frage, warum die Superreichen ein zunehmendes Problem bilden, erhalte man in Sekundenschnelle die folgende Antwort: »In einer demokratischen Gesellschaft sollte das Ziel darin bestehen, die Interessen und Bedürfnisse aller Bürgerinnen und Bürger zu berücksichtigen, anstatt die Macht und den Reichtum in den Händen einer privilegierten Elite zu konzentrieren. Es ist wichtig, Mechanismen zu schaffen, die die Macht der Superreichen begrenzen und sicherstellen, dass die Grundprinzipien der Demokratie, wie Gleichheit und Partizipation, gewahrt bleiben.«[35]

Zwar führt die sich vertiefende Kluft zwischen Arm und Reich nicht automatisch zu einer Krise des parlamentarischen Repräsentativsystems. Ursächlich dafür sind vielmehr Formen der Entpolitisierung, durch welche die etablierten Parteien sowohl Frustrationserlebnisse wie auch Abwehrreaktionen vieler Bürger/innen hervorrufen. Sowohl das Ideal der politischen Gleichheit aller Staatsbürger/innen wie auch die Legitimationsbasis der Demokratie leiden unter wachsender Ungleichheit, weil diese mit einer schwindenden Partizipationsbereitschaft der Armen ebenso verbunden ist wie mit einer politischen Überrepräsentation der Wohlhabenden, Reichen und Hyperreichen. Resümierend kann man feststellen: Armut hält die Betroffenen von der politischen Einflussnahme (im Wahlakt) ab, und Reichtum beeinflusst die staatlichen Entscheidungen unabhängig von Wahlen.

Ein weiteres, ebenfalls sehr gewichtiges Argument, das gegen Ungleichheit, aber für die Umverteilung des Reichtums spricht, ist ökologischer Natur. Denn sozioökonomische Ungleichheit verhindert Nachhaltigkeit, zumindest hemmt sie deren politische Durchsetzung.[36] Thomas Piketty hebt hervor, »dass die ökologischen He-

35 Zit. nach: ebd., S. 17

36 Vgl. Davide Brocchi, Nachhaltigkeit und soziale Ungleichheit. Warum es keine Nachhaltigkeit ohne soziale Gerechtigkeit geben kann, Wiesbaden 2019

rausforderungen nur dann zu lösen sind, wenn die Minderung von Ungleichheit in das Zentrum des politischen Handelns rückt.«[37] Deshalb bekämpft die Klima(gerechtigkeits)bewegung, in der das Motto »System Change, not Climate Change!« an Einfluss gewonnen hat, auch die soziale Ungleichheit mit dem Ziel, den Planeten zu retten und das Überleben der Menschheit zu ermöglichen. »Umverteilung und mehr Gleichheit weltweit sind notwendige Voraussetzungen für eine erfolgreiche Dekarbonisierung.«[38] Solange die ungerechten Verteilungsverhältnisse fortbestehen, fehlt dem umfassenden Klima-, Arten- und Tierschutz der nötige Rückhalt innerhalb der Bevölkerung.

Dass wachsende Ungleichheit die notwendige Verwirklichung von Umwelt- und Naturschutz, die Bewahrung von Biodiversität sowie die Schaffung von Klimagerechtigkeit blockiert, zeigt sich etwa, wenn man die Menge der Treibhausgasemissionen besonders privilegierter und marginalisierter Bevölkerungsschichten miteinander vergleicht. Ohne die ökologischen Krisenerscheinungen auf ein Problem des massenhaften individuellen (Fehl-)Verhaltens zu reduzieren, also ihre strukturellen, im kapitalistischen Wirtschafts- und Gesellschaftssystem begründeten Ursachen auszublenden, kann man feststellen, dass sich die größten Umweltverschmutzer, »Klimakiller« und Artenvernichter an der Spitze des Reichtums finden. »Bei den obersten ein Prozent kommt zum verschwenderischen Luxus ihres Lebensstils noch hinzu, dass sie in unvergleichbarer Weise die unternehmerischen Entscheidungen bestimmen, die Emissionen hervorrufen – und dabei von diesen Emissionen auch noch überaus stark finanziell profitieren.«[39]

---

37 Siehe Thomas Piketty, Der Sozialismus der Zukunft. Interventionen, München 2021, S. 190

38 Matthias Martin Becker, Klima, Chaos, Kapital. Was über den Kapitalismus wissen sollte, wer den Planeten retten will, Köln 2021, S. 143

39 Sighard Neckel, Zerstörerischer Reichtum. Wie eine globale Verschmutzerelite das Klima ruiniert, in: Blätter für deutsche und internationale Politik 4/2023, S. 50

Der Hamburger Soziologe Sighard Neckel plädiert dafür, jene enormen ökologischen Zerstörungen öffentlich zu brandmarken, welche der maßlose Reichtum einiger Milliardäre und Multimilliardäre herbeiführt: »Denn erst durch den Vergleich der Umweltschädigung unterschiedlicher Sozialklassen wird klar, dass es ohne eine tiefgreifende Umverteilung zu Lasten des Reichtums keine wirksame Dekarbonisierung gibt. Andernfalls würden alle dafür notwendigen Schritte in breiten Bevölkerungsschichten als sozial ungerecht aufgefasst werden und daher auf Widerstand stoßen.«[40]

Dies muss vermieden werden, weil sich finanzschwache Bevölkerungsschichten auf die Bewältigung ihrer gegenwärtigen Probleme konzentrieren, ohne an Maßnahmen der Umverteilung von Oben nach Unten besonders interessiert zu sein. »Armut und Prekarität behindern die Herausbildung eines Zukunftsbewusstseins und sie schwächen zugleich die subjektive Bedeutung vor allem ökologischer Nachhaltigkeitsziele für die eigene Lebensführung.«[41]

Das oberste Ziel einer an der sozialen Gerechtigkeit orientierten Politik muss die Rückverteilung jener materiellen Ressourcen sein, die reiche Kapitaleigner und Finanzinvestoren bisher für sich beansprucht, der Gesellschaft und ihren Mitgliedern hingegen vorenthalten sowie in für den Planeten zerstörerischer, ökologisch höchst fragwürdiger Weise missbraucht haben. Die analytischen Feststellungen zur extremen Ungleichheit des ökologischen Fußabdrucks von Armen, Wohlhabenden, Reichen und Hyperreichen können auch strategisch fruchtbar gemacht werden. Umverteilung erscheint dann nicht mehr bloß als Gebot der sozialen, vielmehr auch als Gebot der Klimagerechtigkeit. »Dass besonders die reichsten Deutschen tausendmal so viel Treibhausgase wie der Durchschnitt emittieren, ist ein Beispiel dafür, dass ökologische Politik auch als Politik

40 Ebd., S. 56

41 Klaus Dörre, Grün als Bedrohung: Warum die Klimapolitik die Arbeiter verliert, in: Blätter für deutsche und internationale Politik 6/2023, S. 46

gegen soziale Ungleichheit gedacht werden kann und muss, ganz ohne moralische Hybris.«[42]

Zwar besteht ein Strukturzusammenhang zwischen sozioökonomischer und ökologischer Ungleichheit, dies bedeutet aber nicht, dass mit dem einen Problem gewissermaßen im Selbstlauf auch das andere Problem gelöst wäre. Vielmehr bemerkt César Rendueles in seinem couragierten Plädoyer für Ergebnis- statt Chancengleichheit, wie sie Neoliberale propagieren: »Die Gleichheit wird die sozialökologische Krise nicht stoppen, aber sie ist die einzige realistische Option, um die größte Probe zu bestehen, mit der die Menschheit in den letzten zehntausend Jahren konfrontiert war.«[43]

Der Düsseldorfer Journalist Miltiadis Oulios plädiert wegen der zunehmenden Erderwärmung für eine »neue Kultur des Teilens«, weil die »klassische liberale Legitimierung sozialer Ungleichheit«, also die meritokratische Rechtfertigung selbst riesigen Reichtums, seiner Meinung nach angesichts der drohenden Klimakatastrophe nicht mehr greift: »Die Leistungsfähigkeit eines Menschen, einer Gruppe, einer Nation mag Wohlstand bedingen, sie berechtigt aber nicht zu einem größeren Anteil am Gemeingut der Erdatmosphäre und zur Veränderung ihrer chemischen Zusammensetzung. Und erst recht nicht zur Gefährdung der Zukunft der Menschheit.«[44]

Ungleichheit größeren Ausmaßes ist moralisch nicht zu rechtfertigen, weil Armut die Würde der Betroffenen verletzt – man kann in diesem Zusammenhang durchaus von »struktureller Gewalt« (Johan Galtung) sprechen – und Reichtum seinen Nutznießern eine gewisse Macht über weniger vermögende Menschen verleiht, die gleichfalls entwürdigend wirkt. Verteilungsgerecht wäre eine ungefähre Gleichverteilung des Reichtums, die es allen Men-

---

42 Hendrik Küpper / Carsten Schwäbe, Rot gegen Grün statt Rot-Rot-Grün. Der ruinöse Kampf der linken Kartellparteien, in: Blätter für deutsche und internationale Politik 6/2023, S. 124

43 César Rendueles, Gegen Chancengleichheit, a. a. O., S. 322

44 Miltiadis Oulios, Klima-Kommunismus. Gleichheit in Zeiten der Erderwärmung, Münster 2024, S. 20

schen ermöglichen würde, ihre Talente zu entfalten und sich optimal zu entwickeln, ohne gegenüber anderen benachteiligt zu sein. Berufen kann man sich auf Papst Franziskus, der in seiner ersten Enzyklika unter dem Titel »Evangelii Gaudium« am 24. November 2013 die immer klarer erkennbare soziale Ungleichheit zu einer großen Herausforderung für die Welt erklärte, an einer »Wirtschaft der Ausschließung und der Disparität der Einkommen« scharfe Kritik übte und monierte: »Heute spielt sich alles nach den Kriterien der Konkurrenzfähigkeit und nach dem Gesetz des Stärkeren ab, wo der Mächtigere den Schwächeren zunichte macht.«[45] Es gehe nicht mehr einfach um das Phänomen der Ausbeutung und der Unterdrückung, sondern handle sich um etwas Neues, wenn Menschen zu Abfall, zu Müll würden: »Mit der Ausschließung ist die Zugehörigkeit zu der Gesellschaft, in der man lebt, an ihrer Wurzel getroffen, denn durch sie befindet man sich nicht in der Unterschicht, am Rande oder gehört zu den Machtlosen, sondern man steht draußen.«[46]

Friedhelm Hengsbach knüpft an die Worte des Papstes an, wenn er feststellt: »Eine Wirtschaft, die ausgrenzt, soziale Ungleichheit erzeugt und Gewalt hervorbringt, tötet.«[47] Angesicht der Vorkriegsstimmung, die sich hierzulande im Gefolge des Ukrainekrieges ausbreitete, nachdem Bundesverteidigungsminister Boris Pistorius das Land zur »Kriegstüchtigkeit« gemahnt hatte, gewinnt ein weiterer Argumentationsstrang und möglicher Zugang für das Ringen um mehr soziale Gleichheit an Gewicht: Gleichheit schützt ein Land vor Aggressivität und militärischer Gewalttätigkeit, wie Hengsbach erklärt: »Eine Gesellschaft mit einer ausgewo-

45 Apostolisches Schreiben Evangelii Gaudium des Heiligen Vaters Papst Franziskus an die Bischöfe, an die Priester und Diakone, an die Personen geweihten Lebens und an die christgläubigen Laien über die Verkündigung des Evangeliums in der Welt von heute, Rom o. J., S. 52

46 Ebd.

47 Friedhelm Hengsbach, Teilen, nicht töten!, 2. Aufl. Frankfurt am Main 2015, S. 20

genen Verteilung der Einkommen und Vermögen hat eine größere Chance, nach innen und außen Wohlstand und Frieden zu schaffen – ohne Waffen.«[48]

Parlaments- und Regierungsbeschlüsse sind weder alternativlos noch irreversibel. Weil die soziale Ungleichheit durch politische (Fehl-)Entscheidungen zugunsten der Wohlhabenden, Reichen und Hyperreichen verschärft worden ist, besteht auch die Möglichkeit, sie durch staatliche Eingriffe zugunsten der Armen und eines sozialen Ausgleichs zu verringern. So belegte Hartmut Kaelble in seiner Studie über die Entwicklung der sozialen Ungleichheit in Europa vom 20. Jahrhundert bis zur Gegenwart anhand zahlreicher historischer Beispielfälle, dass die soziale Ungleichheit im Kapitalismus am ehesten durch die Intervention von Regierungen abgemildert werden kann.[49]

Ob sich die Ungleichheit in Zukunft weiter verschärft oder abschwächt, hängt maßgeblich davon ab, was gegen sie auf unterschiedlichen Politikfeldern unternommen wird. Irene Becker konstatiert denn auch, dass ohne Gegensteuern im politischen Raum »mit keiner Richtungsumkehr in der Verteilungsentwicklung, bei künftigen wirtschaftlichen Problemen sogar mit erneuter Verschärfung des Verteilungsproblems zu rechnen« sei.[50] Seit geraumer Zeit mehren sich jedoch die Ratschläge, wie man der sozioökonomischen Ungleichheit begegnen und auf diese Weise den gesellschaftliche Zusammenhalt stärken kann. Nicht alle Empfehlungen weisen jedoch in die richtige Richtung, wirken vielmehr entweder desorientierend oder sind zwar gut gemeint, aber nicht zielführend.

48 Ebd., S. 9

49 Vgl. Hartmut Kaelble, Mehr Reichtum, mehr Armut. Soziale Ungleichheit in Europa vom 20. Jahrhundert bis zur Gegenwart, Frankfurt am Main / New York 2017, S. 50

50 Siehe Irene Becker, Zur Entwicklung der personellen Einkommens- und Vermögensverteilung in Deutschland, in: Kai Eicker-Wolf / Achim Truger (Hg.), Ungleichheit in Deutschland – ein »gehyptes Problem«?, Über die Verteilungsrealität und Möglichkeiten ihrer Gestaltung, Marburg 2017, S. 107

3.3
Bekämpfung der Armut durch bürgerschaftliches, zivilgesellschaftliches und karitatives Engagement?

Der britische Ökonom Anthony B. Atkinson hat in seinem Standardwerk zur sozialen Ungleichheit nicht weniger als 15 Vorschläge unterbreitet, durch die sie vermindert werden sollen, darunter die staatliche Förderung von Innovationen, die den Arbeitsmarktzugang für benachteiligte Menschen erleichtern, die Einsetzung von Wirtschafts- und Sozialräten, die Schaffung eines öffentlichen Beschäftigungssektors auf Mindestlohnbasis, die Orientierung des gesetzlichen Mindestlohns am Existenzlohn, die Auszahlung eines »Mindesterbes« bei Volljährigkeit, die Gründung eines von einer öffentlichen Investitionsbehörde verwalteten Staatsfonds, eine progressivere Gestaltung der Einkommensteuer mit einem Spitzensatz von 65 Prozent, eine progressive Ausgestaltung der Grundsteuer nach dem aktuellen Immobilienwert und die Erhöhung der Sozialversicherungsleistungen.[51] Darüber hinaus wollte Atkinson solche Maßnahmen wie die »einkommensteuerliche« Behandlung der Beiträge zu einer privaten Altersvorsorge, eine jährliche Vermögensbesteuerung und eine Minimalsteuer für Unternehmen einer näheren Prüfung unterzogen wissen. Manche seiner Vorschläge greifen zu kurz, andere werden hier in der einen oder anderen Form aufgegriffen.

Wenn es um die Rolle des Reichtums im Hinblick auf die Armutsbekämpfung geht, denkt man zunächst an Philanthropie, die der britische Sozialwissenschaftler Andrew Sayer kritisch sieht. Er spricht von einem »Philanthrokapitalismus« und bemängelt vor allem die »depolitisierende Wirkung« der Philanthropie, weil sie häufig mehr die Symptome als die ökonomischen, sozialen und politischen Ursprünge der Armut im Blick habe: »Philanthropie schafft ein Gefälle zwischen dem dynamisch-erfolgreichen Wohltäter, der meist im

51 Vgl. Anthony B. Atkinson, Ungleichheit. Was wir dagegen tun können, Stuttgart 2016, S. 149 ff. und S. 303 ff.

Rampenlicht steht, und den armen, hilflosen Empfängern, die ihm selbstredend zu Dank verpflichtet sind, während die Zuschauer am Spielfeldrand Beifall spenden. Sie beruht eher auf Ungleichheiten, als sie zu bekämpfen, ja sie behandelt Ungleichheiten als Gelegenheit zur Wohltätigkeit und lässt sie dadurch weniger problematisch wirken.«[52]

Bürgerschaftliches, zivilgesellschaftliches oder karitatives Engagement kann zwar Not lindern, Armut verringern und soziale Ungleichheit in gewissem Maße abmildern, jedoch nicht verhindern, dass Letztere immer wieder reproduziert wird. »Eine auseinanderdriftende Gesellschaft kann nicht durch Ehrenamtliche zusammengehalten werden.«[53] Dies gilt besonders für annähernd 1.000 Lebensmitteltafeln mit fast doppelt so vielen Ausgabestellen,[54] die früher »Suppenküchen« hießen und heute ein Seismograph der sozialen Probleme in einem wohlhabenden, wenn nicht reichen Land sind. Dabei handelt es sich im Grunde um eine mittelalterliche Form der Armutsbewältigung, wie sie von Klöstern, Mönchen und Nonnen praktiziert wurde. Den modernen Sozialstaat müssen sie notgedrungen ergänzen, können ihn aber nicht ersetzen. Für einkommensschwache Familien, Kleinstrentner/innen sowie Wohnungs- und Obdachlose sind Tafeln, Kleiderkammern, Sozialkaufhäuser und Wärmestuben zum Teil (über)lebenswichtig, weshalb man den personellen und finanziellen Einsatz von häufig als »Gutmenschen« diffamierten Mitbürger(inne)n für diese Einrichtungen gar nicht genug schätzen kann; das dem Elend zugrunde liegende Strukturproblem lösen sie freilich nicht. Almosen dürfen nicht mit nachhaltiger Ar-

---

52 Andrew Sayer, Warum wir uns die Reichen nicht leisten können, a. a. O., S. 331

53 Claudia Pinl, Ein Cappuccino für die Armen. Kritik der Spenden- und Ehrenamtsökonomie, Köln 2018, S. 138

54 Vgl. dazu: Stephan Lorenz (Hg.), TafelGesellschaft. Zum neuen Umgang mit Überfluss und Ausgrenzung, Bielefeld 2010; ders., Tafeln im flexiblen Überfluss. Ambivalenzen sozialen und ökologischen Engagements, Bielefeld 2012; Stefan Selke (Hg.), Kritik der Tafeln in Deutschland. Standortbestimmungen zu einem ambivalenten sozialen Phänomen, Wiesbaden 2010; ders., Schamland. Die Armut mitten unter uns, Berlin 2013

mutsbekämpfung gleichgesetzt werden, so gut gemeint und nützlich für beide Seiten sie in bestimmten Fällen sein mögen.

Ebenfalls nicht Teil der Lösung, sondern eher Teil des Problems sind die rund 25.000 Stiftungen in Deutschland. Von wohlhabenden Philanthropen, reichen (Unternehmer-)Familien, Konzernen, Parteien und Glaubensgemeinschaften gegründet, dienen sie primär den Interessen der hinter ihnen stehenden Personen, Organisationen und Institutionen. Großunternehmer regeln auf diese Weise ihre Nachfolge, übertragen das Familienvermögen steuerfrei auf die Nachkommen oder schützen ihre Firma dauerhaft vor einer feindlichen Übernahme. Selbst wenn eine gemeinnützige Stiftung ausschließlich karitativen Zwecken dient und Gutes für die Gesellschaft oder deren unterprivilegierte Mitglieder bewirkt, ähnelt ihre Tätigkeit einer Sisyphusarbeit, weil die soziale Ungleichheit, der sie damit vielleicht zu begegnen trachtet, trotzdem immer wieder von Neuem entsteht.

Der Hamburger Soziologe Frank Adloff begreift deutsche Stiftungen als ein Instrument der bürgerlichen Elitenreproduktion, das eher der Reproduktion sozialer Ungleichheit als einer Stärkung der Zivilgesellschaft dient.[55] Besonders kapitalkräftige Privatstiftungen erhöhen nicht bloß die vertikale Ungleichheit zwischen Arm und Reich, sondern auch die regionale Unwucht zwischen Ost- und Westdeutschland, was dem Verfassungsgebot der »Herstellung gleichwertiger Lebensverhältnisse« (Art. 72 Abs. 2 GG) widerspricht: »Stiftungen finden sich dort, wo die großen privaten Vermögen zuhause sind.«[56]

Finanziell durch mehrere Kapitalertrag-, Körperschaft- und Einkommensteuerreformen entlastet, nutzten Gutbetuchte die ihnen mit

---

55 Vgl. Frank Adloff, Stiftungen in Deutschland – Institutionen zur Stärkung der Zivilgesellschaft oder zur Reproduktion sozialer Ungleichheiten?, in: Jutta Allmendinger (Hg.), Entstaatlichung und soziale Sicherheit. Verhandlungen des 31. Kongresses der Deutschen Gesellschaft für Soziologie in Leipzig 2002, Teil 2, Opladen 2003, S. 654 ff.

56 Matthias Holland-Letz, Scheinheilige Stifter. Wie Reiche und Unternehmen durch gemeinnützige Stiftungen noch mächtiger werden, Köln 2015, S. 121

dem *Gesetz zur Förderung des Stiftungswesens*, dem *Gesetz zur weiteren steuerlichen Förderung von Stiftungen*, dem *Gesetz zur Modernisierung des Stiftungsrechts*, dem *Gesetz zur weiteren Stärkung des bürgerschaftlichen Engagements*, dem *Gesetz zur Stärkung des Ehrenamts* und dem *Gesetz zur Vereinheitlichung des Stiftungsrechts* eröffneten Möglichkeiten, um den Bildungs-, Wissenschafts-, Sport-, Umweltschutz-, Sozial- und Kulturbereich stärker nach ihren Vorstellungen zu gestalten. Auf diese Weise wurden die politischen Entscheidungskompetenzen – dem neoliberalen Leitbild folgend – noch mehr zugunsten der privat(wirtschaftlich)en Verfügungsgewalt reduziert und der Weg zu einer Entscheidung der Bevölkerungsmehrheit darüber versperrt. Es klingt wahrlich paradox: »Die öffentliche Hand verzichtet […] auf erhebliche Steuereinnahmen, damit die Vermögenden nach eigenem Gusto entscheiden können, wie sie ihre Millionen und Milliarden einsetzen – ohne demokratische Kontrolle.«[57]

Um die Einflussmöglichkeiten von Spitzenverdienern und Hochvermögenden zu verringern, wäre es sinnvoll, sie auch wieder stärker nach ihrer finanziellen Leistungsfähigkeit zu besteuern. Denn über die Verwendung und Verteilung der möglichen Mehreinnahmen des Staates entscheiden demokratisch legitimierte Gremien, nicht private Mäzene. Schon aus diesem Grund sollte das vermeintliche Volk der Dichter und Denker nicht zu einem Volk der Stifter und Schenker werden.

Die sowohl Stiftungen wie auch Stifter(inne)n gewährten Steuervorteile entziehen dem Staat überdies finanzielle Ressourcen, die er zur Erledigung seiner Aufgaben braucht, und sollten deshalb gestrichen werden. Wer aus versteuertem Einkommen spenden will, mag das tun, muss aber nicht von den die übrigen Steuerzahler(inne)n dabei unterstützt werden. Damit der Sozialstaat finanziell zur Erfüllung seiner vom Verfassungsgeber festgelegten Aufgaben in der Lage ist, bedarf es keiner »Revolution der gebenden Hand«, wie sie Peter Sloterdijk kurz vor der Bundestagswahl am 27. September 2009 for-

57 Claudia Pinl, Ein Cappuccino für die Armen, a. a. O., S. 105

derte,[58] sondern einer Rückverteilung des Reichtums über zweckungebunden erhobene Steuern, die dem Karlsruher Philosophen suspekt waren.

Auch die Skandalisierung des verschwenderischen Luxuslebens einzelner Multimilliardäre, denen immer größere »Superyachten« gehören,[59] gleicht so lange einem Kampf gegen Windmühlenflügel, wie die Besitzverhältnisse und Machtstrukturen des digitalen Finanzmarktkapitalismus unangetastet bleiben. Erforderlich sind tiefgreifende Veränderungen, die auf den Widerstand privilegierter Bevölkerungsschichten stoßen dürften und sich nur durchsetzen lassen, wenn es zur Mobilisierung einer großen Zahl negativ Betroffener und von Angehörigen der Mittelschicht kommt. Verteilungspolitisch auf eine »Sozialpartnerschaft« zwischen Armen und Reichen zu hoffen, wäre illusorisch.

3.4 Bildung und Beschäftigung – keine Wunderwaffen im Kampf gegen die soziale Ungleichheit

In der politischen, Fach- und Medienöffentlichkeit gilt die Forderung nach Umverteilung des privaten Reichtums als historisch überholt und ideologisch verstaubt, obwohl das Volksvermögen so groß und die Kluft zwischen Arm und Reich so tief wie nie zuvor ist. »Systemüberwindung« wurde sogar zum Schimpfwort, weil man damit seit dem Kalten Krieg undemokratische oder gewaltsame Methoden assoziiert. Jahrzehntelang prägte der Kampf gegen den Kommunismus die politische (Un-)Kultur der Bundesrepublik. »Sprach jemand von ›Umverteilung von Oben nach Unten‹, so war

58 Vgl. Peter Sloterdijk, Die nehmende Hand und die gebende Seite. Beiträge zu einer Debatte über die demokratische Neubegründung von Steuern, Berlin 2010; zur Kritik: Christoph Butterwegge, Krise und Zukunft des Sozialstaates, 5. Aufl. Wiesbaden 2014, S. 373 ff. (in der 6. Aufl. nicht mehr enthalten)

59 Vgl. Grégory Salle, Superyachten. Luxus und Stille im Kapitalozän, Berlin 2022

er ein dogmatischer Marxist. Praktiziert aber wurde tapfer eine Stärkung der oberen Einkommens- und Vermögenswerte.«[60]

Bildung und Beschäftigung werden hingegen als die entscheidenden Hebel propagiert, um prekäre Lebenslagen hinter sich zu lassen. Viel entscheidender als die gleichmäßigere Verteilung von Geld sei, dass Menschen einen gleichberechtigten Zugang zu den Bildungsinstitutionen und zum Arbeitsmarkt erhalten, lautet das neoliberale Credo, welches über die bürgerliche Öffentlichkeit hinaus Zustimmung findet. Schließlich entspricht es der Lebenserfahrung vieler Menschen, dass man durch eigenen Fleiß, harte Arbeit und beharrliche (Weiter-)Bildungsanstrengungen sozial aufsteigen kann. Entscheidend ist jedoch die Frage, ob es sich dabei um eine verallgemeinerbare und für die Gesamtgesellschaft tragfähige Lösung des Problems der gravierenden Einkommens- und Vermögensunterschiede handelt.

Nikolaus Blome, damals stellvertretender *Bild*-Chefredakteur, hielt Gerhard Schröders »Agenda«-Programm im Jahr 2019 für eine der besten Reformen aller Zeiten: »Die Agenda 2010 hat die Regeln auf den Satz gepolt: Sozial ist, was Arbeit schafft.«[61] Damit knüpfte er fast wörtlich an einen am Ende der Weimarer Republik von Alfred Hugenberg, dem damaligen Medienzar und Führer der Deutschnationalen Volkspartei (DNVP), verwendeten Wahlkampfslogan an. In einer Rundfunkansprache zur Reichstagswahl am 31. Juli 1932 hatte Hugenberg gesagt, Sozialismus sei gleichbedeutend mit Erwerbslosigkeit. Dagegen habe ein »gesunder Staat« auch »eine gesunde Wirtschaft«, woraus Hugenberg schloss: »Derjenige ist wirklich und wahrhaft sozial, der Arbeit schafft.«[62] Vor der letzten Reichstagswahl am

60 Ernst-Ulrich Huster, Soziale Kälte. Rückkehr zum Wolfsrudel?, Stuttgart 2016, S. 27

61 Nikolaus Blome, Agenda 2010: Jahrhundertreform oder Anfang vom Ende der Gerechtigkeit?, in: Jakob Augstein / Nikolaus Blome, Oben und Unten. Abstieg, Armut, Ausländer – was Deutschland spaltet, München 2019, S. 56

62 Alfred Hugenberg, Rundfunkansprache zur Reichstagswahl am 31. Juli 1932, gehalten am 28. Juli 1932 (www.surf-inn.net/FernsehGebuehrenzahler/LeMonde.htm; 25.2.2024)

5. März 1933 verbreitete Hitlers erster Wirtschaftsminister die Parole »Sozial ist, wer Arbeit schafft« auch in Zeitungsanzeigen seiner Partei.

Kurz nach der Jahrtausendwende wurde diese Losung durch die Initiative Neue Soziale Marktwirtschaft leicht modifiziert und popularisiert. Sie fand großen Anklang bei Politikern der etablierten Parteien, die mehrere Wahlkämpfe unter dem Motto »Sozial ist, *was* Arbeit schafft« bestritten. Dabei handelt es sich um eine Sklavenhalterideologie, die Arbeit aus ihren sozialen Bezügen herauslöst und selbst Leuteschinder für sozial erklärt, wenn sie Menschen zu einer unwürdigen Plackerei zwingen. Überhaupt nicht mehr gestellt wurde die Frage nach den Arbeitsbedingungen und der Entlohnung, vom Anspruch der Erwerbslosen auf Berufs- und Qualifikationsschutz ganz zu schweigen. Nein, weder sozial noch gerecht ist alles, was Arbeit schafft, sondern nur, was Armut abschafft!

Kaum ein Wahlprogramm, kaum eine Politikerrede und kaum ein Diskussionspapier der etablierten Parteien, von öffentlichen Verlautbarungen der Unternehmerverbände ganz zu schweigen, kommt ohne die Botschaft aus, dass »Aufstieg durch Bildung« möglich und die Letztere der Garant beruflichen Erfolgs, privaten Wohlstandes und (volks)wirtschaftlichen Wachstums sei. Unbestritten ist, dass man aufgrund der erfolgreichen Bewältigung von (Aus-)Bildungsprozessen einer schwierigen Lebenslage entkommen und beruflich Karriere machen kann. Solche individuellen Bildungsaufstiege waren übrigens selbst in früheren Jahrhunderten möglich, wenn junge Männer – Frauen blieben davon jahrhundertelang weitgehend ausgeschlossen – zur richtigen Zeit am richtigen Ort waren.[63] Nur bieten Bildungserfolge einzelner Personen diesen weder eine Garantie auf einen gut dotierten Job noch eine gesamtgesellschaft-

63 Vgl. Peter Lundgreen / Margret Kraul / Karl Ditt, Bildungschancen und soziale Mobilität in der städtischen Gesellschaft des 19. Jahrhunderts, Göttingen 1988; Peter Lundgreen, Schule im 20. Jahrhundert. Institutionelle Differenzierung und expansive Bildungsbeteiligung, in: Dietrich Benner / Elmar Tenorth (Hg.), Bildungsprozesse und Erziehungsverhältnisse im 20. Jahrhundert, Weinheim 2000, S. 140 ff.

liche Lösung für das Problem der Ungleichheit, der Armut und der sozialen Ausgrenzung ganzer Bevölkerungsgruppen.

Aufgrund der sich zuletzt häufenden Krisen ist die Hoffnung, durch eigene Bildungsanstrengungen sozial aufzusteigen und sich fest in der Mittelschicht zu etablieren, überdies der Angst vieler Mittelschichtangehöriger gewichen, trotz guter Ausbildung und harter Arbeit sozial abzusteigen. Dennoch wird häufig so getan, als könnten *alle* Menschen durch eigene Bildungsanstrengungen reüssieren. Folglich drängt sich die ideologiekritische Frage auf, wem der Mythos einer Bildungsmeritokratie nützt und welchen Bevölkerungsgruppen damit Sand in die Augen gestreut wird. Es handelt sich hierbei um eine populäre Aufsteigerideologie, mit der Arme angehalten werden, ihre (Bildungs-)Karriere durch Selbstoptimierung eigenständig und eigenverantwortlich zu organisieren, anstatt sich für kollektive, solidarische Lösungsansätze zu engagieren. Nicht die gesellschaftlichen Verhältnisse, Wirtschaftsstrukturen und Privilegien müssten demnach angetastet, sondern nur das Verhalten der einzelnen Individuen angepasst werden.

Die starke Fokussierung auf Bildung verführt zu dem Fehlschluss, dass Armut und soziale Ungleichheit primär Qualifikationsdefiziten ethnischer Minderheiten und von Migrant(inn)en ohne deutsche Sprachkenntnisse geschuldet seien, während in Wirklichkeit der Mangel an materiellen Ressourcen bei Einheimischen gleichfalls zu Bildungsbenachteiligung führt. Strategisch erzeugt die Fixierung auf Bildung den kulturalistischen Irrglauben, dass Armut und soziale Ungleichheit nur durch sie mit Erfolg bekämpft werden könnten.[64] Auf diese Weise wird von der Notwendigkeit abgelenkt, Maßnahmen der Umverteilung des privaten Reichtums zu ergreifen, damit sich die Kluft zwischen Arm und Reich schließt.

64 Vgl. hierzu: Christoph Butterwegge, Bildung – eine Waffe im Kampf gegen Armut und soziale Ungleichheit?, in: Alexandra Habicher / Michael Schratz / Axel Wagenitz (Hg.), Zukunft Schule. Theoretische Ansätze und Praxisbeispiele zu neuen Lernwelten und Trends in der schulischen Bildung, Münster/New York 2022, S. 55 ff.

Wer die Armut in erster Linie auf einen Mangel (davon Betroffener) an Bildung und beruflicher Qualifikation zurückführt, überschätzt zwangsläufig die egalisierende Wirkung von Bildungs- und Qualifikationsoffensiven. Jutta Allmendinger, Präsidentin des Wissenschaftszentrums Berlin für Sozialforschung, konzedierte zwar, dass sich Menschen durch Bildung allein nicht vor sozialen Risiken schützen lassen, machte es sich aber zu einfach, als sie gleichwohl feststellte: »Mehr Bildung führt zu mehr Gleichheit. Denn sie ermöglicht mehr Menschen die Teilhabe am prallen gesellschaftlichen Leben.«[65] Vor einer solchen Pauschalaussage muss gewarnt und Bildung darf nicht auf ein quantitatives Problem reduziert werden.

Marcel Fratzscher forderte in seinem Buch »Verteilungskampf« keine Umverteilung des privaten Reichtums, wie der Titel erwarten ließ, sondern die Verwirklichung von mehr Chancengleichheit durch eine Neujustierung des Bildungssystems: »Es muss unser Ziel sein, den Menschen die Fähigkeit zurückzugeben, selbstständiger, unabhängiger vom Staat und selbstbestimmter agieren zu können.«[66] Der Bamberger Soziologe Richard Münch wies demgegenüber darauf hin, dass die Fixierung auf mehr (und bessere) Bildung zur Stärkung des Neoliberalismus, jedoch auch zu mehr sozioökonomischer Ungleichheit und stärkeren Desintegrationstendenzen führt, weil damit eine Abkehr von kollektiver Solidarität, eine Schwächung gemeinschaftlicher Anstrengungen zur Inklusion der Individuen in die Gesellschaft und die Durchsetzung eines individualistischen Aufstiegsprogramms verbunden sind.[67]

---

65 Jutta Allmendinger, Mehr Bildung, größere Gleichheit. Bildung ist mehr als eine Magd der Wirtschaft, in: Steffen Mau / Nadine M. Schöneck (Hg.), (Un-) Gerechte (Un-)Gleichheiten, Berlin 2015, S. 81

66 Marcel Fratzscher, Verteilungskampf. Warum Deutschland immer ungleicher wird, München 2016, S. 246

67 Vgl. Richard Münch, Mehr Bildung, größere Ungleichheit. Ein Dilemma der Aktivierungspolitik, in: Steffen Mau / Nadine M. Schöneck (Hg.), (Un-)Gerechte (Un-)Gleichheiten, a. a. O., S. 65 und 68

Thomas Piketty überschätzt die Bedeutung der (Schul-)Bildung für den sozioökonomischen Ausgleich, hat er doch eine »egalitäre Bildungspolitik« als Musterbeispiel »effizienter Umverteilung« bezeichnet.[68] In dieselbe Richtung wies das Jahresgutachten 2016/17 des Sachverständigenrates zur Begutachtung der gesamtwirtschaftlichen Entwicklung, welches unter dem Titel »Zeit für Reformen« statt einer Wiedererhebung der Vermögensteuer die Einführung eines verpflichtenden Vorschuljahres empfahl: »Eine zielgerichtete Bildungspolitik kann helfen, die Verfestigungen in Einkommens- und Vermögenspositionen in der langen Frist zu reduzieren. Dabei ist der Fokus auf die Verbesserung der Chancengerechtigkeit zu legen, die zu verbesserten Bildungsmöglichkeiten und -ergebnissen führt.«[69] Eine gute Bildung ist jedoch ohne materielle Umverteilung kaum realisierbar, weil Letztere die unabdingbare Voraussetzung für eine bessere Sach- und Personalausstattung der öffentlichen Schulen darstellt.

Die seit Jahrzehnten wachsende Ungleichheit von Einkommen und Vermögen erfordert Maßnahmen der Umverteilung des privaten Reichtums, nicht bloß mehr und/oder bessere Bildung für Arme. Anthony B. Atkinson hat mit folgender Begründung vor einer Beschränkung der Gegenmaßnahmen auf das Feld der Bildungspolitik gewarnt: »Die Ursachen steigender Ungleichheit sind sowohl auf den Kapital- als auch auf den Arbeitsmärkten zu finden; Abhilfe lässt sich nicht allein mit Bildung und Ausbildung schaffen.«[70] Bildungserfolg ist zwar *im Einzelfall* ein möglicher Weg aus der Armut, erweist sich aber immer häufiger als Sackgasse.

Wer die Schulbildung trotzdem als Mittel der Armutsbekämpfung favorisiert, darf eigentlich weder ihre Ökonomisierung, Pri-

---

68 Siehe Thomas Piketty, Ökonomie der Ungleichheit. Eine Einführung, 2. Aufl. München 2016, S. 68

69 Sachverständigenrat zur Begutachtung der gesamtwirtschaftlichen Entwicklung, Zeit für Reformen. Jahresgutachten 2016/17, Wiesbaden, November 2016, S. 27

70 Anthony B. Atkinson, Ungleichheit, a. a. O., S. 386

vatisierung und Kommerzialisierung betreiben noch irgendwelche Bildungsbarrieren für Kinder aus sozial benachteiligten Familien errichten. Kontraproduktiv sind vor diesem Erklärungshintergrund beispielsweise die Förderung von Privatschulen, die Einschränkung bzw. Abschaffung der Lernmittelfreiheit, die Schließung von Schulbibliotheken aus Kostengründen oder die Errichtung einer Bezahlschranke im Hochschulbereich durch (Wieder-)Einführung von Studiengebühren. Schließlich schmälert alles, was die Kinder »bildungsferner« Familien von höherer Bildung abhält, ihre Chancen auf beruflichen Erfolg und ein adäquates Gehalt im weiteren Lebensverlauf. Konservative und Neoliberale, die trotzdem wie beschrieben handeln, nähren das rechtspopulistische Klischee vom heuchlerischen, hinterhältigen und machthungrigen Politiker.

Trotz unübersehbarer Korrelationen zwischen der Bildungsexpansion und der sozialen Polarisierung im Gegenwartskapitalismus ist die parallel verlaufende Spreizung von Einkommen und Vermögen einerseits sowie von Bildungsgütern andererseits nie zum Thema einer öffentlichen Debatte geworden.[71] Dabei folgt die akademische Exzellenz im Aufstieg des neoliberalen Diskurses der ökonomischen Elite und dem Geldadel. Wie der Freiburger Soziologe Tobias Peter sehr gut belegt hat, wird die wachsende Ungleichheit im Bildungswesen mit ähnlich strukturierten Argumenten gerechtfertigt wie die sich vertiefende Kluft zwischen Arm und Reich. Man legitimiert sie durch ihren Nutzen für das Gemeinwohl, der sich durchaus in Zweifel ziehen lässt: »Dass hohe Einkommen und Vermögen für eine prosperierende Ökonomie unabdingbar sind, ist ebenso zu hinterfragen wie der Kern der Exzellenzargumentation, nach der Spitzenforscher und ›High-Potentials‹ den entscheidenden Beitrag für gesellschaftlichen Fortschritt liefern.«[72]

Bemühungen, die soziale Ungleichheit mit höheren öffentlichen

71 Vgl. Tobias Peter, Verdiente Spitze? – Zur Rechtfertigung von Ungleichheit in Bildung und Gesellschaft, in: Meike Sophia Baader / Tatjana Freytag (Hg.), Bildung und Ungleichheit in Deutschland, Wiesbaden 2017, S. 55

72 Ebd., S. 69

Investitionen in den Bildungsbereich zu bekämpfen, hält Hartmut Reiners für ehrenwert, aber gleichwohl für »zu kurz gesprungen«, weil erwiesen sei, »dass mit höherem Bildungsstandard die Klassengesellschaft nicht verschwindet, sondern sich auf einer neuen Ebene reproduziert.«[73] Bildung versagt als sozialer Gleichmacher ebenso wie als Wunderwaffe im Kampf gegen die Armut. Das gilt für Deutschland, Österreich und die Schweiz noch mehr als für andere entwickelte Industriestaaten: »Im gegliederten Schulsystem werden soziale Ungleichheiten eher verstärkt, als dass sie abgemildert werden.«[74] Heike Solga, Direktorin der WZB-Abteilung Ausbildung und Arbeit, gelangte in einer 20 wohlhabende Länder erfassenden Untersuchung zu dem Ergebnis, dass man die Verringerung der Bildungsungleichheit als Mittel der Armutsbekämpfung und Ungleichheitsreduktion nicht überbewerten dürfe. Vielmehr seien Maßnahmen direkter sozialstaatlicher Umverteilung erheblich wirkungsvoller als indirekte, das Bildungssystem betreffende Maßnahmen, wofür auch der Befund spreche, dass ein Abbau von Armut in der Elterngeneration helfen könne, Bildungsarmut in der Kindergeneration zu verringern.[75]

Bildung ist weder ein Patentrezept gegen Armut noch eine Grundvoraussetzung zur Vermögensbildung in großem Stil, denn gerade Firmenerben benötigen nicht einmal höhere Bildungsabschlüsse für die Mehrung ihres Reichtums. Wäre die Bildung ein wirksames Mittel gegen Armut, hätte Letztere in den vergangenen Jahrzehnten rückläufig sein müssen. Seit den 1990er-Jahren ist die Armutsrisikoquote in Deutschland jedoch um etwa ein Drittel ge-

---

73 Siehe Hartmut Reiners, Die ökonomische Vernunft der Solidarität. Perspektiven einer demokratischen Sozialpolitik, Wien 2023, S. 102

74 Aladin El-Mafaalani, Mythos Bildung. Die ungerechte Gesellschaft, ihr Bildungssystem und seine Zukunft, Köln 2020, S. 86

75 Vgl. Heike Solga, Bildung und materielle Ungleichheiten. Der investive Sozialstaat auf dem Prüfstand, in: Rolf Becker / Heike Solga (Hg.), Soziologische Bildungsforschung (Kölner Zeitschrift für Soziologie und Sozialpsychologie, Sonderheft 52), Wiesbaden 2012, S. 480

stiegen, obwohl zur selben Zeit ein Akademisierungsprozess stattgefunden und der Anteil besser Gebildeter sowie beruflich höher Qualifizierter spürbar zugenommen hat. Wer die Armut primär mit einer besseren oder mehr Bildung bekämpfen will, lenkt im Grunde davon ab, dass eine Umverteilung des vorhandenen Reichtums und eine Umstrukturierung der kapitalistischen Wirtschaft notwendig sind, damit sich die sozioökonomische Ungleichheit verringert. »Mehr Bildung wird nicht automatisch zu weniger materieller Armut führen. Sie kann auch zu einer Entwertung von Zertifikaten führen, wenn attraktive Erwerbspositionen knapp sind.«[76]

Armut verhindert häufig, dass Menschen eine gute Bildung erhalten, aber Bildung verhindert Armut nur im Einzelfall. Als sozialer Egalisator ist Bildung nur begrenzt geeignet, erst recht in einem mehrgliedrigen Sekundarschulsystem. Die Journalistin Anna Mayr spricht von »Bildung« und »Chancen« als wohlklingenden Etiketten, die nichts wert seien, wenn sie auf Armut träfen: »Mehr Geld ist eine grundlegende Forderung, die man an eine neue Sozialhilfe und an eine Gesellschaft stellen muss, die den Anspruch hat, gerecht zu sein. Denn gegen Armut hilft nur Geld.«[77]

Weil nicht der Bildungsgrad darüber bestimmt, wer in einer Gesellschaft arm und wer reich ist, sondern die Verteilung der materiellen Ressourcen darüber, wer ungebildet bleibt, lässt sich das Problem der sozioökonomischen Ungleichheit kaum durch einen Ausbau der Bildungseinrichtungen (Kindertageseinrichtungen, Schulen und Hochschulen) allein lösen. Neben einer Verbesserung der sozialen, Bildungs- und Betreuungsinfrastruktur ist die Umverteilung von Arbeit, Einkommen und Vermögen nötig. Schließlich kann die Pädagogik weder eine gerechte Steuerpolitik noch eine Armut konsequent bekämpfende Sozialpolitik ersetzen.

---

76 Bettina Kohlrausch, Armut und Bildung, in: Petra Böhnke / Jörg Dittmann / Jan Goebel (Hg.), Handbuch Armut. Ursachen, Trends, Maßnahmen, Opladen/Toronto 2018, S. 185

77 Anna Mayr, Die Elenden. Warum unsere Gesellschaft Arbeitslose verachtet und sie dennoch braucht, München 2020, S. 191

Vor dem Hintergrund einer zunehmenden »Flucht in die Privatschulen« ist eine bessere materielle und personelle Ausstattung des öffentlichen Schulwesens erforderlich, um die Bildungschancen für Kinder aus sozial benachteiligten Familien zu erhöhen.[78] Manchmal wird (Schul-)Bildung von Politikern jedoch gar nicht als Instrument zur Bekämpfung der Kinderarmut begriffen, vielmehr als propagandistisches Instrument zur Verhinderung der Armutsbekämpfung missbraucht. Ein aufschlussreiches Beispiel hierfür lieferte das monatelange Tauziehen um die Kindergrundsicherung innerhalb der Ampel-Koalition. In der Kontroverse zwischen Bundesfamilienministerin Lisa Paus und Bundesfinanzminister Christian Lindner um die Ausgestaltung des neuen Leistungssystems plädierte Letzterer zwar wiederholt dafür, das Geld der Steuerzahler/innen lieber in die Bildung der Minderjährigen zu stecken, als es durch Erhöhung des Kinderzusatzbetrages den von Armut betroffenen oder bedrohten Familien direkt zu geben. Um wieder die Schuldenbremse einzuhalten, setzte Lindner den Rotstift bei den Haushaltsberatungen aber gerade im Bildungsbereich an.[79]

3.5 Verringerung oder Verschärfung der Ungleichheit durch ein bedingungsloses Grundeinkommen?

Ein bedingungsloses Grundeinkommen ist ein steuerfinanzierter Universaltransfer in einheitlicher Höhe, mit dem ein Staat den Lebensunterhalt aller seiner (Wohn-)Bürger/innen unabhängig vom individuellen Bedarf sichert, ohne dass von ihnen eine Gegenleis-

78 Vgl. Tim Engartner / Michael Schedelik, Die Flucht in die Privatschulen. Wie das Versagen der Bildungspolitik zur sozialen Spaltung führt, in: Blätter für deutsche und internationale Politik 4/2024, S. 117

79 Vgl. hierzu ausführlicher: Christoph Butterwegge, Deutschland im Krisenmodus. Infektion, Invasion und Inflation als gesellschaftliche Herausforderung, Weinheim/Basel 2024, S. 191 ff.

tung (z. B. die Aufnahme einer Arbeit, eines Bildungsgangs oder einer Ausbildung) verlangt wird. Von einem ausgereiften, in sich stimmigen Konzept lässt sich nicht sprechen, denn es gibt zahlreiche Grundeinkommensmodelle, die sich etwa im Hinblick auf die nicht ganz unwichtige Frage der Refinanzierung fundamental widersprechen. »Die Modelle reichen von einem emanzipatorischen Grundeinkommen bis zu einer Umwandlung der Sozialhilfe in eine Pauschale für Bedürftige, die zum einen Verwaltungskosten spart und zum anderen nebenbei den Sozialstaat weitgehend abbaut.«[80]

In der jüngeren Vergangenheit hatten BGE-Modelle wahrscheinlich nicht zuletzt deshalb Konjunktur, weil sie dem neoliberalen Zeitgeist entsprachen, also die Freiheit des (Wirtschafts-)Bürgers nicht gefährden, vielmehr »Privatinitiative«, »Eigenverantwortung« und »Selbstvorsorge« glorifizieren sowie die tradierten Mechanismen der kollektiven Absicherung von Lebensrisiken problematisieren, auf die prekär Beschäftigte und Erwerbslose angewiesen sind. »Das bedingungslose Grundeinkommen«, bemerkte denn auch Mark Schieritz in der *Zeit* (v. 28.12.2017), »ist in seinem Vertrauen darauf, dass schon alles gut wird, wenn der Bürger selbst entscheiden darf, wie er sein Geld ausgibt, eine zutiefst neoliberale Idee.«

Dass viele Bürgergeldbezieher/innen, die unter den bürokratischen Antragsverfahren, Kontrollmaßnahmen und Schikanen ihres Jobcenters leiden, mit dem bedingungslosen Grundeinkommen liebäugeln, kann ebenso wenig überraschen wie die Tatsache, dass manche Betroffeneninitiativen und Erwerbslosenverbände hinter dieser Forderung stehen. Transferleistungsempfänger/innen hoffen, sich mit Hilfe eines ohne Papierkrieg gezahlten Grundeinkommens der Gängelung, Erniedrigung und Demütigung durch eine ausufernde Sozialbürokratie entziehen zu können. Schließlich würden die leidige Bedürftigkeitsprüfung, die Anrechnung des Partnereinkommens auf die Transferleistung und Sanktionsdrohungen entfallen.

80 Eva Douma, Sicheres Grundeinkommen für alle. Wunschtraum oder realistische Perspektive?, Berlin 2018, S. 165

Über einen längeren Zeitraum betrachtet, lösen sich ausgesprochene Themenkonjunkturen mit Phasen ab, in denen das Grundeinkommen kaum Beachtung findet. Je krisenhafter sich Wirtschaft und Gesellschaft entwickeln, umso größerer Beliebtheit erfreut sich dieses Konzept. Im parteipolitischen Raum hat das bedingungslose Grundeinkommen wegen der Covid-19-Pandemie wieder an Resonanz gewonnen.[81] So haben die Grünen auf einer digitalen Bundesdelegiertenkonferenz am 22. November 2020 das individuelle Recht einer »Garantiesicherung« in ihr neues Grundsatzprogramm aufgenommen und gegen die Empfehlung der Parteispitze beschlossen, sich längerfristig »an der Leitidee eines Bedingungslosen Grundeinkommens« zu orientieren.[82]

Obwohl es riskant erschien, die aufgrund massiver Konflikte und Flügelkämpfe damals in akuter Existenznot befindliche Partei über ein Thema von solcher Sprengkraft abstimmen zu lassen, fand vom 13. bis 26. September 2022 ein Mitgliederentscheid der LINKEN darüber statt, ob die Forderung nach einem »emanzipatorischen bedingungslosen Grundeinkommen« ins Programm aufgenommen werden sollte. Dass sich eine deutliche Mehrheit der Abstimmenden dafür entschied, überraschte viele Beobachter/innen, denn bis dahin hatten die Parteigremien dem Grundeinkommen kritisch gegenübergestanden.

Nur auf den ersten Blick sieht das bedingungslose Grundeinkommen weniger nach neoliberaler Bauernfängerei als nach sozialistischer Gleichmacherei aus. »Es gaukelt eine größere soziale Gerechtigkeit vor und erweist sich bei näherem Hinsehen als ein die sozialen Disparitäten verschärfendes Projekt. Das BGE untergräbt die Grundlagen des Sozialstaats, was auch die latente Sympathie für dieses Konzept bei marktliberalen Ökonomen und Arbeitgeberver-

---

81 Vgl. hierzu: Christoph Butterwegge, Deutschland im Krisenmodus, a. a. O., S. 225 ff.

82 Siehe BÜNDNIS 90 / DIE GRÜNEN (Hg.), »… zu achten und zu schützen …« – Veränderung schafft Halt, Grundsatzprogramm BÜNDNIS 90 / DIE GRÜNEN, Berlin o. J., S. 88 f.

tretern erklärt.«[83] Wer sich intensiver mit dem bedingungslosen Grundeinkommen befasst, stößt auf zahlreiche Schwachstellen und Fußangeln, die größere Skepsis ihm gegenüber auslösen sollten.

Für die Journalistin Anna Mayr ist das bedingungslose Grundeinkommen nur »eine Idee zur Vereinfachung der Verwaltung der Armen«, durch die sich an der sozialen Ausgrenzung von Erwerbslosen nicht viel ändern würde.[84] Während der Sozialstaat die vom kapitalistischen Markt produzierte Ungerechtigkeit zu kompensieren suche, also mehr Gerechtigkeit durch Umverteilung herstellen wolle, gelte dies für das allen gezahlte Grundeinkommen nicht, weil die Ungerechtigkeit gerade nicht gleich verteilt sei.[85] Mayr befürchtet zudem, dass es letztlich die Mittelschicht finanzieren müsste, was deren Unmut gegenüber BGE-Empfänger(inne)n bei jeder notwendigen Erhöhung des Zahlbetrages wachsen lasse, und dass der Staat seine politische Einflussnahme auf den Arbeitsmarkt nach Einführung des Grundeinkommens reduzieren würde. Tatsächlich könnte es die Regierung befähigen, ihre beschäftigungspolitische Passivität mit einer monatlichen Geldzahlung an die (potenziell) Betroffenen zu rechtfertigen. Von der Digitalisierung erzeugte Rationalisierungsverlierer/innen per Grundeinkommen ruhigzustellen, mag im Unternehmerinteresse liegen, kann aber nicht im Sinn des Sozialstaates sein.

Das bedingungslose Grundeinkommen verfehlt die prioritären Ziele der Bedarfs- und der Verteilungsgerechtigkeit, ist aber auch kein Patentrezept gegen soziale Ungleichheit, Armut oder Erwerbslosigkeit. Denn bekämen *alle* (Wohn-)Bürger/innen vom Staat z. B. 1.000 Euro pro Monat, nähme zwar die absolute, nicht jedoch die hierzulande von ihrem Ausmaß her sehr viel wichtigere relative Armut deutlich ab. Vielmehr würde die von der Europäischen Union bei 60 Prozent des mittleren Nettoäquivalenzeinkommens angesetzte Armuts(risiko)schwelle bloß so weit nach oben verschoben,

83 Hartmut Reiners, Die ökonomische Vernunft der Solidarität, a. a. O., S. 133

84 Siehe Anna Mayr, Die Elenden, a. a. O., S. 177

85 Vgl. ebd., S. 175 f.

dass man ihr allein mit diesem Betrag, also ohne zusätzliches Erwerbseinkommen, nahe bliebe.

Das bedingungslose Grundeinkommen ist ungerecht, ganz egal, welchen Gerechtigkeitsbegriff man zugrundelegt. *Bedarfs*gerechtigkeit schafft es deshalb nicht, weil alle Bürger/innen gleich behandelt werden, ohne deren spezifische Arbeits-, Wohn- und Lebenssituation (z. B. als Obdachloser oder Schwerstbehinderte) zu berücksichtigen. *Leistungs*gerechtigkeit verwirklicht das Grundeinkommen deshalb nicht, weil es alle (Wohn-)Bürger/innen unabhängig von ihrer jeweiligen Arbeits- oder Lebensleistung in gleicher Höhe erhalten. *Verteilungs*gerechtigkeit ermöglicht das Grundeinkommen deshalb nicht, weil dadurch, dass jeder (Wohn-)Bürger und jede (Wohn-)Bürgerin denselben Geldbetrag erhält, keine Umverteilung von Oben nach Unten stattfindet.

Mit dem bedingungslosen Grundeinkommen würde eine Sozialpolitik nach dem Gießkannenprinzip gemacht, obwohl man ihre begrenzten Finanzmittel besser im Sinne der Einzelfallgerechtigkeit auf jene Personen konzentrieren sollte, die sie wirklich brauchen. Schließlich wussten schon die alten Griechen, dass Gleiche gleich und Ungleiche ungleich behandelt werden müssen, wenn es gerecht zugehen soll. Zwar kann ein bedingungsloses Grundeinkommen, das die materielle Existenz aller Gesellschaftsmitglieder durch einen für diese gleich hohen Geldbetrag sichert, möglicherweise *absolute* Armut verringern oder sogar beseitigen, *relative* (Einkommens-) Armut und soziale Ungleichheit jedoch nicht. Denn selbst wenn niemand mehr finanzielle Probleme hätte, bliebe der Abstand zwischen den Einkommens- und Vermögenspositionen der Individuen unverändert. Das bedingungslose Grundeinkommen würde die sozioökonomische Ungleichheit mithin nicht abschaffen, sondern zementieren und womöglich gar verschärfen.[86]

86 Vgl. hierzu ausführlicher: Christoph Butterwegge, Weder gerecht noch sozial. Das bedingungslose Grundeinkommen schafft mehr Probleme, als es löst, in: ders. / Kuno Rinke (Hg.), Grundeinkommen kontrovers. Plädoyers für und gegen ein neues Sozialmodell, Weinheim/Basel 2018, S. 202 ff.

Für einen Industriestaat wie die Bundesrepublik Deutschland ungeeignet ist das bedingungslose Grundeinkommen, weil es von den Einkommens- und Vermögensverhältnissen seiner Bezieher/innen absieht, also die extrem unterschiedlichen Arbeits- und Lebensbedingungen seiner (Wohn-)Bürger/innen unberücksichtigt lässt. Haushaltszusammenhänge darf ein Sozialsystem aber genauso wenig ignorieren wie etwaige Unterhaltsverpflichtungen der Menschen. Durch das auf eine Geldleistung beschränkte Grundeinkommen würden sozial Benachteiligte zudem sämtlicher Dienst- und Sachleistungen verlustig gehen, die ein moderner Sozialstaat für sie bereithält – von der medizinischen Grundversorgung über Maßnahmen der Rehabilitation bis zur beruflichen Weiterbildung.

Die Kölner Publizistin Claudia Pinl macht auf ein Problem aufmerksam, das Befürworter/innen des bedingungslosen Grundeinkommens selten erkennen oder in seiner Bedeutung stark relativieren, weil dieses für sie im Mittelpunkt all ihrer Bemühungen um mehr Gerechtigkeit steht: Forderungen wie die nach höheren Mindestlöhnen, einem Ausbau von Bildungseinrichtungen, einer ausreichend finanzierten und institutionalisierten Kinder- und Jugendhilfe, einer besseren Ausstattung des Gesundheitswesens und des Pflegesektors sowie der öffentlichen Finanzierung kultureller Einrichtungen würde ein bedingungsloses Grundeinkommen mit einem Schlag delegitimieren, ja hinfällig machen.[87]

Das bedingungslose Grundeinkommens schließt weder die Kluft zwischen Arm und Reich noch stärkt es den gesellschaftlichen Zusammenhalt. Auch die mit dem bedingungslosen Grundeinkommen im engeren Sinne verwandten Konzepte einer »negativen Einkommensteuer« und eines »Mindest-«, »Grund-« bzw. »Gesellschaftserbes« sind nicht geeignet, das Problem der wachsenden Ungleichheit zu lösen. Die negative Einkommensteuer, ein von Milton Friedman, dem Begründer der einflussreichen Chicagoer Schule des Neoliberalismus, entwickeltes Transfermodell, das

87 Vgl. Claudia Pinl, Ein Cappuccino für die Armen, a. a. O., S. 137

nur Personen mit einem niedrigen Einkommen und zwar gestaffelt nach dessen Höhe erhalten würden, bezeichnet Hartmut Reiners als »verkappte Form eines Steuerfreibetrages«, mit der man eine »Subventionierung niedriger Löhne« bezwecke.[88]

Mit einer »Erbschaft für alle« (Thomas Piketty), die der Staat jungen Menschen zur Volljährigkeit oder zum 25. Geburtstag als Einmalzahlung gewährt, wollen seine Befürworter/innen mehr Gleichheit herstellen, Umverteilung von Alt zu Jung bewirken oder auch eine partielle Angleichung der Vermögen in Ost- und Westdeutschland erreichen.[89] Millionen arme Familien, Rentner/innen und Minijobber/innen müssten es indes als Hohn empfinden, würde der Staat junge Erwachsene oder Heranwachsende über Nacht zu »kleinen Kapitalisten« machen, während sie selbst jeden Cent dreimal umdrehen müssen und auch keinen Anspruch mehr auf solch eine großzügige Leistung hätten. Außerdem würde sich an der hierzulande bestehenden Verteilungsschieflage durch ein Grunderbe wenig ändern und ein volljähriger Millionärssohn sogar noch reicher, während ein junger Müllwerker und eine junge Minijobberin zwar über Nacht ein kleines Vermögen bilden, ihre finanzielle Distanz zu dem Millionär allerdings um keinen Deut verringern könnten.

Wer die soziale Ungleichheit verringern und die Armut in einem reichen Land beseitigen will, muss hiervon Betroffene gezielt unterstützen und die Reichen stärker zur Finanzierung des Gemeinwesens heranziehen, aber nicht alle Bevölkerungsgruppen, wie verschieden ihre Arbeits-, Familien- und Lebensbedingungen auch immer sind, gleich behandeln, wie es das Grundeinkommen tut. Nötig wäre vielmehr eine bedarfsgerechte Konzentration staatlicher Ressourcen

---

88 Siehe Hartmut Reiners, Die ökonomische Vernunft der Solidarität, a. a. O., S. 136

89 Vgl. Thomas Piketty, Kapital und Ideologie, München 2020, S. 1207 ff.; Stefan Bach, Grunderbe und Vermögensteuern können die Vermögensungleichheit verringern, in: DIW Wochenbericht 50/2021, S. 807 ff.; Yannick Haan, Für mehr Gleichheit: Erben für alle!, in: Blätter für deutsche und internationale Politik 1/2024, S. 122

auf Menschen, die Unterstützung benötigen, um in Würde leben zu können, sowie eine konsequentere Besteuerung der Wohlhabenden, Reichen und Hyperreichen.

3.6 Reregulierung des Arbeitsmarktes: Lebenslohn, Festigung der Tarifbindung und Verbot prekärer Beschäftigungsverhältnisse

Die bisher erörterten Vorschläge – Ehrenamt und philanthropisches Engagement, Erleichterung des Zugangs zu Bildungsinstitutionen und zum Arbeitsmarkt sowie das bedingungslose Grundeinkommen – sind denkbar ungeeignet, die soziale Ungleichheit wesentlich zu reduzieren oder gar zu beseitigen. Wenn unsere Analyse der Ursachen für die soziale Spaltung und das Auseinanderdriften der Gesellschaft richtig ist, muss eine wirksame Gegenstrategie vielmehr auf drei Ebenen gleichzeitig ansetzen: Aus der analytischen 3-D-Perspektive (Deregulierung des Arbeitsmarktes, Demontage des Sozialstaates und Deformation des Steuersystems) folgt die Reregulierung des Arbeitsmarktes, die Renovierung des Sozialstaates und die Rekonstruktion des Steuersystems als 3-R-Strategie zur gesetzlichen Festlegung eines Lebenslohns, zur Festigung der Tarifbindung, zum Verbot prekärer Beschäftigungsverhältnisse, zur Schaffung einer solidarischen Bürgerversicherung und zur Rückverteilung des Reichtums mittels höherer Besitz-, Kapital- und Gewinnsteuern.

Kurz nach dem Jahrtausendwechsel verzeichnete man in Deutschland eine rapide Zunahme von Niedriglöhner(inne)n. Ohne lohnergänzende Transferleistungen, Kindergeldzuschläge und/oder Wohngeld kamen Millionen prekär Beschäftigte kaum noch über die Runden, vor allem in ausgeprägten Niedriglohnbranchen wie dem Hotel- und Gaststättengewerbe, dem Einzelhandel, der Gebäudereinigung, dem Bewachungsgewerbe, zu denen sich aus dem Handwerk die Bäcker-, Fleischer-, Frisör- und Floristenfachbetriebe sowie aus der Industrie das Bauhauptgewerbe und die Bekleidungsindustrie gesellten.[90] Aus dem Umstand, dass die Armut nicht mehr nur Erwerbslose traf, sondern in Teilbereiche der Lohnarbeit vorgedrungen war, zogen CDU, CSU und SPD als Regierungsparteien nach langem Zaudern die Konsequenz eines allgemeinen gesetzlichen Mindestlohns, der ab 1. Januar 2015 galt und zunächst 8,50 Euro brutto pro Stunde betrug.

Zwar hat der Mindestlohn die Massenkaufkraft in der Folgezeit gestärkt und auch die Binnenkonjunktur belebt, weniger erfolgreich war er aber bei der Armutsbekämpfung, einem wichtigen Ziel verbindlicher Lohnuntergrenzen. Aufgrund zahlreicher Ausnahme-, Sonder- und Übergangsregelungen für einzelne Branchen bzw. Personengruppen (Langzeitarbeitslose, Jugendliche ohne Berufsabschluss, Kurzzeitpraktikanten und Zeitungszusteller) sowie der Ausweich- und Umgehungsstrategien von Arbeitgebern kam der Mindestlohn keineswegs bei allen Niedrigstlöhner(inne)n an. Trotzdem war er gegenüber dem früheren, in gewisser Weise rechtlosen Zustand dieser Personengruppe ein großer Fortschritt. Annähernd vier Millionen Beschäftigte (2,9 Millionen in West- und 1,1 Millionen in Ostdeutschland) haben unmittelbar von der Mindestlohnregelung profitiert, weil ihre Lohnhöhe unter 8,50 Euro brutto pro Zeitstunde lag.

War das Arbeitslosengeld II nach dem »Kombilohn«-Muster so konstruiert, dass seine Bezieher/innen zusätzlich erwerbstätig sein mussten, um menschenwürdig leben zu können, so wurde der großkoalitionäre Mindestlohn analog so konstruiert, dass ergänzend Arbeitslosengeld II bezogen werden musste, weil seine Höhe kaum zur Deckung des Lebensunterhalts ausreichte. Schließlich musste man über den Lohn sowohl Miete wie Heizkosten erwirtschaften, die bislang das Jobcenter bezahlt hatte; zweitens die Differenz zwischen dem Kindergeld und dem Hartz-IV-Regelsatz für Kinder. Außerdem entfiel das Bildungs- und Teilhabepaket (BuT) mit seinen ergänzenden Leistungen, die von A (Ausflugsfinanzierung) bis Z (Zuschuss zum gemeinschaftlichen Mittagessen) reichten. Folglich waren die

90 Vgl. Alexandra Manske / Vanessa Heil, Wenn Arbeit arm macht. Der Niedriglohnsektor als Boombranche, in: Blätter für deutsche und internationale Politik 8/2007, S. 998 und 1000

Hürden ziemlich hoch – mit dem Mindestlohn allein ließ sich das kaum schaffen, höchstens mit Hilfe von Wohngeld und Kinderzuschlag. Schon gar nicht war der Mindestlohn so hoch, dass es Arbeitnehmer(inne)n bei einer 40-Stunden-Woche gelang, die Niedriglohnschwelle von zwei Dritteln des Medianverdienstes, d.h. des mittleren Monatseinkommens aller Beschäftigten (ca. 1.800 Euro brutto) zu überwinden.

Nach der Einführung des Mindestlohns ging die Anzahl der »Erwerbsaufstocker/innen« daher nur wenig zurück, und Geringverdiener/innen mit Kindern, die in einer Großstadt mit den heute üblichen hohen Mieten wohnten, hatten praktisch keine Chance, der Hartz-IV-Abhängigkeit durch Anhebung ihres Lohns auf die gesetzlich vorgeschriebene Mindesthöhe zu entkommen. Sie mussten nach wie vor die Grundsicherung für Arbeitsuchende in Anspruch nehmen und den entwürdigenden Gang zum örtlichen Jobcenter antreten. Der geltende Mindestlohn reichte weder aus, um die Erwerbs-, Familien- und Kinderarmut in Deutschland einzudämmen, noch hat er der Grundsicherung für Arbeitsuchende die Giftzähne gezogen: Sowohl rigide Zumutbarkeitsregeln wie auch drakonische Sanktionen, die den Niedriglohnsektor boomen ließen, blieben nämlich bestehen.

Der großkoalitionäre Mindestlohn verhinderte höchstens eine weitere Lohnspreizung und dichtete den Niedriglohnsektor zwar nach unten ab, dämmte ihn jedoch nicht ein und schaffte ihn schon gar ab, was indes nötig wäre, um Armut und soziale Ausgrenzung wirksam zu bekämpfen. Nur ein Mindestlohn in existenzsichernder Höhe, die Streichung sämtlicher Ausnahmen sowie eine nur mit erheblich mehr Personal zu bewältigende flächendeckende Überwachung durch die zuständige Finanzkontrolle Schwarzarbeit des Zolls könnten bewirken, dass der Mindestlohn überall ankommt und zu einem Leben in Würde reicht. »Gleichzeitig müssen die Möglichkeiten von Beschäftigten, ihre Mindestlohnansprüche gegenüber den Unternehmen durchzusetzen, gestärkt werden.«[91] Thorsten Schulten,

91 Thorsten Schulten / Claudia Weinkopf, Die Einführung des gesetzlichen Min-

Referent für Arbeits- und Tarifpolitik in Europa am Wirtschafts- und Sozialwissenschaftlichen Institut (WSI) der Hans-Böckler-Stiftung, und Claudia Weinkopf, die der Mindestlohnkommission als von den Gewerkschaften benannte Wissenschaftlerin angehörte, dachten hierbei an ein Verbandsklagerecht und eine Kontrollinstitution nach britischem Vorbild. Außerdem ist eine bedarfsgerechte, armutsfeste und repressionsfreie Grundsicherung nötig, wenn die Würde der Arbeit wiederhergestellt und Armut verhindert werden soll.

Durch die Einführung, die regelmäßige Erhöhung und vor allem die deutliche Anhebung des gesetzlichen Mindestlohns von 10,45 Euro auf 12 Euro am 1. Oktober 2022 schrumpfte der Niedriglohnsektor laut DIW-Berechnungen zwar von 23,5 Prozent im Jahr 2007 auf 15,2 Prozent, die Einkommensungleichheit stieg im selben Zeitraum aber trotzdem erheblich, denn zwischen 1995 und 2020 nahmen die Haushaltsnettoeinkommen zwar durchschnittlich um ein Drittel zu, im untersten Zehntel der Einkommenspyramide wuchsen sie jedoch nur um 4 Prozent.[92]

Die größte Schwachstelle des Mindestlohns liegt vermutlich darin, dass er nicht politisch, sondern auf der Grundlage des Votums einer paritätisch von Arbeitgeberverbänden und Gewerkschaften, einem »neutralen« Vorsitzenden sowie zwei nicht stimmberechtigten Wissenschaftler(inne)n besetzten Kommission festgelegt wird, die sich dabei paradoxerweise nachlaufend an der Tariflohnentwicklung orientiert. Schließlich ist ein gesetzlicher Mindestlohn in Deutschland hauptsächlich deshalb nötig, weil die Gewerkschaften in vielen Branchen inzwischen zu schwach sind, um ausreichend hohe Tariflohnsteigerungen durchzusetzen.

Wenn die Würde des (arbeitenden) Menschen gemäß Art. 1 GG den entscheidenden Maßstab bildet, um den im Gesetzestext der

---

destlohns – eine erste Zwischenbilanz, in: Stefan Körzell / Claudia Falk (Hg.), Kommt der Mindestlohn überall an? – Eine Zwischenbilanz, Hamburg 2015, S. 90

92 Vgl. Markus M. Grabka, Niedriglohnsektor in Deutschland schrumpft seit 2017, in: DIW Wochenbericht 5/2024, S. 73

Großen Koalition geforderten »angemessenen Mindestschutz« der Beschäftigten zu garantieren, muss ein Mindestlohn vier Bedingungen erfüllen: 1. die Gewährleistung des soziokulturellen Existenzminimums, 2. die Vermeidung von Erwerbsarmut, 3. die Überwindung der Niedriglohnschwelle (zwei Drittel des mittleren Lohns aller Beschäftigten) und 4. die Vermeidung von Altersarmut (Rente ohne ergänzenden Bezug staatlicher Grundsicherungsleistungen).

Der geltende Mindestlohn ermöglicht es seinen Bezieher(inne)n in den meisten Fällen aber nicht einmal, die niedrigste Hürde zu nehmen: Nur wer keine Kinder und eine preiswerte Mietwohnung hat, gelangt durch den Mindestlohn in der bisherigen Höhe aus dem Bürgergeld heraus. In einem reichen Land wie der Bundesrepublik darf der Mindest- allerdings kein Armutslohn sein.

Damit der Mindestlohn seine Wirkung als Instrument zur Armutsbekämpfung entfalten und zur Verringerung der sozioökonomischen Ungleichheit beitragen kann, sollte er zu einem »Lebenslohn« (living wage) fortentwickelt werden, der nicht bloß die Existenz, sondern auch die Teilnahme am gesellschaftlichen Leben ermöglicht. Thorsten Schulten schlug dafür als Untergrenze die in der Europäischen Union geltende Armutsgefährdungsschwelle von 60 Prozent des Medianeinkommens vor.[93] Dies hieße für Deutschland, dass der Mindestlohn in nächster Zeit auf deutlich über 12,41 Euro, die bis zum 31. Dezember 2024 gelten, steigen müsste.

Wenn jemand 45 Jahre lang mit 38,5 Arbeitsstunden pro Woche vollzeitbeschäftigt ist, musste er nach Auskunft der Bundesregierung schon im Jahr 2018 einen Bruttostundenlohn in Höhe von 12,63 Euro verdienen, um nach Beendigung seines Erwerbslebens nicht auf die Grundsicherung im Alter angewiesen zu sein. Statt die enorme Differenz zwischen der Höhe des geltenden Mindestlohns und dem zwecks Vermeidung von Altersarmut notwendigen Soll-Betrag zu kommentieren, fügte die Parlamentarische Staatssekretä-

93 Thorsten Schulten, »Living Wages« oder Armutslöhne? – Ziele einer europäischen Mindestlohnpolitik, in: WSI-Mitteilungen 1/2016, S. 72

rin im Arbeits- und Sozialministerium an ihre hier wiedergegebene Antwort auf eine Kleine Anfrage groteskerweise folgenden Satz an: »Diese Betrachtung vernachlässigt allerdings die zusätzliche Altersvorsorge, mit der eine deutlich höhere Gesamtversorgung erzielt werden kann.«[94] Als ob ein zum Mindestlohn beschäftigter Arbeitnehmer im Regelfall von seinem Gehalt noch private, finanzmarktabhängige Altersvorsorge betreiben würde, zumal ihm deren Ertrag (mit Ausnahme eines kleinen Freibetrages) später auf die Grundsicherung angerechnet würde!

Der Berliner Arbeitsmarktforscher Günther Schmid wies überdies darauf hin, dass mehr als ein höherer Mindestlohn nötig ist, damit Familien in materieller Sicherheit und Würde leben können: »Nur in Verbindung mit einer bedarfsgerechten öffentlichen Infrastruktur, einer Begrenzung armutsgefährdender Beschäftigungsverhältnisse (vor allem unfreiwilliger Teilzeitarbeit oder Solo-[Schein-] Selbstständigkeit) und einer die individuellen Lebensschicksale ausgleichenden Umverteilung wird der Mindestlohn sein Gerechtigkeitspotenzial entfalten können.«[95]

Armutsverschärfend wirkt, »dass in Deutschland kein flächendeckendes Netz von tariflichen Mindeststandards zur Einkommensfestsetzung mehr existiert, auch wenn sich ein Teil der nicht an Tarifverträge gebundenen Arbeitgeber an den bestehenden Branchentarifverträgen orientiert.«[96] Ohne in der Summe als weitgespanntes Sicherungsnetz für die Beschäftigten fungierende Flächentarife nähert sich die Bezahlung selbst qualifizierter Arbeits-

---

94 Antwort der Parlamentarischen Staatssekretärin Annette Kramme vom 7. Mai 2018 auf eine Kleine Anfrage der Abgeordneten Susanne Ferschl (DIE LINKE), in: BT-Drs. 19/2083, S. 54

95 Günter Schmid, Mindestlohn – ein gerechter Lohn?, Plädoyer für einen Autonomie stärkenden Mindestlohn, in: Abteilung Wirtschafts- und Sozialpolitik der Friedrich-Ebert-Stiftung (Hg.), WISO Diskurs 18, Bonn 2018, S. 24

96 Siehe Reinhard Bispinck / Claus Schäfer, Niedriglöhne und Mindesteinkommen: Daten und Diskussionen in Deutschland, in: Thorsten Schulten / Reinhard Bispinck / Claus Schäfer (Hg.), Mindestlöhne in Europa, Hamburg 2006, S. 271

kräfte durch Arbeitgeber, die Lohndumping betreiben, leicht dem Mindestlohn an: »Denn Mindestlöhne setzen nur Untergrenzen, während die einkommenspolitische Mitte nur über Tarifverträge stabilisiert werden kann.«[97]

Da die Aushöhlung bzw. Erosion des Normalarbeitsverhältnisses maßgeblich zur Verbreitung von Armut beigetragen hat, ist die Festigung des Flächentarifvertrages, der vornehmlich in Ostdeutschland kaum noch Breitenwirkung entfaltet, ein weiteres Element ihrer wirkungsvollen und nachhaltigen Bekämpfung. Tarifverträge müssen durch Erleichterung der Allgemeinverbindlichkeitserklärung wieder ihre gesellschaftliche Normsetzungswirkung entfalten, Minijobs in sozialversicherungspflichtige Beschäftigungsverhältnisse umgewandelt, die sachgrundlosen Befristungen beseitigt und Leiharbeitsverhältnisse entweder ganz verboten oder stärker reguliert werden. Der Tübinger Soziologe Martin Groß merkte an, dass die Gewerkschaften »ungleichheitsdämpfend« wirken und dass hiervon besonders die schlechter qualifizierten Arbeitnehmer/innen profitieren.[98]

3.7 Renovierung des Sozialstaates: Auf- und Ausbau einer solidarischen Bürgerversicherung

Anstatt das Bismarck'sche Sozialversicherungssystem durch Einführung des bedingungslosen Grundeinkommens zu zerstören, sollte man es zu einem Wohlfahrtsstaat fortentwickeln, der von allen Bürger(inne)n oder allen Erwerbstätigen über einkommensabhängige Beiträge finanziert wird und der Bedürftige passgenau unterstützt. Das gilt für prekär Beschäftigte, Leiharbeiter/innen und

97 Gerhard Bosch, Neuordnung des deutschen Arbeitsmarkts, in: Klaus Dörre / Kerstin Jürgens / Ingo Matuschek (Hg.), Arbeit in Europa. Marktfundamentalismus als Zerreißprobe, Frankfurt am Main / New York 2014, S. 104

98 Siehe Martin Groß, Klassen, Schichten, Mobilität. Eine Einführung, 2. Aufl. Wiesbaden 2015, S. 225

Angehörige der Randbelegschaften ebenso wie für Soloselbstständige, manche Freiberufler/innen und Kleinunternehmer/innen, die über zu geringe finanzielle Rücklagen verfügen, um schwere Krisen überstehen zu können.

Wenn man Inklusion nicht bloß als systemtheoretischen Schlüsselbegriff und (sozial)pädagogisches Prinzip, sondern auch – in einem sehr viel umfassenderen Sinne – als gesellschaftspolitisches Kernparadigma begreift, muss ein inklusiver Wohlfahrtsstaat, der eine gleichberechtigte Partizipation aller Wohnbürger/innen am gesellschaftlichen Reichtum wie am sozialen, politischen und kulturellen Leben ermöglicht, das Ziel sein. Statt eines Rückbaus des Wohlfahrtsstaates wäre ein Ausbau des bestehenden Systems zu einer Sozialversicherung für alle Bewohner/innen nötig. Dabei geht es nicht um einen Systemwechsel nach Art des steuerfinanzierten Grundeinkommens, sondern um eine durchdachte Weiterentwicklung des bestehenden Sozial(versicherungs)systems, verbunden mit innovativen Lösungen für Problemlagen, die aus den sich stark wandelnden Arbeits- und Lebensbedingungen resultieren.

An die Stelle der bisherigen Arbeitnehmer- muss eine *allgemeine*, *einheitliche* und *solidarische* Bürgerversicherung treten. *Allgemein* zu sein heißt, dass sie im Sinne einer Bürger*sozial*versicherung sämtliche dafür geeigneten Versicherungszweige übergreift: Kranken-, Pflege- und Rentenversicherung müssten gemeinsam und nach denselben Organisationsprinzipien restrukturiert werden. Selbst aus rein taktischen Erwägungen ist es nicht sinnvoll, die öffentliche Debatte über eine Bürgerversicherung auf *einen* Versicherungszweig zu beschränken. Hingegen stellt die Gesetzliche Unfallversicherung insofern einen Sonderfall dar, als sie sich nur aus Beiträgen der Arbeitgeber (und staatlichen Zuschüssen) speist.

Einheitlich zu sein heißt in diesem Zusammenhang, dass neben der gesetzlichen Bürgerversicherung keine mit ihr konkurrierenden Versicherungssysteme existieren. Private Versicherungsunternehmen müssten sich auf die Abwicklung bestehender Verträge (Bestandsschutz), mögliche Ergänzungsleistungen und Zusatzangebote beschränken. Damit bliebe auch nach der Gesundheitsreform neuen Typs ein weites Betätigungsfeld für die Privatassekuranz erhalten; ihre Existenz wäre also nicht gefährdet.

Solidarisch zu sein heißt, dass die Bürgerversicherung zwischen den ökonomisch unterschiedlich Leistungsfähigen einen sozialen Ausgleich herstellt. Nicht bloß auf Löhne und Gehälter, sondern auf sämtliche Einkunftsarten (Zinsen, Dividenden, Tantiemen sowie Miet- und Pachterlöse) wären Beiträge zu entrichten. Entgegen einem verbreiteten Missverständnis bedeutet dies nicht, dass Arbeitgeberbeiträge entfallen würden.

Nach oben darf es im Grunde weder eine Versicherungspflichtgrenze noch Beitragsbemessungsgrenzen geben, die es privilegierten Personengruppen erlauben, in exklusive Sicherungssysteme auszuweichen und sich ihrer Verantwortung für sozial Benachteiligte (ganz oder teilweise) zu entziehen. Hinsichtlich der Beitragsbemessungsgrenzen stünde zumindest eine deutliche Erhöhung an. Umgekehrt müssen jene Personen finanziell aufgefangen werden, die den nach der Einkommenshöhe gestaffelten Beitrag nicht aufbringen können. Vorbild dafür könnte die Gesetzliche Unfallversicherung sein. Dort dient der Staat seit dem 1. Januar 2005 quasi als Ausfallbürge für Landwirte, Unfall-, Zivilschutz- und Katastrophenhelfer/innen sowie Blut- und Organspender/innen, aber auch für Kinder in Tagesbetreuung, Schüler/innen und Studierende.[99]

*Bürger*versicherung heißt, dass alle Personen aufgenommen werden, und zwar unabhängig davon, ob sie erwerbstätig sind oder nicht. Da sämtliche Wohnbürger/innen in das System einbezogen wären, blieben weder Selbstständige, Freiberufler/innen, Beamte, Abgeordnete und Minister noch Ausländer/innen mit Daueraufenthalt in der Bundesrepublik ohne Versicherungsschutz. Einer-

99 Vgl. dazu: Tobias Schlaeger / Myra Linder, Unfallversicherung für Kinder in Tagesbetreuung, Schüler und Studierende, Baden-Baden 2011; Gerhard Nothacker, Unfallversicherung und Haftung im Ehrenamt und im bürgerschaftlichen sozialen Engagement. Juristische Bestandsaufnahme und rechtspolitische Perspektiven, Baden-Baden 2013

seits geht es darum, die Finanzierungsbasis des bestehenden Sozialsystems zu verbreitern, andererseits darum, den Kreis seiner Mitglieder zu erweitern. Denn ihre wichtigste Rechtfertigung erfährt die Bürgerversicherung dadurch, dass sie den längst fälligen Übergang zu einem möglichst die gesamte Wohnbevölkerung einbeziehenden, Solidarität im umfassendsten Sinn garantierenden Sicherungssystem verwirklicht.

Bürger*versicherung* zu sein bedeutet schließlich, dass es sich um eine *Versicherungs*lösung handelt, also gewährleistet sein muss, dass ihre Mitglieder, soweit sie dazu finanziell in der Lage sind, Beiträge entrichten und entsprechend von der Verfassung geschützte Ansprüche erwerben. Natürlich muss sich der Staat mit Steuergeldern am Auf- und Ausbau einer Bürgerversicherung beteiligen. Auf die öffentlichen Haushalte kämen dadurch erhebliche finanzielle Belastungen zu, die mittels einer sozial gerechteren, sich stärker an der ökonomischen Leistungsfähigkeit der Bürger/innen orientierenden Steuer- und Finanzpolitik leichter zu tragen wären. Dies gilt auch im Hinblick auf Sozialversicherungsbeiträge, wie sie vor allem die Bundesländer für ihre Beamt(inn)en zu zahlen hätten, wenn diese in eine Bürgerversicherung einbezogen würden.

Die skizzierte Bürgerversicherung würde zum Einfallstor für einen Modell- bzw. Paradigmenwechsel der Sozialpolitik, wäre sie nicht nach dem Versicherungsprinzip konstruiert, sondern ausschließlich oder überwiegend steuerfinanziert. Verschwinden muss allerdings der Widerspruch, dass sich fast nur abhängig Beschäftigte im sozialen Sicherungssystem befinden und auch nur bis zu einem Monatseinkommen von höchstens 7.550 Euro in West- und 7.450 Euro in Ostdeutschland (2024). Über diese Bemessungsgrenze hinaus entrichten Versicherte (und ihre Arbeitgeber) überhaupt keine Beiträge zur Renten- und Arbeitslosenversicherung. Die Gesetzliche Kranken- und die Soziale Pflegeversicherung können sie bei Überschreiten der Versicherungspflicht- bzw. -fluchtgrenze von 5.775 Euro (2024) sogar verlassen.

Mit dieser im Grunde systemwidrigen Begrenzung der Solidarität auf Normal- und Geringverdienende muss die Bürgerversicherung längerfristig brechen. Man kann die Beitragsbemessungs- und die Versicherungspflichtgrenze jährlich stärker als bisher an- und schließlich aufheben. Denn in der bisherigen Form wirken die Beiträge regressiv, was gegen das Postulat der sozialen Gerechtigkeit verstößt und widersinnig ist, weil das schlagendste Argument für die Bürgerversicherung ihr hohes Maß an Gerechtigkeit und sozialem Ausgleich bildet.

Durch die Berücksichtigung anderer Einkunftsarten würde der Tatsache endlich Rechnung getragen, dass *Arbeits*einkommen für einen Großteil der Bevölkerung nicht mehr die einzige und häufig nicht mehr die wichtigste Lebensgrundlage bilden. Auch stellt sich die Frage, warum der riesige private Reichtum nicht stärker an der Finanzierung des sozialen Sicherungssystems beteiligt werden sollte. Selbst wenn man Kapitalerträge, d.h. Dividenden und Zinsen sowie Miet- und Pachteinnahmen nicht verbeitragt, um Hochvermögenden später keine exorbitanten Altersrenten zahlen zu müssen, weil das Bundesverfassungsgericht an seiner Interpretation des eigentumsrechtlichen Schutzes von Sozialversicherungsbeiträgen gemäß dem Äquivalenzprinzip festhält, brächte die Erwerbstätigenversicherung nach österreichischem Vorbild große Vorteile mit sich.[100]

Mittels der allgemeinen, einheitlichen und solidarischen Bürgerversicherung würden die Nachteile des deutschen Sozialversicherungsstaates kompensiert, ohne dass seine spezifischen Vorzüge liquidiert werden müssten. Basieren könnte sie auf dem Konzept sozialer Staatsbürgerrechte, das der britische Soziologe Thomas Humphrey Marshall kurz nach dem Zweiten Weltkrieg entwickelt hat.[101] Eine soziale Bürgergesellschaft bindet die Teilhabe ihrer Mitglieder an soziokulturelle und materielle Mindeststandards, deren Gewährleistung dem Wohlfahrtsstaat obliegt. Auf diese Weise wür-

100 Vgl. dazu: Florian Blank u.a., Österreichs Alterssicherung: Vorbild für Deutschland?, in: Wirtschaftsdienst 4/2016, S. 279

101 Vgl. Thomas H. Marshall, Bürgerrechte und soziale Klassen. Zur Soziologie des Wohlfahrtsstaates, Frankfurt am Main / New York 1992

den soziale Sicherheit und Verteilungsgerechtigkeit gleichermaßen zum konstitutiven Bestandteil einer Form der Demokratie, die mehr beinhaltet als den regelmäßigen Gang zur Wahlurne, das leidliche Funktionieren des Parlaments und die Existenz einer unabhängigen Justiz. Es geht um die »sozialstaatliche Universalisierung der Bürgerrechte«, wie es Jürgen Habermas treffend formuliert hat.[102]

Walter Hanesch, Peter Krause, Gerhard Bäcker, Michael Maschke und Birgit Otto betrachteten die Einführung einer bedarfsorientierten Grundsicherung im zweiten Armutsbericht, den die Hans-Böckler-Stiftung, der DGB und der Paritätische Wohlfahrtsverband gegen Ende der 1990er-Jahre in Auftrag gegeben hatten, als Zwischenschritt auf dem Weg zu einer Volks- bzw. Bürgerversicherung: »Aufgabe eines solchen Systems wäre es, die versicherungsförmigen Leistungen bei den Standardrisiken Alter, Invalidität, Arbeitslosigkeit oder Krankheit durch steuerfinanzierte Bedarfsleistungen zu ergänzen, um Armut nicht länger institutionell auszugrenzen, sondern innerhalb der Institutionen zu bekämpfen, die bei dem betreffenden Risiko bzw. Lebenstatbestand für die Sicherung zuständig sind.«[103]

Unter einer Grund*sicherung* versteht man eine steuerfinanzierte Sozialleistung, mit der ein Staat den Lebensunterhalt bedürftiger Bürger/innen sichert. Sie ist bedarfsorientiert und wird normalerweise bedürftigkeitsgeprüft gezahlt, was ein hohes Maß an staatlicher Bürokratie erfordert, Hemmschwellen bei den ihr ausgelieferten Menschen erzeugt und Missbrauchsvorwürfe ihnen gegenüber provoziert. Wohl nicht zuletzt aus diesen Gründen betonten die Verfasser und die Verfasserin des Armutsberichts jedoch, »dass eine Grundsicherung, auch wenn sie gegenüber der bisherigen Sozialhilfe bessere Bedingungen aufweist, nur die zweitbeste Lösung

102 Siehe Jürgen Habermas, Die nachholende Revolution, Frankfurt am Main 1990, S. 192

103 Walter Hanesch u. a., Armut und Ungleichheit in Deutschland. Der neue Armutsbericht der Hans-Böckler-Stiftung, des DGB und des Paritätischen Wohlfahrtsverbands, Reinbek bei Hamburg 2000, S. 569

gegenüber ausreichenden und eigenständigen Versicherungsleistungen wäre.«[104]

Die allgemeine, einheitliche und solidarische Bürgerversicherung schließt eine bedarfsorientierte Mindestsicherung für sämtliche Wohnbürger/innen ein, die ausnahmslos Mitglieder des neuen, erweiterten Sicherungssystems sein sollten. Sie muss deutlich über dem Niveau des Bürgergeldes liegen und eine weder durch Existenzangst bestimmte noch mit Ausgrenzungserfahrungen verbundene Beteiligung am gesellschaftlichen und kulturellen Leben ermöglichen.

Damit die Bürgerversicherung auf der Finanzierungsseite wirken kann, muss eine Mindestsicherungsregelung auf der Leistungsseite das Risiko von Armut, Unterversorgung und sozialer Ausgrenzung beseitigen. Nur durch eine bedarfsgerechte, armutsfeste und repressionsfreie Grundsicherung, die – im Gegensatz zum Bürgergeld – ohne Leistungsminderungen und -entzug auskommt, lässt sich die Würde sozial Benachteiligter in Deutschland wiederherstellen.

3.8 Rekonstruktion des Steuersystems: Rückverteilung des Reichtums mittels (höherer) Besitz-, Kapital- und Gewinnsteuern

Während arbeitsmarkt- und sozialpolitische Maßnahmen die Situation von Geringverdiener(inne)n, Soloselbstständigen und Transferleistungsbezieher(inne)n verbessern können, eignen sich steuerpolitische Reformen eher, um Spitzeneinkommen zu beschneiden und Riesenvermögen zu reduzieren sowie Wohlhabende, Reiche und Hyperreiche stärker zur Finanzierung gesamtgesellschaftlicher Aufgaben heranzuziehen. Ein sukzessiver Umbau des Steuersystems kann sehr viel zu mehr Verteilungsgerechtigkeit beitragen; hohe Besitz-, Kapital- und Gewinnsteuern sind die wirksamsten Instrumente zur Begrenzung des Reichtums in der bestehenden Wirtschaftsordnung.

104 Ebd., S. 571

Anhebung des Spitzensteuersatzes, Wiedererhebung der Vermögensteuer und Ausweitung der Erbschaftsteuer

Wer die wachsende sozioökonomische Ungleichheit für das Kardinalproblem unserer Gesellschaft hält und nach Möglichkeiten zu seiner Lösung sucht, kommt an einer Rückverteilung des Reichtums nicht vorbei. Man muss den überbordenden Reichtum jedoch weder verbieten, wie von Christian Neuhäuser verlangt, noch einen Maximalwert für Vermögen festlegen, wie der österreichische Ökonom und Psychoanalytiker Martin Schürz vorschlägt.[105] Weil der Reichtum ein strukturelles Problem ist, was Schürz ebenso wenig bestreitet wie Neuhäuser, nützen Verbote und nicht bloß den unmittelbar Betroffenen willkürlich anmutende Limitierungen kaum etwas. Längerfristig müssten vielmehr die gesellschaftlichen Strukturen so verändert werden, dass kein »Überreichtum« mehr entsteht, von dem Schürz spricht; zunächst genügt es allerdings, ihn erheblich höher als bisher zu besteuern.

Will man die ökonomische Ungleichheit verringern und zugleich verhindern, dass sich Deutschland sozial noch tiefer als bisher spaltet, muss die Steuergerechtigkeit erhöht und der Reichtum stärker besteuert werden, zumal Armutsbekämpfung viel Geld kostet. Steuern und Steuerpolitik sind aber für die meisten Deutschen ein Buch mit sieben Siegeln. Vergleichbares gilt sogar für Politiker/innen und Parlamentarier/innen, wie Norbert Walter-Borjans zu berichten weiß, der einen Teil des Erfolges der »Lobby des Geldes« auf die mangelnden Kenntnisse der »Vorkämpfer für eine gerechte Finanzierung unseres Gemeinwesens« im Steuerrecht zurückführt: »Je weniger fundiert [...] das Wissen über die Wirkung steuerpolitischer Entscheidungen ist, desto geschmeidiger wird man im Umgang mit den massiv auftretenden Interessenvertretern des großen Kapitals.«[106]

---

105 Vgl. Christian Neuhäuser, Reichtum als moralisches Problem, a. a. O., S. 11; Martin Schürz, Überreichtum, Frankfurt am Main / New York 2019, S. 197

106 Norbert Walter-Borjans, Steuern – der große Bluff, 2. Aufl. Köln 2018, S. 270 f.

Verständlicherweise haben Steuern ein Imageproblem, denn kaum ein Mensch mag sie, obwohl kein Mitglied einer modernen Gesellschaft ohne ihre Erhebung leben könnte. Die Berliner Journalistin Mareice Kaiser hält in dem Buch »Wie viel. Was wir mit Geld machen und was Geld mit uns macht« ein Plädoyer für Steuern, die sie auch lange abgeschreckt haben. »Dass es Steuern gibt, ist gut. Dass wir ein Steuersystem haben, ist gut. Denn der Sinn ist ebenfalls gut: Eine unabhängige Stelle schaut einmal im Jahr, wer wie viel Geld verdient hat, und sammelt Geld von denen ein, die viel verdient haben. Aus diesem Topf werden dann Dinge (Infrastruktur, Schulen, Kitas, Verkehr …) bezahlt, die nicht so viel Geld haben oder die Menschen brauchen, die nicht so viel Geld haben.«[107] Steuern sind kein Teufelszeug, sondern das Lebenselixier eines jeden zivilisierten Staatswesens. »Um die Herausforderungen der Zukunft zu meistern, braucht es nicht weniger, sondern eher mehr Staat und Steuern.«[108]

Durch steuerpolitische Maßnahmen lässt sich zudem die Umverteilung von Oben nach Unten am besten in die Wege leiten. Das komplizierte Steuersystem macht es allerdings schwer, Besitz-, Kapital- und Gewinnsteuern als wichtigstes Instrument einer Rückverteilung des Reichtums ins öffentliche Bewusstsein zu heben. Stefan Bach, wissenschaftlicher Mitarbeiter am Deutschen Institut für Wirtschaftsforschung, rät gleichwohl dazu, Vorschlägen zur grundlegenden Steuervereinfachung immer mit Skepsis zu begegnen.[109] Eine für alle Steuerpflichtigen gleich hohe Kopfsteuer wäre am simpelsten, aber verteilungspolitisch auch am fragwürdigsten und am unsinnigsten. Man kann die Faustregel aufstellen: Wenn sich ein Steuersystem durch große Einfachheit auszeichnet bzw. auf einem Bierdeckel erklären lässt, kann es – und soll es vermutlich auch – keine Einzelfallgerechtigkeit herstellen.

---

107 Mareice Kaiser, Wie viel. Was wir mit Geld machen und was Geld mit uns macht, Hamburg 2022, S. 172

108 Stefan Bach, Unsere Steuern. Wer zahlt? Wie viel? Wofür?, Frankfurt am Main 2016, S. 234

109 Vgl. ebd., S. 125

In der Hochzeit des Neoliberalismus um die Jahrtausendwende herrschte ein regelrechter Steuersenkungs- und Steuervereinfachungshype. Wirtschaftsverbände, Ökonomen, Steuerrechtler, Chefredakteure und Spitzenpolitiker überboten einander mit Vorschlägen zur »Verschlankung« des Steuersystems, die Einkommensstarke und Hochvermögende begünstigen sollten. Dass man auf unkomplizierte Weise mehr Steuergerechtigkeit schaffen könnte, indem diverse Freibeträge, Werbungskosten sowie Betriebs- und Sonderausgaben nicht mehr auf die Bemessungsgrundlage, sondern auf die Steuerschuld gewährt würden, kam jedoch niemandem in den Sinn. Dann hätten Wohlhabende und Reiche nämlich nicht mehr – wie bisher – wegen der Progressivität der Einkommensteuer größere Steuervorteile als Geringverdiener/innen beim Vorliegen des gleichen Sachverhalts.

Weil sie ihre eigene Steuerbelastung in aller Regel überschätzen, lehnen viele Menschen auch Steuererhöhungen für wirklich Reiche aus der Befürchtung heraus ab, dass sie selbst davon betroffen sein könnten.[110] Im (partei)politischen Raum ist die Bereitschaft zu einer stärkeren Besteuerung des Reichtums eher noch geringer als in der »normalen« Bevölkerung. Die etablierten Parteien, allen voran FDP, CDU und CSU, aber auch die sich als »Partei der kleinen Leute« (Alexander Gauland) inszenierende AfD blockieren, verzögern oder verwässern entsprechende Gesetzesinitiativen, weil sie dadurch bürgerliche Besitzinteressen in Gefahr sehen.

Um- bzw. Rückverteilungsmaßnahmen werden auf den massiven Widerstand von Wohlhabenden, Reichen und Hyperreichen stoßen. Nur wenn der öffentliche Druck im selben Maße wächst wie die soziale Ungleichheit in den vergangenen Jahrzehnten, wird sich daran etwas ändern. Norbert Walter-Borjans bestätigt jedenfalls, »dass ein wirklich standhafter Einsatz für angemessene Steuerbeiträge von Global Playern und Top-Verdienern nur in einem öffentlichen Meinungsklima zu erwarten ist, das diesen Einsatz fordert. Die Kon-

110 Vgl. ebd., S. 15

frontation mit der Finanzlobby muss auf dem Feld der öffentlichen Debatte erfolgen. Solange allein die Lobby des Geldes das öffentliche Meinungsklima bestimmt, werden sich die politisch Handelnden an grundlegende Korrekturen des gesellschaftlichen Ungleichgewichts mehrheitlich nicht herantrauen.«[111]

Nicht durch Sonder- und Ausnahmeregelungen in der Wirkung eingeschränkte Besitz-, Kapital- und Gewinnsteuern in angemessener Höhe sind ein geeignetes Instrument, um die materielle Ungleichheit in Deutschland zu verringern. Die indirekten Steuern möchte Thomas Piketty, weil sie regressiv wirken, durch eine Besteuerung von Eigentum (Vermögen), Erbschaften und Einkommen ersetzen, was er als »Triptychon der progressiven Steuer« bezeichnet.[112] Gerade weil indirekte Steuern in der Vergangenheit erheblich zur Vertiefung der Kluft zwischen Arm und Reich beigetragen haben, könnten Steuern dann, wenn sie progressiv(er) ausgestaltet wären, einen gewissen sozialen Ausgleich bewirken.

Die beiden Attac-Mitglieder Karl-Martin Hentschel und Alfred Eibl rufen eine »Steuerrevolution« aus. Ein in sich schlüssiges Konzept dafür findet sich in ihrem Buch gleichen Titels,[113] das auch viele interessante Vergleiche mit den Steuersystemen anderer Länder enthält und aus ihnen Verbesserungsvorschläge für das hiesige Steuersystem ableitet. Würde den etablierten Parteien weder der Wille noch der erforderliche Mut dazu fehlen, könnten sie jedoch auch im Rahmen des bestehenden Steuersystems eine Rückverteilung von Reichtum vornehmen und mit durchdachten Strukturreformen für mehr soziale Gerechtigkeit sorgen. Man muss gar keine neuen Steuerarten einführen, um Stück für Stück an wichtigen Stellschrauben des geltenden Steuerrechts zu drehen und auf diese Weise spürbare Verbesserungen bewirken zu können. Statt die be-

---

111 Norbert Walter-Borjans, Steuern – der große Bluff, a. a. O., S. 273 f.

112 Siehe Thomas Piketty, Kapital und Ideologie, a. a. O., S. 1205

113 Siehe Karl-Martin Hentschel/Alfred Eibl, Steuerrevolution. Ein Konzept zur Rückverteilung von Reichtum, zu mehr Gerechtigkeit und Klimaschutz, Hamburg 2024

stehenden Steuerschlupflöcher zu Scheunentoren für Hyperreiche zu erweitern, wie dies vor allem bei der Erbschaft- und Schenkungsteuer in der Vergangenheit mehrfach geschah, sollte man sie schließen und die Mehreinnahmen in Milliardenhöhe zum verteilungs-, wohnungs- und klimapolitischen Umsteuern benutzen.

Weil das Vermögen den Kern des Reichtums bildet, ist seine jährliche Besteuerung ein Schlüssel zur Verringerung der sozialen Ungleichheit. Ansetzen muss die Rückverteilung des Reichtums bei den großen Vermögen, weil diese und nicht – wie in der Medienöffentlichkeit teilweise suggeriert – sehr hohe Einkommen für ihn konstitutiv sind. Denn die Einkommensquellen vieler Menschen können über Nacht versiegen, wie die Covid-19-Pandemie mit dem ersten bundesweiten Lockdown im März 2020 gezeigt hat, große Vermögen aber nicht urplötzlich verschwinden.

Wenn man auf prominente Hyperreiche im Land schaut, besteht die Gefahr, dass der falsche Eindruck entsteht, einige besonders exponierte Personen seien das Problem und nicht die Strukturen, denen sie ihr Megavermögen zu verdanken haben: »Bei der Ungleichheit geht es nicht um Individuen. Es geht um eine systembedingte Krise.«[114] Trotz dieser Feststellung des langjährigen US-Senators Bernie Sanders ist es nötig, den Ultrareichtum einzelner Menschen zu skandalisieren und ihn mit dem Mangel anderer zu kontrastieren, um den Riss zu verdeutlichen, der durch die Gesellschaft verläuft. Denn das Ausmaß der sozioökonomischen Ungleichheit wird von den meisten Menschen unterschätzt.[115]

Wie stark das Privatvermögen hierzulande mittlerweile konzentriert ist, veranschaulicht der Umstand, dass die fünf reichsten deutschen Unternehmerfamilien (Albrecht/Heister, Böhringer, Kühne, Quandt/Klatten und Schwarz) zusammen etwa 250 Milliarden Euro und damit mehr besitzen als die ärmere Hälfte der Bevölkerung,

114 Bernie Sanders/John Nichols, Es ist okay, wütend auf den Kapitalismus zu sein, 3. Aufl. Stuttgart 2023, S. 157

115 Vgl. Andrew Sayer, Warum wir uns die Reichen nicht leisten können, a. a. O., S. 21

d.h. weit über 40 Millionen Menschen.[116] Dies hat auch damit zu tun, dass rund 40 Prozent der Bevölkerung überhaupt kein (nennenswertes) Vermögen besitzen,[117] also – streng genommen – von der Hand in den Mund leben, weil ihnen jegliche Rücklagen fehlen, die man spätestens in einer finanziellen Krisensituation braucht.

Folglich avanciert die Rückverteilung des Vermögensreichtums an die große Bevölkerungsmehrheit zur Gretchenfrage eines gerechten Steuersystems, denn wir können uns Hyperreiche nicht mehr leisten, wenn alle in Würde leben wollen. Einen damit korrespondierenden Hinweis zur strategischen Ausrichtung der notwendigen Verteilungskorrektur gibt Jens Beckert, Direktor des Max-Planck-Instituts für Gesellschaftsforschung in Köln: »Die Reduzierung der Vermögensungleichheit kann nur bei der kleinen Gruppe der eigentlichen Vermögensbesitzer ansetzen, dem obersten einen Prozent der Bevölkerung.«[118] Hierfür bieten sich die Wiedererhebung der Vermögensteuer, eine höhere Körperschaftsteuer, die nicht zuletzt Kapitalgesellschaften als eine Art Einkommensteuer entrichten müssen, und eine vor allem große Betriebsvermögen stärker zur Finanzierung des Gemeinwesens heranziehende Erbschaftsteuer an.

Vordringlich ist die Wiedererhebung der Vermögensteuer, welche nicht bloß mehr Steuergerechtigkeit ermöglichen, sondern auch die Länder finanziell handlungsfähiger machen würde. Die Karlsruher Richter hatten in dem genannten Beschluss vom 22. Juni 1995 nicht etwa – wie von interessierter Seite gern behauptet – das *Vermögensteuergesetz* als solches für mit dem *Grundgesetz* unvereinbar erklärt, sondern nur moniert, dass für Grundbesitz der – seit 1964 bzw. 1974 trotz seiner Fortentwicklung nicht mehr angepasste – Einheitswert, für sonstiges Vermögen hingegen der *Gegenwarts*wert als Bemessungsgrundlage zugrunde gelegt wurde. Dadurch war zwar

116 Vgl. die ähnliche Berechnung/Einschätzung des Vermögensreichtums von Hentschel und Eibl; a. a. O., S. 95

117 Vgl. Marcel Fratzscher, Verteilungskampf, a. a. O., S. 43

118 Jens Beckert, Besteuert die Erben!, in: Steffen Mau/Nadine M. Schöneck (Hg.), (Un-)Gerechte (Un-)Gleichheiten, a. a. O., S. 152

der Gleichheitsgrundsatz verletzt, die bis heute in der Verfassung (Art. 106 Abs. 2 GG) stehende Vermögensteuer aber keineswegs hinfällig geworden. Vielmehr räumten die Karlsruher Richter dem Gesetzgeber eine Nachbesserungsfrist bis zum 31. Dezember 1996 ein, die er mit seiner damals schwarz-gelben Mehrheit allerdings bewusst verstreichen ließ, um sich auf diese Weise der nur Reiche treffenden Steuerart zu entledigen.

Wie das in der Verteilungsforschung führende Deutsche Institut für Wirtschaftsforschung in einer bahnbrechenden Studie gezeigt hat, weist vor allem die Vermögensverteilung hierzulande eine kaum noch zu rechtfertigende Schieflage auf. Demnach entfallen 67,3 Prozent des Nettogesamtvermögens auf das oberste Zehntel der Verteilung, 35,3 Prozent des Nettogesamtvermögens konzentrieren sich beim reichsten Prozent der Bevölkerung und das reichste Promille kommt immer noch auf 20,4 Prozent des Nettogesamtvermögens.[119] Trotzdem wiegelten Carsten Schröder, Charlotte Bartels, Konstantin Göbler, Markus M. Grabka und Johannes König, die für sich in Anspruch nahmen, mit ihrer Untersuchung den »blinden Fleck im Bereich sehr hoher Vermögen« beseitigt zu haben,[120] hinsichtlich der hieraus zu ziehenden politischen Konsequenzen ab. Sie verwarfen die Forderung nach Wiedererhebung der Vermögensteuer wegen des angeblich zu hohen administrativen Aufwandes für die Erhebung und der möglichen Ausweichreaktionen davon Betroffener.

Als weiteres Gegenargument, das sich ebenfalls tiefsitzende Ängste in der Bevölkerung zunutze macht, nannten die Autor(inn)en, dass viele Hochvermögende vornehmlich Betriebsvermögen halten: »Negative Anreize, ihr Vermögen produktiver Aktivität zuzuführen, können langfristige Konsequenzen für den materiellen Wohlstand aller haben, weil Investitionen, die Arbeitsplätze geschaffen hätten, möglicherweise nicht mehr oder weniger umfangreich getätigt wer-

119 Vgl. Carsten Schröder u. a., MillionärInnen unter dem Mikroskop: Datenlücke bei sehr hohen Vermögen geschlossen – Konzentration höher als bisher ausgewiesen, in: DIW Wochenbericht 29/2020, S. 517

120 Siehe ebd., S. 518 f.

den.«[121] Als würde auch nur ein Unternehmer, der diese Bezeichnung verdient, sein Gewinnstreben einbüßen und sich als Privatier zur Ruhe setzen, wenn er Vermögensteuer entrichten müsste!

Selbst wenn jemand aus seinem (großen) Vermögen keine Einkünfte erzielt, ist das kein Grund, ihn von dessen Besteuerung freizustellen. Thomas Piketty hält es als Indikator für den Beitrag, den sein Besitzer zu den Kosten des Gemeinwesens leisten kann, für ebenso aussagekräftig wie das Jahreseinkommen, welches sogar eher schwankt: »Hält etwa ein Eigentümer bedeutende Vermögenswerte wie Häuser, Grundstücke, Lagerbestände, Fabriken, mit denen er aber tatsächlich (also ohne Steuertricks) kein nennenswertes Einkommen erzielt, weil er sie zum Beispiel nur privat nutzt oder wenig tut, um sie auf dem neuesten Stand zu halten, dann ist das gewiss kein Grund, ihn von jeder Steuer zu entbinden, ganz im Gegenteil.«[122]

Mit einer leichten Verschärfung der Erbschaft- und Schenkungsteuer (stärkere Besteuerung von Firmenerben, zumindest Einschränkung des alle zehn Jahre neu in Anspruch zu nehmenden Freibetrages) sowie einer staatlich geförderten Vermögensbildung nannten Carsten Schröder und seine Koautor(inn)en nur zwei Alternativen zur Vermögensteuer, die zudem eher zahnlosen Tigern gleichen. Vermögensbildung in Arbeitnehmerhand war das Patentrezept von CDU/CSU und FDP in den 1960er-Jahren, um die damals schon hohe Konzentration des privaten Reichtums bei mit dem Kosenamen »Familienunternehmer« versehenen Konzernherren abzumildern. Laut dem sog. Krelle-Gutachten für das Arbeits- und Sozialministerium besaßen 1,7 Prozent der Bevölkerung zu Beginn des Jahrzehnts ca. 70 Prozent des Produktivvermögens.[123]

121 Ebd., S. 519

122 Thomas Piketty, Kapital und Ideologie, a. a. O., S. 1199

123 Vgl. Überbetriebliche Ertragsbeteiligung der Arbeitnehmer. Mit einer Untersuchung über die Vermögensstruktur der Bundesrepublik Deutschland, Als Forschungsauftrag des Bundesministeriums für Arbeit und Sozialordnung bearbeitet von Wilhelm Krelle, Johann Schunck und Jürgen Siebke, Bd. 2, Tübingen 1968, S. 381

Norbert Blüm, damals Hauptgeschäftsführer der CDU-Sozialausschüsse, kommentierte sarkastisch: »Diese Zahl zerriß den Schleier der Wohlstandsnivellierung und beförderte das alte unvermindert steile Vermögensgefälle ans Tageslicht.«[124]

An der Verteilungsschieflage geändert haben die vermögenspolitischen Maßnahmen der Bundesregierung seinerzeit nichts, sie erfüllten jedoch eine Alibifunktion gegenüber der Bevölkerungsmehrheit, die kaum am Zuwachs des Produktivvermögens beteiligt wurde. Da die Fördervorteile beim steuer-, aber auch beim prämienbegünstigten Sparen mit der Höhe des Einkommens wuchsen, statt durch eine degressive Staffelung der Prämien das jeweilige Konsumopfer umso stärker zu belohnen, je höher es war, wurde das erklärte Ziel der Vermögensbildung für breite Bevölkerungsschichten total verfehlt. Auch die Emission der sog. Volksaktien privatisierter Staatsunternehmen erwies sich als weitgehend verteilungsunwirksam. Dierk Hirschel bemerkt, dass die Konzentration des Kapitaleigentums sogar weiter fortgeschritten ist: »Ein Prozent der Bevölkerung besitzt 90 Prozent des gesamten Betriebsvermögens.«[125]

Weder mittels der »vermögenswirksamen Leistungen« von Unternehmen noch von der »Arbeitnehmer-Sparzulage« des Staates wird jemand wohlhabend oder gar reich. Man kann die bestehenden Verteilungsstrukturen auch nicht dadurch beseitigen, dass man die Lohnabhängigen zu Anteilseigner(inne)n und »Minikapitalist(inn)en« macht. Vielmehr würden die Reichen noch reicher, wenn auch die Armen zu Börsianer(inne)n und damit einem doppelten Risiko ausgesetzt würden: sowohl ihren Arbeitsplatz wie auch ihre (geringe) Kapitalanlage einzubüßen, wenn das Unternehmen, in dem sie beschäftigt und an dem sie beteiligt wären, Insolvenz anmelden müsste. Wer gleichwohl behauptet, dass man der starken

124 Norbert Blüm, Reaktion oder Reform? – Wohin geht die CDU?, Reinbek bei Hamburg 1972, S. 87

125 Dierk Hirschel, Das Gift der Ungleichheit. Wie wir die Gesellschaft vor einem sozial und ökologisch zerstörerischen Kapitalismus schützen können, Bonn 2020, S. 106

Vermögenskonzentration in Deutschland durch vermögensbildende Maßnahmen des Staates begegnen kann, ist entweder ein realitätsferner Ignorant, ein Wirtschaftslobbyist oder ein Opportunist.

Mariana Mazzucato weist deshalb zu Recht darauf hin, dass neben der Umverteilung etwa durch eine progressive Vermögensteuer »prädispositive Maßnahmen« ergriffen werden müssen, um soziale Ungleichheit zu verhindern, bevor sie auftritt. Die US-amerikanische Wirtschaftswissenschaftlerin mit italienischen Wurzeln nennt hierfür das folgende Beispiel: »Unternehmen, die staatliche Unterstützung erhalten, müssen sich verpflichten, die Gewinne in grüne Innovationen und bessere Arbeitsbedingungen und Löhne zu reinvestieren.«[126]

Eine globale Vermögensteuer, die dem Verschieben von Vermögensbeständen über Staatsgrenzen hinweg einen Riegel vorschieben würde,[127] ist zwar wünschenswert, aber kaum realisierbar, weil die einzelnen Nationalstaaten nicht bloß sehr unterschiedliche Interessenlagen haben, sondern auf ihrem Territorium auch die Steuerhoheit besitzen.

Kaum etwas widerspricht dem allgemeinen Gerechtigkeitsempfinden so stark wie die schärfere Besteuerung von Arbeitseinkommen als von Kapitalerträgen. Letztere unterliegen seit dem 1. Januar 2009 einer pauschalen Abgeltungsteuer von 25 Prozent, wohingegen Gehälter ab einem zu versteuernden Jahreseinkommen von 66.760 Euro (2024) mit dem Spitzensatz von 42 Prozent belegt sind. »Warum sollen Menschen, deren Geld arbeitet, weniger Steuern zahlen als Menschen, die die Arbeit selbst erledigen?«, fragt deshalb die Journalistin Julia Friedrichs.[128] Wobei anzumerken ist, dass kein 50-, 100-, 500- oder 1000-Euro-Schein je bei der Arbeit gesehen wurde, sondern es immer andere Menschen sind, die für ein Unternehmen,

126 Mariana Mazzucato, Für ein grünes Wachstumsnarrativ, in: Blätter für deutsche und internationale Politik 2/2024, S. 51

127 Vgl. Marc Buggeln, Das Versprechen der Gleichheit, a. a. O., S. 923

128 Julia Friedrichs, Wir Erben. Warum Deutschland ungerechter wird, München/Berlin 2016, S. 63

das Dividenden für seine Aktionäre abwirft, manchmal über Gebühr schuften. Schließlich kann (Fabrik-)Arbeit hart und stressig sein, während Profit, Zinsen und Dividenden den Steuerpflichtigen zufließen, ohne dass es großer Anstrengungen bedürfte. Deshalb muss die duale Einkommensbesteuerung wieder zugunsten der synthetischen Einkommensbesteuerung aufgegeben und jede Einkunftsart vom Fiskus gleich behandelt werden.

Ganz oben auf die steuerpolitische Agenda gehört die Abschaffung der Kapitalertragsteuer und ihre Reintegration in die normale Einkommensteuer. Wieso die einfachste und bequemste Möglichkeit für Wohlhabende und Reiche, viel Geld zu verdienen, nämlich durch den Kauf bzw. Verkauf festverzinslicher Wertpapiere und von Aktien, mit dem niedrigsten Steuersatz (25 %) begünstigt, um nicht zu sagen: belohnt wird, ist weder einzusehen noch länger hinzunehmen. Außerdem gilt für Kapitalbesitzer, Börsianer und Finanzspekulanten ein weitgehendes Bankgeheimnis, das für Transferleistungsbezieher/innen abgeschafft worden ist. »Geboten wäre stattdessen eine automatische Meldung der Banken an die Finanzämter über sämtliche Einkünfte aus Kapitalvermögen, also Zinsen, Dividenden und realisierte Kursgewinne, wie das etwa in den USA üblich ist. Eine entsprechende automatische Informationsweitergabe sollte durch entsprechende zwischenstaatliche Abkommen auch für im Ausland angelegte Vermögen gelten.«[129]

Hierzulande spricht man zu wenig über das Geldvermögen (von Reichen und Hyperreichen), während in Skandinavien sogar Listen mit den Steuerzahlungen der Bürger/innen öffentlich zugänglich sind. Durch die mangelnde Transparenz der bisherigen Besteuerung von Kapitalerträgen wird der vorhandene Reichtum verschleiert. »Solange wir eine pauschale Abgeltungssteuer auf Kapitalerträge haben, haben wir auch innerhalb Deutschlands keinen vollständigen

129 Nicola Liebert, Steuergerechtigkeit in der Globalisierung. Wie die steuerpolitische Umverteilung von unten nach oben gestoppt werden kann, Münster 2011, S. 246

Informationsaustausch zwischen Banken und Steuerbehörden.«[130] Nötig wäre darüber hinaus eine amtliche Vermögensstatistik, um die Tabuisierung des Reichtums zu beenden.

Flankiert werden müssten diese Reformpläne durch einen progressiver verlaufenden Einkommensteuertarif mit einem höheren Spitzensteuersatz. Sehr reiche Bürger wie der Berliner Immobilienmakler, -investor und Blogger Rainer Zitelmann, aber auch manche Politiker betonen gern, dass 50 Prozent der Einkommensteuerpflichtigen in Deutschland lediglich 6,1 Prozent der Steuern zahlen, während das oberste Prozent der Einkommensbezieher 22,8 Prozent der gesamten Einkommensteuern aufbringe. Das Gros der Steuerlast werde in Deutschland also keineswegs von Durchschnittsverdiener(inne)n getragen, sondern von den oberen 10 Prozent der Steuerpflichtigen, die mit 55,8 Prozent überproportional zum gesamten Lohn- und Einkommensteueraufkommen beitrügen. Abgesehen davon, dass man nicht bloß auf die Lohn- und die veranlagten Einkommensteuern schauen darf, sondern bei einem *seriösen* Vergleich auch die Massensteuern, zumindest das ungefähr gleich hohe, von der großen Bevölkerungsmehrheit erbrachte Mehrwertsteueraufkommen, und die Tatsache berücksichtigen muss, dass der Fiskus die viel wichtigeren Riesenvermögen der Reichen weitgehend unangetastet lässt, sowie einmal unterstellt, dass die von Zitelmann in seinen Finanzkolumnen angeführten Zahlen des Bundesfinanzministeriums stimmen, belegen diese mitnichten eine steuerliche Überlastung der Reichen, wie er behauptet, sondern nur die extrem hohe Reichtumskonzentration. Denn in dem nur mäßig progressiven Steuersystem der Bundesrepublik könnte es sonst gar nicht zu einer solchen Disproportionalität der Besteuerung von Gering- und Durchschnittsverdiener(inne)n einerseits sowie Hocheinkommensbeziehern andererseits kommen.

Millioneneinkommen, die kein Mensch braucht, um ein komfortables Leben zu führen, sollten deutlich höher besteuert werden

---

130 Norbert Walter-Borjans, Steuern – der große Bluff, a. a. O., S. 231

als »normale« oder als hohe Einkommen, die zwar den Lebensunterhalt (einer Familie) sichern, aber keinen Luxus ermöglichen. Wer ein zu versteuerndes Jahreseinkommen von über 1 Million Euro hat, kann für diese Summe übersteigende Beträge problemlos 60 Prozent Steuern zahlen. Wer ein noch deutlich höheres Jahreseinkommen (über 1,5 Millionen oder 2 Millionen Euro) hat, sollte in der Spitze mit 75 Prozent besteuert werden. Denn das bedeutet in unserem linear-progressiven Steuersystem ja nicht, dass er durch eine konfiskatorisch wirkende Millionärssteuer den größten Teil seines Einkommens an den Staat abtreten muss, sondern nur, dass er für den 1 Million Euro überschreitenden Betrag eine so hohe Steuer entrichten muss.

Um neben der *allgemeinen* Einkommensungleichheit auch die Einkommensungleichheit *zwischen den Geschlechtern* zu verringern, ist die Aufhebung des Ehegattensplittings, allerdings kein »Ende der Ehe« erforderlich, wie die französische Politologin Emilia Roig ihr Sachbuch zu diesem Thema genannt hat.[131] Durch die von der Ampelkoalition geplante Abschaffung der Steuerklassen III und V wird das eigentliche Problem des Ehegattensplittings nicht gelöst, weil beim anschließenden Lohn- bzw. Einkommensteuerjahresausgleich der besser verdienende Partner immer noch privilegiert, das Paar mit sehr unterschiedlich hohen Einkommen gegenüber Paaren mit gleich hohen Einkommen bevorzugt und die soziale Ungleichheit damit vom Steuerstaat weiterhin erhöht wird.

In einer spätkapitalistischen Gesellschaft wie der Bundesrepublik, die durch eine Konzentration des Produktivvermögens in den Händen weniger sehr vermögender Unternehmerdynastien und aufgrund des allgemeinen Geburtenrückgangs durch den Trend zur Kleinfamilie mit wenigen Nachkommen geprägt ist, spielt der *Erb*reichtum eine viel größere Rolle als der *Erwerbs*reichtum. Das ist einer der Gründe, weshalb sich die Rückverteilung des Reichtums nicht auf eine Anhebung des Spitzensatzes der Einkommensteuer

131 Vgl. Emilia Roig, Das Ende der Ehe. Für eine Revolution der Liebe, Berlin 2023

und eine Wiedererhebung der Vermögensteuer beschränken kann. Vielmehr müssen diese beiden Steuerarten durch eine gleichfalls reformierte Erbschaft- und Schenkungsteuer flankiert werden.

Das geltende Erbschaft- und Schenkungsteuerrecht nützt wohlhabenden Mittelschichtfamilien, denen die relativ hohen Freibeträge für Ehepartner/innen bzw. eingetragene Lebenspartner/innen (500.000 Euro) und Kinder (400.000 Euro pro Person) nach dem Tod eines vermögenden Haushaltsvorstandes jegliche Steuerzahlung ersparen. Angehörige der Mittelschicht profitieren außerdem davon, dass selbstgenutzte Immobilien – ein traditioneller Kernbestandteil ihres Vermögens – steuerfrei vererbt werden können, wenn Ehegatt(inn)en bzw. eingetragene Lebenspartner/innen sie noch mindestens zehn Jahre lang bewohnen. Dies gilt auch für Kinder, sofern die Wohnfläche des Objekts 200 Quadratmeter nicht überschreitet.

Reiche und ultrareiche Familien profitieren davon, dass es gleich hohe Freibeträge auch bei der Schenkungsteuer gibt, die alle zehn Jahre erneut in Anspruch genommen werden können. So lassen sich bei geschickter Planung über viele Dekaden hinweg selbst recht große Vermögen an den eigenen Nachwuchs übertragen, ohne dass für ihn Steuern anfallen. Die vorgezogene Mehrfachvererbung von Vermögensbestandteilen nach Art einer Salamitaktik sollte nicht länger (schenkung)steuerbefreit möglich sein. Durch eine Änderung des Erbschaft- und Schenkungsteuerrechts an dieser Stelle ließe sich auf einfache Weise mehr Steuergerechtigkeit schaffen.

Noch stärker begünstigt das Erbschaftsteuerrecht hyperreiche Unternehmerfamilien, denen die Privilegierung des Betriebsvermögens und die wiederholte Inanspruchnahme des Schenkungsteuerfreibetrages die intergenerationale Weitergabe von Unternehmen erleichtern. Trotzdem findet die Forderung nach einer höheren Erbschaftsteuer in der Bevölkerung wenig Resonanz. Offenbar besteht ein heimlicher Konsens zwischen Kleinbürger(inne)n und Großunternehmern, der es diesen erlaubt, ihre materiellen Besitztümer fast ungeschmälert an die Kinder weiterzugeben, ohne vom Staat zu Steuerzahlungen herangezogen zu werden. Vermutlich sind viele Mittelschichtangehörige von der Angst besessen, dass sie das Finanzamt im Erbfalle schröpft, was sie veranlasst, selbst solche Steuerreformen zu unterstützen oder zu tolerieren, die ausschließlich Hochvermögenden nützen und deren Privilegien sichern helfen. Statt in einer Art politischer Fahrradfahrermanier nach oben – gegenüber Reichen und Hyperreichen – zu buckeln und nach unten – gegenüber Armen, Sozialleistungsbezieher(inne)n und Migrant(inn)en – zu treten, könnte die Mittelschicht ihren Wohlstand besser erhalten, wenn sie mehr Solidarität mit den sozial Benachteiligten üben und dafür sorgen würde, dass auch sämtliche Unternehmerfamilien ihren finanziellen Verpflichtungen gegenüber der Allgemeinheit nachkommen.

Es gehört zu der nicht länger hinnehmbaren Privilegierung des Kapitaleigentums, dass seine intergenerationale Reproduktion vom Staat praktisch ohne Minderung durch eine Steuerbelastung garantiert wird. Jens Beckert fordert denn auch eine sehr viel höhere Erbschaftsbesteuerung. Für steuersystematisch einleuchtend hält er die Behandlung von Erbschaften als spezifische Form des Einkommens und deren Besteuerung in gleicher Höhe wie Arbeitseinkommen mit dem persönlichen Einkommensteuersatz (bis zu 45 Prozent), wobei es seines Erachtens nur einen Freibetrag von 60.000 Euro geben sollte.[132]

Fraglich ist, ob eine derart verschärfte Besteuerung aller Erbschaften in nennenswerter Höhe wirklich sinnvoll und politisch durchsetzbar wäre. Anstatt sämtliche Erbschaften höher zu besteuern und/oder die Freibeträge zu reduzieren, sollte man die Erbschaft- und Schenkungsteuer progressiver als bisher gestalten und den Steuersatz bei sehr großen Vermögen auf mindestens 50 Prozent anheben. Heute endet die Progression schon bei 30 Prozent, die auch erst ab einem Vermögenswert von 26 Millionen Euro fällig werden, sofern die Erb(inn)en mit dem Erblasser eng verwandt sind.

---

132 Vgl. Jens Beckert, Erben in der Leistungsgesellschaft, Frankfurt am Main / New York 2013, S. 156 f.

Firmenerben müssen in Zukunft genauso behandelt werden wie die Erben anderer beträchtlicher Vermögenswerte. Warum sollte das Kind eines Großunternehmers, der in Griechenland, Russland oder der Ukraine als Oligarch bezeichnet würde, im Erbfall gegenüber dem Kind eines Großgrundbesitzers, eines Bankiers oder eines Finanzinvestors steuerlich privilegiert werden? Begründet wird die von CDU, CSU und FDP trotz der Bedenken großer Teile der SPD und der Bündnisgrünen durchgesetzte Begünstigung von Firmenerben üblicherweise damit, dass wegen deren Steuerbelastung die Insolvenz von Betrieben und der Verlust von Arbeitsplätzen drohe. Offenkundig handelt es sich hier um ein vorgeschobenes, interessengeleitetes Argument. Bisher hat es nämlich keinen Fall eines Firmenzusammenbruchs wegen der Erbschaftsteuerzahlung gegeben, denn sonst wäre er vom Bund der Steuerzahler längst publik gemacht worden.

Um ihn auch künftig auszuschließen, kann man den Freibetrag für inhabergeführte Familienunternehmen anheben. Außerdem würden die Nachteile eines plötzlichen Kapitalabzugs durch großzügigere Stundungsregelungen – beim Lastenausgleich erstreckte sich die Zahlung an den Fiskus auf 30 Jahre – oder eine stille Teilhaberschaft des Staates an dem betreffenden Unternehmen bis zur Begleichung der Steuerschuld vermieden.[133] Bei größeren Immobilienvermögen kann die Erbschaft- bzw. Schenkungsteuer ganz oder teilweise als Hypothek des Staates ins Grundbuch eingetragen und dem Erben zu marktüblichen Zinsen geliehen werden.[134]

Einerseits sind die Erbschaften in Deutschland besonders ungleich verteilt,[135] was die Ungleichheit fortschreibt und für eine deutliche Anhebung oder eine progressivere Gestaltung der Erbschaftsteuer spricht; andererseits fällt Erbschaftsteuer erst nach dem Tod eines Hochvermögenden an, und da zahlreiche Großunter-

133 Vgl. ebd., S. 77

134 Vgl. Karl-Martin Hentschel / Alfred Eibl, Steuerrevolution, a. a. O., S. 116

135 Vgl. Kira Baresel u. a., Hälfte aller Erbschaften und Schenkungen geht an die reichsten zehn Prozent aller Begünstigten, in: DIW Wochenbericht 5/2021, S. 63 ff.

nehmer die liberalen Regelungen in der jüngeren Vergangenheit bereits genutzt haben, um das Betriebsvermögen vor ihrem Ableben (steuerbefreit) an ihre Nachkommen zu übertragen, lassen sich zusätzliche Steuereinnahmen auf diesem Weg erst mit erheblicher Verzögerung realisieren. Deshalb dürfte die Vermögensteuer besser als die Erbschaftsteuer geeignet sein, den privaten Reichtum zu begrenzen und die finanziellen Gestaltungsmöglichkeiten des Staates zu verbessern, zumal sie nicht neu eingeführt, sondern nur wieder erhoben werden muss.

Durch die Neubewertung von rund 35 Millionen Grundstücken in Deutschland, die aufgrund eines Bundesverfassungsgerichtsurteils (Az.: 1 BvL 11/14) sowie der anschließenden Grundsteuerreform von CDU/CSU und SPD notwendig wurde, ist es künftig zudem leichter möglich, den Wert von Immobilien realistisch zu ermitteln. Damit entfällt der tiefere Grund, welcher das Bundesverfassungsgericht im Juni 1995 veranlasst hatte, die Vermögensteuer in der damaligen Form für mit dem *Grundgesetz* nicht vereinbar zu erklären.

Weil vornehmlich die *Betriebs*vermögen auch sehr ungleich zwischen Ost- und Westdeutschen verteilt sind, würde eine kräftigere Besteuerung der Firmenerben den Zusammenhalt beider Landesteile automatisch stärken, brächte also einen Zusatznutzen mit sich, der argumentativ genutzt werden könnte, um die Akzeptanz dafür innerhalb der Bevölkerung zu erhöhen.

Dass die Unternehmensbesteuerung viel zu niedrig ist, zeigt ein Vergleich von (hohen) Gewinnen und (mäßigen) Steuereinnahmen, den Stefan Bach als Projektleiter am Deutschen Institut für Wirtschaftsforschung (DIW) seinerzeit vorgenommen hat.[136] Vor allem die auf 15 Prozent gesenkte Körperschaftsteuer muss wieder an ihr früheres Niveau herangeführt werden. Damit nicht die internationale Wettbewerbsfähigkeit deutscher Unternehmer gegen die Reform ins Feld geführt wird, wäre eine Abstimmung innerhalb der

136 Vgl. Stefan Bach, Unternehmensbesteuerung: Hohe Gewinne – mäßige Steuereinnahmen, in: DIW Wochenbericht 22-23/2013, S. 3 ff.

EU und mit den USA, die für eine höhere Mindestbesteuerung von Konzernen eingetreten sind, wünschenswert.

Sinnvoll wäre auch die Einführung einer Finanztransaktionssteuer, mit der spekulative Geschäfte auf den Devisenmärkten und im Wertpapierhandel zwar nicht unterbunden, aber verteuert, erschwert und verringert werden könnten.[137]

Ausweichstrategien von Reichen und Hyperreichen gegenüber neuen und erhöhten Steuern müssen durch geeignete Maßnahmen unterbunden werden. Man braucht dazu mehr Steuerfahnder/innen und Betriebsprüfer/innen sowie eine Zentralisierung der Steuerverwaltung, um die Nachteile eines föderalen Flickenteppichs beim Steuervollzug zu beseitigen. Markus Meinzer spricht in diesem Zusammenhang von einem »Steuerkrieg der Bundesländer und Kommunen«, den man mit der Einführung von Mindeststeuersätzen und Schaffung einer bundeseinheitlichen Steuerverwaltung beenden könnte.[138] Abgeschafft werden sollte hingegen die strafbefreiende Selbstanzeige nach einer Steuerhinterziehung, denn bei anderen, weniger gemeinschädlichen Delikten gibt es ein solches Privileg für Täter schließlich auch nicht.

Ob die Bundesrepublik nach US-Vorbild das Welteinkommensprinzip gegenüber anderen Staaten durchsetzen kann, wonach deutsche Staatsbürger/innen – auch solche, die dauerhaft im Ausland leben und/oder dort Einkünfte generieren – hierzulande mit sämtlichen Einkünften steuerpflichtig wären, soweit diese nicht schon dort mit einem gleich hohen Steuersatz besteuert worden sind,[139] erscheint zweifelhaft. Auch in Deutschland von Ausländer(inne)n erzieltes Einkommen würde hier besteuert, wenn es nach Karl-Martin Hentschel und Alfred Eibl ginge.

Unerlässlich ist eine wirksamere Exit-Besteuerung, durch die

137 Vgl. Karl-Martin Hentschel / Alfred Eibl, Steuerrevolution, a. a. O., S. 85 ff.

138 Siehe Markus Meinzer, Steueroase Deutschland. Warum bei uns viele Reiche keine Steuern zahlen, 2. Aufl. München 2016, S. 160

139 Vgl. Karl-Martin Hentschel / Alfred Eibl, Steuerrevolution, a. a. O., S. 109

verhindert werden soll, dass sich besonders Hochvermögende ihrer Steuerpflicht durch Wegzug ins Ausland oder Wechsel der Staatsangehörigkeit entziehen, wie das in der Vergangenheit schon öfter der Fall war. Auch in dieser Hinsicht kann man von den USA lernen, wo es strengere Gesetze als hierzulande gibt und linke Kongressabgeordnete der Demokratischen Partei eine weitere Verschärfung anstreben.

Die zweigeteilte Mehrwertsteuer wirkt in ihrer bisherigen Form degressiv. Sie zu senken oder abzuschaffen, erscheint sinnvoll, hätte aber den Nachteil, dass der Staat auf hohe Einnahmen verzichten müsste, ohne sicher sein zu können, dass die Ersparnis für die Industrie und den Handel an die Endverbraucher/innen weitergegeben würde. Denkt man an die temporäre Senkung der Mehrwertsteuer während der Covid-19-Pandemie,[140] überwiegen die Zweifel.

Höhere und mehr Steuern von Reichen zu erheben, nützt den sozial Benachteiligten in der Bundesrepublik wenig, sofern der Staat mit seinen zusätzlichen Einnahmen keine Um- bzw. Rückverteilung betreibt, also die Einkommensschwachen entweder finanziell stärkt oder die soziale, Bildungs- und Betreuungsinfrastruktur gezielt für sie ausbaut. »Um einen Ausgleich der Vermögensverteilung zu erreichen, müssen die Gelder zweckgebunden dafür ausgegeben werden, der unteren Hälfte der Vermögensskala unter die Arme zu greifen.«[141]

Beibehaltung, Umwidmung und Verdopplung des Solidaritätszuschlages

Eine ähnlich hohe Symbolkraft für soziale Gerechtigkeit wie die Vermögen- und die Erbschaftsteuer hat der Solidaritätszuschlag. Seitdem die letzte Regierung unter Helmut Kohl die Vermögensteuer 1997 eingefroren und die erste Regierung unter Angela Merkel die

140 Vgl. Christoph Butterwegge, Deutschland im Krisenmodus, a. a. O., S. 49

141 Jens Berger, Wem gehört Deutschland? – Die Bilanz der letzten 10 Jahre, Neu-Isenburg 2024, S. 250

Abgeltungsteuer auf Kapitalerträge 2009 eingeführt hat, ist er das steuerpolitische Instrument mit dem größten Umverteilungspotenzial. Durch die beiden genannten (Fehl-)Entscheidungen sind dem Staat nicht bloß präzise Informationen über den Reichtum seiner Bürger/innen entzogen worden, sondern auch Hunderte von Milliarden Euro an Einnahmen entgangen.

In der letzten Großen Koalition mit der Union hat die SPD eingewilligt, den im Volksmund liebevoll »Soli« genannten Solidaritätszuschlag, der für den Bund damals jährliche Einnahmen in Höhe von fast 20 Milliarden Euro erbrachte, schrittweise abzuschaffen und mit einem ersten Schritt im Umfang von 10 Milliarden Euro zu beginnen. Tatsächlich wurden am 1. Januar 2021 auf diese Weise rund 90 Prozent aller »Soli«-Zahler/innen durch eine Freigrenze (mit Gleitzone) vollständig oder teilweise vom Solidaritätszuschlag befreit.

Den nächsten Schritt, die Totalabschaffung des Solidaritätszuschlages, verhinderten in der Ampelkoalition vor allem die Bündnisgrünen. Gleichwohl blieb sie weiter auf der politischen Agenda, denn von mehreren Regierungs- und Oppositionsparteien wurde das »Soli«-Ende immer wieder zum Thema gemacht. Bezeichnenderweise erklärte die sich als Sprachrohr der »kleinen Leute« inszenierende AfD-Fraktion am 4. Juli 2022 in einem Antrag (BT-Drs. 20/2536, S. 2), die CDU/CSU-Fraktion, die FDP-Fraktion und sie selbst verfügten im Bundestag zusammen über eine Stimmenmehrheit, mit der man die von SPD, Bündnis 90/Die Grünen und FDP gestellte Regierung beauftragen könne, den Solidaritätszuschlags sofort vollständig abzuschaffen, was ausschließlich Spitzenverdienern, Kapitaleigentümern und großen Unternehmen nützen würde.

Friedrich Merz hätte als Einkommensmillionär, der sich zur »gehobenen Mittelschicht« zählt, obwohl sich zwei Privatflugzeuge und ein schlossähnliches Anwesen am Tegernsee in seinem Besitz befinden, durch die Komplettabschaffung des Solidaritätszuschlages, für die er gleichfalls plädierte, mindestens 24.000 Euro im Jahr sparen können. Verteilungspolitisch wäre die »Soli«-Totalabschaffung aber mehr als fragwürdig gewesen, denn sie würde die Einkommens- und die Vermögensungleichheit in Deutschland durch Entlastung von ausnahmslos wohlhabenden und reichen Bürger(inne)n noch verschärfen.

Zur großen Überraschung vieler Beobachter hat der Bundesfinanzhof am 30. Januar 2023 die Klage eines Aschaffenburger Ehepaares gegen den Solidaritätszuschlag negativ beschieden, diesen erneut für rechtmäßig erklärt und den Fall auch nicht ans Verfassungsgericht in Karlsruhe verwiesen. In der Begründung ihres Urteils (Az.: IX R 15/20) konstatierten die Richter, dass der Zweck dieser Ergänzungsabgabe – Deckung der Kosten des Vereinigungsprozesses – zwar noch fortbestehe, weil die Herstellung gleichwertiger Lebensbedingungen in Ost- und Westdeutschland zumindest noch nicht vollendet sei, aber nach Bewältigung der »Generationenaufgabe« Deutsche Einheit wegfalle. In diesem Zusammenhang nannte Hans-Josef Thesling, Vorsitzender Richter und Präsident des Bundesfinanzhofes, einen Zeitraum von 30 Jahren, was bedeuten würde, dass der 1995 (wieder)eingeführte Solidaritätszuschlag gegen Mitte der 2020er-Jahre auslaufen müsste.

Auch danach bleibt die Forderung des *Grundgesetzes* nach Herstellung gleichwertiger Lebensverhältnisse freilich aktuell. Dies gilt etwa für rund zwei Millionen Kinder und Jugendliche, die in »Bürgergeld-Familien« aufwachsen und sich in bestimmten Regionen (Berlin, Ruhrgebiet / Bremen und Bremerhaven) konzentrieren. Für die Transferleistungsbezieher/innen, Gering- und Normalverdiener/innen wäre der Wegfall des Solidaritätszuschlages ein Danaergeschenk.

Die nicht zufällig vom Bund der Steuerzahler, einer Lobbyeinrichtung von Unternehmen sowie Besser- und Spitzenverdienern, unterstützten Kläger bezweifelten, dass die Ergänzungsabgabe zur Einkommen-, Kapitalertrag- und Körperschaftsteuer nach dem Auslaufen des Solidarpakts II im Jahr 2019 und ihrer Umgestaltung im Jahr 2020 noch erhoben werden darf, weil ihr Zweck – die finanzielle Unterstützung des »Aufbaus Ost« – erfüllt und die Konzentration auf Besserverdienende nicht mit dem allgemeinen Gleichheitsgrundsatz vereinbar sei. Außerdem sei der Gleichheitsgrundsatz verletzt, weil nicht mehr alle Steuerzahler/innen zu der Ergänzungsabgabe auf die Einkommensteuer herangezogen werden.

Der in Artikel 3 unserer Verfassung niedergelegte Gleichheitsgrundsatz schließt allerdings keineswegs aus, Finanzstarke und -schwache unterschiedlich zu behandeln. Sonst müssten die Steuerprogression und die Gewährung von Freibeträgen ebenfalls für grundgesetzwidrig erklärt werden. Von der Vermögensteuer braucht man in diesem Argumentationszusammenhang gar nicht erst zu sprechen. Sie beweist allerdings, dass der Verfassungsgesetzgeber die Reichen stärker zur Finanzierung der Staatsausgaben heranziehen wollte als weniger Wohlhabende.

Nichts anderes geschieht mittels des Solidaritätszuschlages, insbesondere seitdem ihn bloß noch rund 10 Prozent der Einkommensteuerpflichtigen und rund 3,5 Prozent der Einkommensteuerpflichtigen in voller Höhe von 5,5 Prozent auf die Steuerschuld bezahlen müssen. Schließlich macht der Solidaritätszuschlag seinem Namen dadurch alle Ehre, dass er nicht nur auf die Lohn- und Einkommensteuer (von Spitzenverdienern), sondern auch auf die Kapitalertrag- und die Körperschaftsteuer (von Anlegern bzw. Unternehmen) erhoben wird. Wer seine Abschaffung fordert, obwohl ihn bloß noch Spitzenverdiener, Rentiers und Kapitalgesellschaften wie GmbHs und AGs entrichten müssen, während über 90 Prozent aller Steuerzahler/innen davon befreit sind, nimmt eine weitere Vertiefung der Kluft zwischen Arm und Reich zumindest billigend in Kauf.

Finanzminister Christian Lindner hat den Solidaritätszuschlag, als der Bundesfinanzhof über die Klage verhandelte, demonstrativ nicht wie üblich von Spitzenbeamten seines Hauses verteidigen lassen und damit im Grunde seine Amtspflichten verletzt. Wenn es um die Wiedereinhaltung der Schuldenbremse durch den Bund geht, kehrt Lindner stets seine persönliche Verantwortung für solide Staatsfinanzen heraus. Bietet sich eine Gelegenheit, die Reichsten im Land finanziell noch mehr als bisher zu begünstigen, mutiert der freidemokratische »Sparfuchs« hingegen zum freigiebigen Geldverschwender. Warum sollten die Einnahmen aus dem Solidaritätszuschlag – pro Jahr über 12 Milliarden Euro – eigentlich nicht länger zur Haushaltskonsolidierung beitragen?

Vizekanzler Robert Habeck schlug während der Haushaltsdebatte des Bundestages am 1. Februar 2024 vor, ein »Sondervermögen« für die Industrie aufzulegen. Dies nutzte Christian Lindner für einen neuerlichen Anlauf zur Abschaffung des Solidaritätszuschlages. Nunmehr begründete der Finanzminister seine Forderung damit, die international nicht mehr wettbewerbsfähige deutsche Wirtschaft müsse auf diesem Wege entlastet werden.

Obwohl der Dax im Frühjahr 2024 einen historischen Höchststand nach dem anderen erreicht hat und die 40 gelisteten Konzerne, darunter alle bedeutenden Industrieunternehmen des Landes, ihre (Groß-)Aktionäre durch Ausschüttung der Rekordsumme von beinahe 60 Milliarden Euro an Dividenden noch reicher gemacht haben, wurde zum wiederholten Mal die Abschaffung des Solidaritätszuschlages gefordert. Wie bei der Diskussion über das *Wachstumschancengesetz*, dessen Regierungsentwurf u. a. Steuererleichterungen für Personen mit einem Jahreseinkommen bis zu 10 Millionen Euro (Verheiratete/Verpartnerte: 20 Millionen Euro) vorsah, ging es überhaupt nicht mehr darum, ob es sinnvoll ist, gewinnträchtige Unternehmen zu subventionieren und damit die sozioökonomische Ungleichheit weiter zu erhöhen, sondern nur noch darum, wie man dies am effektivsten bewerkstelligt. Offenbar beherrscht die neoliberale Standortlogik das Denken der Regierungsmitglieder so stark, dass die verteilungspolitischen Konsequenzen ihrer Entscheidungen keine Rolle mehr spielen. Dabei weiß jede/r, dass sich die Kluft zwischen Arm und Reich in Deutschland nicht weiter vertiefen darf, wenn der gesellschaftliche Zusammenhalt gewährleistet und die AfD von der Regierungsmacht in einzelnen ostdeutschen Bundesländern ferngehalten werden soll.

Es wäre verteilungspolitisch skandalös, für die soziale Kohäsion in Deutschland misslich und für den Bundeshaushalt desaströs, wenn der Solidaritätszuschlag abgeschafft würde. Selbst der Sachverständigenrat zur Begutachtung der gesamtwirtschaftlichen Entwicklung hielt in seinem Jahresgutachten 2022/23 vor dem Hintergrund enormer Probleme und der Notwendigkeit, Entlastungsmaßnahmen zugunsten von der Energie(preis)krise hart getroffener Bevölkerungsgruppen passgenau auszugestalten, wenn auch nur vorübergehend Steuer- und Abgabenerhöhungen für denkbar: »So könnten eine temporäre Erhöhung des Spitzensteuersatzes oder ein zeitlich streng befristeter Energie-Solidaritätszuschlag für Spitzenverdienende in Erwägung gezogen werden.«[142]

Keine sinnvolle Lösung wäre die Einbeziehung des Rest-Solidaritätszuschlages in die Einkommensteuer, wie sie Norbert Walter-Borjans vorschlägt,[143] weil die Kapitalgesellschaften durch seinen Wegfall bei der Körperschaftsteuer begünstigt würden. Da wachsende Ungleichheit den gesellschaftlichen Zusammenhalt schwächt und Gift für die Demokratie ist, sollten finanzstarke Bürger in einer Krisensituation wie der gegenwärtigen nicht weniger, sondern mehr Verantwortung für die Staatsfinanzen übernehmen. Durch die Umwidmung des Solidaritätszuschlages zu einem Krisensoli und die Verdopplung seiner Höhe von 5,5 Prozent auf 11 Prozent der Steuerschuld könnten Spitzenverdiener, Aktionäre und Konzerne an den Folgekosten der sich überlagernden Krisen (Covid-19-Pandemie, Ukrainekrieg, Energie- und Klimakrise) sowie des inflationären Preisauftriebs für den Staat beteiligt werden.

Wegen der hohen Freibeträge müssen den »Soli« im Jahr 2024 bloß noch Einzelveranlagte entrichten, die mehr als 18.130 Euro (zusammen Veranlagte: 36.260 Euro) Einkommensteuer bezahlen. Das entspricht einem zu versteuernden Jahreseinkommen von über 68.412 Euro (bei zusammen Veranlagten: über 136.824 Euro). Für diese Steuerzahler/innen beginnt dort eine sog. Milderungszone, in wel-

142 Sachverständigenrat zur Begutachtung der gesamtwirtschaftlichen Entwicklung, Energiekrise solidarisch bewältigen, neue Realität gestalten. Jahresgutachten 2022/23, Wiesbaden, Dezember 2022, S. 158 (Ziffer 198)

143 Vgl. Norbert Walter-Borjans, Steuern – der große Bluff, a. a. O., S. 248

cher der Prozentsatz an zu zahlendem Solidaritätszuschlag schrittweise ansteigt, bis er bei einem zu versteuernden Jahreseinkommen von über 105.500 Euro (zusammen Veranlagte: über 211.000 Euro) in voller Höhe von 5,5 Prozent auf die Steuerschuld fällig wird.

Für Singles mit einem zu versteuernden Jahreseinkommen von 100.000 Euro, also einem Bruttomonatsverdienst von annähernd 10.000 Euro, wird im Jahr 2024 Einkommensteuer in Höhe von 31.397 Euro und ein Solidaritätszuschlag von 1.578,77 Euro fällig. Würde der Solidaritätszuschlag für die Bewältigung der Pandemie-, Energie- und Klimakrise verwendet und verdoppelt, also für Spitzenverdiener auf 11 Prozent der Einkommensteuerschuld erhöht, beliefe sich die Mehrbelastung gerade mal auf 131,56 Euro im Monat – wohlgemerkt: bei einem Bruttoeinkommen von rund 10.000 Euro. Wer hierüber verfügt, müsste folglich auch dann nicht darben.

Will man neben Spitzenverdienern auch Hochvermögende stärker zur Finanzierung sozialer Ausgleichsmaßnahmen heranziehen, wäre eine Sonderabgabe für den Bund nach Vorbild des Lastenausgleichs des Jahres 1952 denkbar, beispielsweise in Höhe von 10 Prozent des Nettovermögens, gestreckt über einen fünfjährigen Zeitraum – also 2 Prozent pro Jahr. Betroffen davon wären Nettovermögen im Wert von über 1 Million Euro. Die weiteren Freibeträge könnte man analog zur Erbschaft- und Schenkungsteuer ausgestalten. Dann betrügen sie für Ehe- bzw. Lebenspartner/innen 500.000 Euro und für jedes Kind 400.000 Euro. Bei einer vierköpfigen Familie würde die Vermögensabgabe aufgrund der Freibeträge für einen Lebenspartner bzw. eine Lebenspartnerin und zwei Kinder also ab einem Nettovermögen von 2,3 Millionen Euro fällig. Unberücksichtigt bliebe selbstgenutztes Wohneigentum, wenn seine Fläche 200 Quadratmeter nicht überschreitet.

Die beste Steuerpolitik des Nationalstaates schützt diesen nicht vor einer Steuerflucht der Reichen und Hyperreichen, die eher als »Normalbürger/innen« über Möglichkeiten verfügen, sich im Ausland ihrer Besteuerung zu entziehen. Umso wichtiger ist es, dass auf der internationalen Ebene für eine möglichst gleichmäßige und gerechte Besteuerung sowohl der Bürger/innen wie auch der Unternehmen gesorgt wird. Bezüglich der Letzteren hat der Bundestag zwar am 10. November 2023 die Einführung der globalen Mindeststeuer von 15 Prozent beschlossen, jedoch nicht alle Möglichkeiten der entsprechenden EU-Richtlinie ausgeschöpft, um sie vollumfänglich durchzusetzen.

3.9 Von der Umverteilung des Reichtums durch Steuern zur Umgestaltung des Wirtschaftssystems?

Durch eine progressive Steuer- und Abgabenpolitik sowie eine materielle Notlagen von Individuen und Familien ausgleichende Sozialpolitik des Staates lassen sich hohe Einkommen und Vermögen mit dem Ziel abschöpfen, den privaten (Über-)Reichtum zu begrenzen, Armut zu beseitigen und so mehr Gleichheit zu schaffen. Umverteilungsmaßnahmen des Staates können auf diese Weise dafür sorgen, dass die Reichen ärmer und die Armen reicher werden, allerdings nicht verhindern, dass sich die im kapitalistischen Wirtschaftssystem wurzelnde, für eine Klassengesellschaft konstitutive Ungleichheit ständig auf einem höheren Ausgangsniveau reproduziert.[144]

Nur durch eine Rückverteilung des Reichtums kann der Staat in dem Sinne für soziale Gerechtigkeit sorgen, dass er die Ungleichheit der materiellen Lebensbedingungen seiner Bürger/innen zu beseitigen versucht. Friedhelm Hengsbach präferiert den Begriff des Teilens, was er folgendermaßen begründet: »Die Umverteilung eines bereits privat angeeigneten Reichtums kommt immer zu spät. Deshalb sollte die Entscheidung über das Niveau und die Richtung der Güterproduktion sowie über ihre Verteilung bereits an der Quelle erfolgen, wenn die Güter entstehen.«[145]

144 Vgl. die inhaltliche Begründung hierfür bei Christoph Butterwegge, Ungleichheit in der Klassengesellschaft, 2. Aufl. Köln 2021

145 Friedhelm Hengsbach, Teilen, nicht töten!, a. a. O., S. 9

Tatsächlich reicht Umverteilung nicht, weil die sozioökonomische Ungleichheit selbst dann erhalten bliebe, wenn der Hyperreichtum durch eine progressivere und konfiskatorisch wirkende Steuerpolitik abgeschöpft würde. Es wäre verteilungspolitisch ein Sisyphus-Effekt, würde Stück für Stück mehr Gleichheit erzeugt, diese aber danach ständig wieder zunichtegemacht. Deshalb muss die Frage erlaubt sein, ob nicht auch radikalere Eingriffe in das Wirtschafts- und Gesellschaftssystem nötig sind, um strukturell bedingte Verteilungsschieflagen an der Wurzel zu packen und ein für alle Mal zu beseitigen.

Obwohl die Steuerpolitik als »Element progressiver Eigentumspolitik« betrachtet werden kann,[146] ist es mit der Rückverteilung des Reichtums durch ein nach diesem Prinzip umgestaltetes Steuersystem nicht getan. Aufgrund der bestehenden Wirtschaftsstrukturen, privatkapitalistischen Eigentumsverhältnisse und ungerechten Verteilungsmechanismen entstehen trotzdem immer wieder Ungleichheit, Armut und Reichtum. Im bestehenden Wirtschafts- und Gesellschaftssystem kann Armut nicht durch zunehmenden Reichtum beseitigt werden, denn beide bedingen einander wechselseitig und sind als integrale Bestandteile des Kapitalismus zwei Seiten einer Medaille.

Damit sich die sozioökonomische Ungleichheit nicht mehr reproduziert, müssen die bestehenden Wirtschaftsstrukturen, Eigentumsverhältnisse und Verteilungsmechanismen tiefgreifend verändert werden. Martin Schürz moniert jedoch, dass selbst Kritiker/innen der sozialen Ungleichheit die Analyse unzulässig verkürzen und deshalb auch keine erfolgreiche Strategie entwickeln können: »Verteilungsdebatten kreisen oft um vergleichsweise geringe Arbeitseinkommensdifferenzen, während die ungleichen Eigentumsverhältnisse vergessen werden.«[147]

146 Siehe Jürgen Leibiger, Eigentum im 21. Jahrhundert. Metamorphosen, Transformationen, Revolutionen, 2. Aufl. Münster 2023, S. 317

147 Martin Schürz, Überreichtum, a. a. O., S. 61

Sabine Nuss bemängelt, dass gewerkschaftliche ebenso wie linke Verteilungskritik nur eine Verbesserung der Reproduktionsbedingungen für die Ware Arbeitskraft bezwecke, die Ungleichheit im Hinblick auf die Verteilung der Produktionsmittel jedoch nicht prinzipiell infrage stelle.[148] Zwar seien die Kämpfe für mehr Lohn und bessere Arbeitsbedingungen unverzichtbar, wolle man die prekären Lebensverhältnisse von Lohnabhängigen wenigstens temporär verbessern, grundsätzlich ändere sich daran aber durch Verteilungskämpfe nichts. Während es sich bei der Umverteilung von Oben nach Unten letztlich um eine bloße Rückverteilung des (Geld-)Reichtums handelt, geht es bei der Enteignung um die Wiederaneignung des allen zustehenden Eigentums an Produktionsmitteln.

Steuerreformen sind eine notwendige, aber keine hinreichende Bedingung für die Korrektur der Einkommens- und Vermögensverteilung. Denn auch im Falle einer Kehrtwende in der Arbeitsmarkt-, Sozial-, Finanz- und Steuerpolitik reproduzieren sich Armut und Reichtum unter der Voraussetzung, dass sich an den Wirtschaftsstrukturen, Eigentumsverhältnissen und Verteilungsmechanismen nichts Wesentliches ändert. Korrekturen der Sekundärverteilung durch eine Anhebung des Spitzensteuersatzes der Einkommensteuer oder die Einführung einer Millionärssteuer genügen längst nicht mehr, um die tiefe Kluft zwischen Arm und Reich zu schließen. Vielmehr sind auch grundlegende Strukturveränderungen nötig, was in der politischen Öffentlichkeit bisher kaum thematisiert wird, sondern weitgehend tabuisiert ist.

Umverteilung von Oben nach Unten ist überfällig, aber mitnichten genug, weil die sozioökonomische Ungleichheit selbst im Falle einer konsequenteren Besteuerung hoher Einkommen und großer Vermögen zementiert würde. Die Wirtschaftsjournalistin Heike Buchter empfiehlt, an den Verteilungsmechanismen anzusetzen, welche die Ungleichheit befeuern: »Den Patentschutz neu denken,

148 Vgl. Sabine Nuss, Keine Enteignung ist auch keine Lösung. Die große Wiederaneignung und das vergiftete Versprechen des Privateigentums, Berlin 2019, S. 71

Finanzmärkte neu regeln, sodass die richtigen Anreize geschaffen werden, Mitarbeiter mehr an Unternehmen beteiligen, Monopole und Korruption bekämpfen.«[149]

Der Kölner Ökonom Tim Engartner fordert eine »privatisierungspolitische Wende« und äußert die Hoffnung, dass die während der Covid-19-Pandemie viel beschworene »Renaissance des Staates« zur Realität wird.[150] Statt öffentliche Unternehmen, die der allgemeinen Daseinsvorsorge dienen, einmaliger Verkaufserlöse wegen zu privatisieren, sollten Regierungen die Beteiligungen des Staates an Unternehmen und (Wohn-)Immobilien erhöhen. Anthony B. Atkinson betrachtet den Nettowert des Staates als ein Maß für das, was die Bürger/innen den künftigen Generationen hinterlassen, und plädiert daher außerdem für die Einrichtung eines Staatsfonds, um mehr Gleichheit zwischen den Generationen zu schaffen.[151]

Längerfristig sollte die Umverteilung des Reichtums in eine tiefgreifende Umgestaltung des Wirtschafts- und Gesellschaftssystems münden, wenn man die durch seine Funktionsweise erzeugte sozioökonomische Ungleichheit für immer beseitigen will. Dauerhaft lässt sich die Ungleichheit nur verringern, wenn die Eigentumsfrage gestellt und durch die Vergesellschaftung der Schlüsselindustrien ebenso wie der Unternehmen mit einer marktbeherrschenden Stellung und eine Verstaatlichung von Banken und Versicherungen beantwortet wird.

Ähnliches gilt auch für den Wohnbereich. Mit der sich in Deutschland seit Jahren vertiefenden Kluft zwischen Arm und Reich hat auch die sozialräumliche Ungleichheit in Form der residenziellen Segregation zugenommen. Einerseits ziehen sich Wohlhabende, Reiche und Hyperreiche teilweise in Luxusquartiere (Gated Communities) und hinter hohe Mauern zurück, wo sie häufig von

149 Heike Buchter, Wer wird Milliardär? – Vom großen globalen Abkassieren, Frankfurt am Main / New York 2023, S. 296

150 Siehe Tim Engartner, Staat im Ausverkauf. Privatisierung in Deutschland, 2. Aufl. Frankfurt am Main / New York 2021, S. 309 f.

151 Vgl. Anthony B. Atkinson, Ungleichheit, a. a. O., S. 226

privaten Sicherheitsdiensten bewacht werden; andererseits werden Erwerbslose und Geringverdiener/innen durch die Gentrifizierung aus ihren angestammten Quartieren verdrängt, was zu vermehrter Wohnungs- und Obdachlosigkeit führt.[152] Angehörige der Mittelschicht geraten ebenfalls unter massiven Druck, weil sie etwa nach einem aus beruflichen Gründen notwendigen Umzug trotz ihres gesicherten Einkommens die hohe Miete für eine neue Wohnung nicht aufbringen können und sich wegen der jahrelang stark gestiegenen Preise auch kein Wohneigentum leisten können. »In den Großstädten ist der Immobilienmarkt zum neuen Schauplatz alter Verteilungskämpfe geworden.«[153]

Angesichts der eklatanten Wohnungleichheit geht es darum, den auch und gerade bei der Verfügung über Grund und Boden sowie die Immobilien spürbaren Polarisierungsprozess zu stoppen und schrittweise rückgängig zu machen, also die (Wohn-)Armut zu bekämpfen und den privaten bzw. privatwirtschaftlichen (Immobilien-)Reichtum zu begrenzen. Während der Soziale Wohnungsbau schon länger unter einer politisch herbeigeführten Schwindsucht leidet und statt drei Millionen Wohnungen in den 1990er-Jahren heute bloß noch rund eine Million Wohnungen der Mietpreis- und Belegbindung unterliegen, boomte die Immobilienbranche in Deutschland zuletzt wie nie zuvor. Bereits seit 2015 gehört der von »Deutsche Annington« in »Vonovia« umbenannte und für rüde Methoden der »Entmietung« und legale Mieterhöhungen nach Modernisierungsmaßnahmen bekannte Immobilienriese zum Dax; im Juni 2020 stieg auch die Deutsche Wohnen (DW) in den Leitindex auf. Durch die Öffentlichkeitsarbeit der 2018 gegründeten Berliner Bürgerinitiative »Deutsche Wohnen & Co. enteignen!« wurden die rabiaten Praktiken der beiden größten Wohnungsunternehmen,

152 Vgl. dazu: Jan Glatter / Michael Mießner (Hg.), Gentrifizierung und Verdrängung. Aktuelle theoretische, methodische und politische Herausforderungen, Bielefeld 2021; Leslie Kern, Gentrifizierung lässt sich nicht aufhalten und andere Lügen, Münster 2023

153 Julia Friedrichs, Wir Erben, a. a. O., S. 39

die im Oktober 2021 fusionierten, einer breiteren Öffentlichkeit bekannt.[154]

Weil sich beim Volksentscheid am 26. September 2021 fast 60 Prozent der teilnehmenden Berliner/innen für die Enteignung und Vergesellschaftung privater Unternehmen im Besitz von über 3.000 Mietwohnungen aussprachen, wurde der Artikel 15 des *Grundgesetzes* erstmals ins Rampenlicht gerückt: »Grund und Boden, Naturschätze und Produktionsmittel können zum Zwecke der Vergesellschaftung durch ein Gesetz, das Art und Ausmaß der Entschädigung regelt, in Gemeineigentum oder in andere Formen der Gemeinwirtschaft überführt werden.« Noch weiter gehen einzelne Landesverfassungen, etwa die nordrhein-westfälische, deren Artikel 27 Absatz 1 bestimmt: »Großbetriebe der Grundstoffindustrie und Unternehmen, die wegen ihrer monopolartigen Stellung besondere Bedeutung haben, sollen [sic] in Gemeineigentum überführt werden.« Hätten der Landtag und die Landesregierung diesen Verfassungsauftrag erfüllt, wären RWE und Uniper keine Privatunternehmen, sondern im öffentlichen Besitz gewesen, als es darum ging, die Energiewende zu organisieren, den Braunkohletagebau im Rheinischen Revier zu beenden und die Gasversorgung der Bundesrepublik nach Ausbruch des Ukrainekrieges sicherzustellen.

Die wachsende sozioökonomische Ungleichheit ist – wie oben dargelegt – ein Wesenszug des digitalen Finanzmarktkapitalismus. Sie wurzelt in der privatwirtschaftlichen Verfasstheit dieses Systems und lässt sich davon weder trennen noch ohne dessen Abschaffung beseitigen. Will man die soziale Ungleichheit reduzieren, muss man den privaten Reichtum – etwa durch eine andere Steuerpolitik – rückverteilen; will man darüber hinaus die Entstehung weiterer Ungleichheit dauerhaft verhindern, muss man auch ihre strukturellen Ursachen beseitigen und das kapitalistische Gesellschaftssystem überwinden.

---

154 Vgl. dazu: Philipp P. Metzger, Wohnkonzerne enteignen! Wie Deutsche Wohnen & Co. ein Grundbedürfnis zu Profit machen, Wien/Berlin 2021

Träger dieses Transformationsprozesses kann nach marxistischem Grundverständnis nur die arbeitende Klasse sein, weil sie im Kapitalismus systematisch ausgebeutet wird und ein genuines Interesse an der Enteignung bzw. Entmachtung seiner größten Nutznießer hat. Zwar trägt die arbeitende Klasse heute ein anderes Gesicht als das Proletariat zu Lebzeiten von Marx und Engels, ihr gegenwärtiges Aussehen umreißt Julia Friedrichs aber prägnant mit den Worten: »Es sind Menschen, die arbeiten, um Geld zum Leben zu haben. Ganz einfach. Menschen, die keine Unternehmensanteile halten, über keine Mietshäuser verfügen, keine Erbschaften erwarten, denen keine Windräder gehören, nicht mal Fonds für die Altersvorsorge. Menschen, für die gilt: Nettoeinkommen gleich Monatsbudget ohne Rücklagen-Netz und doppelten Familien-Vermögen-Boden.«[155]

Nötig ist schon wegen der drohenden Klimakatastrophe eine sozialökologische Transformation, die das Gattungsinteresse der Erdenbürger/innen an der Rettung des Planeten als Triebkraft berücksichtigen muss, ohne das Klasseninteresse an der Überwindung des Finanzmarktkapitalismus zu ignorieren. Aufgrund der Vielstimmigkeit des linken Regulationsdiskurses – genannt seien nur die Stichworte »Commonismus«, »sozialistische Marktwirtschaft« und »Infrastruktursozialismus« – muss allerdings erst mehr Klarheit über den einzuschlagenden Weg geschaffen werden, bevor die Transformationsperspektive konkret Gestalt annehmen kann.

Die zentralen Aspekte der Diskussion fasst Dieter Klein dahingehend zusammen, dass es einerseits um die Bedeutung der gesellschaftlichen Planung und Lenkung, des Marktmechanismus und des Handelns demokratischer zivilgesellschaftlicher Akteure geht, und andererseits darum, wie diese drei Teilmechanismen einer progressiven Regulation gestaltet werden und in welchem Verhältnis zueinander sie in einer solidarischen, demokratisch-sozialisti-

155 Julia Friedrichs, Working Class. Warum wir Arbeit brauchen, von der wir leben können, Berlin/München 2021, S. 12

schen Gesellschaft der Zukunft stehen sollen.[156] Der Berliner Ökonom nennt als »Eckpunkte einer linken Erzählung« vier mit einem großen U beginnende Wörter: 1. die »gerechte *Umverteilung* von Macht, Eigentum und Lebenschancen«, 2. den »sozialökologischen *Umbau*«, 3. die »demokratische *Umgestaltung* von Wirtschaft und Gesellschaft« sowie 4. die »*Umkehr* in der Friedens- und Weltordnungspolitik von Konfrontation zu Kooperation«, welche auf unterschiedlichen Politikfeldern (Bildung, Energie, Finanzen, Gesundheit, internationale Beziehungen, Landwirtschaft, Stadtentwicklung, Verkehr, Wirtschaft u. a.) zur Geltung kommen müssten.[157]

Für den freien Wissenschaftsjournalisten Matthias Martin Becker ist die Vergesellschaftung ganzer Wirtschaftsbereiche unverzichtbarer Bestandteil eines ökosozialistischen Programms, das die Klimakatastrophe verhindern helfen soll: »Industriezweige müssen enteignet und umgewidmet, Privateigentum und Kapitalfreiheit außer Kraft gesetzt werden.«[158] Enteignungsmaßnahmen, die dem privaten Kapital die Verfügungsmacht über Schlüsselbereiche der Produktion wie der allgemeinen Daseinsvorsorge entziehen, sind für Sabine Nuss keine endgültige Lösung, sondern nur der erste Schritt auf dem Weg zu einer »kooperativ-koordinerten Ökonomie«, die auf gesellschaftlichem Eigentum beruht und keinen Wachstumszwang mehr kennt, sowie einer Gesellschaft, in der die Produktivkräfte allen zugutekommen.[159]

Miltiadis Oulios fordert sogar einen »Klima-Kommunismus«, mit dem in Zeiten der Erderwärmung für Gleichheit gesorgt werden soll: »Um wirksam Klimaschutz zu betreiben, können wir die Klassenverhältnisse nicht mehr ignorieren. Im Umkehrschluss bedeutet dies, dass es an der Zeit ist, im Sinne des Klimaschutzes das

156 Vgl. Dieter Klein, Regulation in einer solidarischen Gesellschaft.Wie eine sozial-ökologische Transformation funktionieren könnte, Hamburg 2022, S. 53

157 Siehe ebd., S. 221 (Hervorh. im Original)

158 Matthias Martin Becker, Klima, Chaos, Kapital, a. a. O., S. 142

159 Vgl. Sabine Nuss, Keine Enteignung ist auch keine Lösung, a. a. O., S. 127

kommunistische Versprechen einer klassenlosen Gesellschaft zu aktualisieren. Wenn wir von klassenloser Gesellschaft sprechen, meinen wir dies also nicht in einem totalitären Sinne. Noch sind wir so naiv zu glauben, dass alle sozialen Unterschiede verschwinden würden. Es bedeutet aber, dass wir beim Klimaschutz weder gewillt sind, noch es uns leisten können, weiterhin Klassenunterschiede zu akzeptieren.«[160]

Aus diesem Grund geht es künftig um ein möglichst breites Bündnis für mehr Gleichheit, das klassenübergreifend angelegt sein muss, ohne auf die politische Notwendigkeit einer Rückverteilung des Reichtums zu verzichten. Wie lässt sich ein solches Konzept durchsetzen? Michael Burawoy hofft auf künftige Erfolge sozialer Bewegungen, als deren Motivierungsquelle er die wachsende Ungleichheit ansieht.[161] Vorbild könnte möglicherweise »Occupy Wall Street« sein, eine US-amerikanische Protestbewegung, die am 17. September 2011 mit einer Besetzung des Zuccotti Parks in New York begann, sich vorübergehend auf mehrere andere Länder, darunter auch die Bundesrepublik, ausbreitete und mit der Parole »Wir sind die 99 Prozent« auf die extrem ungleiche Vermögensverteilung anspielte.[162]

Das von DGB-Gewerkschaften, Wohlfahrts- bzw. Sozialverbänden, Attac und anderen Nichtregierungsorganisationen gegründete Aktionsbündnis »UMfairTEILEN – Reichtum besteuern!«, welches eine Reichensteuer, eine dauerhafte Wiedererhebung der Vermögensteuer sowie eine einmalige Vermögensabgabe forderte und am 29. September 2012 einen bundesweiten Protesttag durchführte, gehörte ebenfalls zu den richtungweisenden Mobilisierungsversuchen, ohne sich allerdings dauerhaft etablieren zu können. Oxfam, ein internationaler Zusammenschluss von Wohlfahrts-, Hilfs- und Entwicklungsorganisationen, macht immer wieder auf das Problem

160 Miltiadis Oulios, Klima-Kommunismus, a. a. O., S. 23

161 Vgl. Michael Burawoy, Public Sociology. Öffentliche Soziologie gegen Marktfundamentalismus und globale Ungleichheit, Weinheim/Basel 2015, S. 206

162 Vgl. Lars Geiges, Occupy in Deutschland. Die Protestbewegung und ihre Akteure, Bielefeld 2014

der wachsenden sozialen Ungleichheit aufmerksam und veröffentlicht regelmäßig vor dem Weltwirtschaftsforum in Davos, wo sich die internationalen Finanzeliten einmal im Jahr mit Spitzenpolitikern treffen, einen Bericht mit neuen Zahlen zur Kluft zwischen Arm und Reich. Öfter genannt werden in diesem Zusammenhang außerdem die auf eine Umverteilung des Reichtums abzielende Bewegungsstiftung – eine rühmliche Ausnahme im Hinblick auf Stiftungen, welche die aufgestellte Regel bestätigt –, und taxmenow – Initiative für Steuergerechtigkeit, in der sich Vermögende im deutschsprachigen Raum zusammengeschlossen haben und ihre Kernforderung öffentlich vertreten.[163]

Sehr wenig Zuspruch fand in Deutschland die im Juni 2010 unter dem Titel »The Giving Pledge« (das Spendenversprechen) von Warren Buffett und Bill Gates gestartete sowie von einer ganzen Reihe der US-amerikanischen Milliardäre unterstützte philanthropische Kampagne, bis zu ihrem Tod mindestens die Hälfte ihres Vermögens für wohltätige Zwecke zu spenden. Aus der Bundesrepublik beteiligte sich nur der SAP-Gründer Hasso Plattner, obwohl es 212 »deutsche« Milliardenvermögen gibt, wie Julia Jirmann, wissenschaftliche Referentin beim Netzwerk Steuergerechtigkeit, und Christoph Trautvetter, dessen Koordinator, herausgefunden haben.[164] Von diesen Milliardenvermögen haben fast ein Fünftel (38) keinen Unternehmensbezug; nur wenig mehr als die Hälfte (95 von 174) der verbleibenden Unternehmen wird operativ von einer Familie geführt; bloß in neun von 95 familiengeführten Unternehmen steht eine Frau an der Spitze und es gibt höchstens einen ostdeutschen Milliardär.[165]

163 Vgl. z. B. das Buch einer Mitbegründerin von taxmenow: Marlene Engelhard, Geld. Über Macht, Vermögen und Ungerechtigkeit, Wien 2022

164 Vgl. Julia Jirmann / Christoph Trautvetter, Milliardenvermögen in Deutschland. Lücken der Reichtumserfassung und -besteuerung – Vorschlag für einen alternativen Reichtumsbericht, Hans-Böckler-Stiftung, Working Paper Forschungsförderung, Nr. 316, Düsseldorf, Dezember 2023, S. 21

165 Vgl. ebd., S. 25

Jean-Philippe Kindler plädiert für mehr Mut zur Radikalität. In diesem Zusammenhang thematisiert er auch die sozioökonomische Ungleichheit: »Armut wie Reichtum müssen radikal repolitisiert werden, beides müssen wir als politisch geschaffen verstehen, ergo: als Ergebnis von Klassenkämpfen. Dafür ist ein grundsätzliches Verständnis, wie kapitalistische Produktion und Verteilung von Vermögen funktionieren, unerlässlich.«[166] Tatsächlich hebt die sich vertiefende Kluft zwischen Arm und Reich den Klassengegensatz von Kapital und Arbeit nur in dem dialektischen Sinne auf, dass er zwar durchaus fortbesteht, aber überlagert, verdeckt und auf eine höhere Stufe gehoben wird.

Vermutlich steigen die Chancen für sozialkritische Organisationen, Vereine und Netzwerke künftig, weil sich die auch in einer wachsenden Vermögenskonzentration offenbarende Spaltung der Gesellschaft immer deutlicher ausprägen wird. Selbst der Europarat hat Deutschland im Februar 2024 ermahnt, mehr gegen Armut und die wachsende soziale Ungleichheit zu tun, stieß aber auf die Beratungsresistenz einer Bundesregierung, deren arrogant anmutende Stellungnahme zum Länderbericht der Menschenrechtskommissarin Dunja Mijatović in naher Zukunft keine ernsthaften Schritte zur Korrektur der von dieser kritisierten Verteilungsverhältnisse erwarten lässt.[167]

---

166 Jean-Philippe Kindler, Scheiß auf Selflove, gib mir Klassenkampf, a. a. O., S. 54

167 Vgl. Commissioner's report on Germany: Commissioner for Human Rights of the Council of Europe, Dunja Mijatović, Report following her visit to Germany from 27 november to 1 December 2023, Strasbourg, 23 February 2024, CommHR (2024) 13/2024; Kommentare der Bundesregierung zum Bericht der Menschenrechtskommissarin des Europarats, Dunja Mijatović, über ihren offiziellen Besuch in Deutschland vom 27. November bis 1. Dezember 2023 (https://rm.coe.int/comments-of-the-german-authorities-on-the-commissioner-s-report/1680aef240; 19.3.2024)

Literaturauswahl

Einführungs-, Grundlagen- und Überblicksliteratur

Butterwegge, Carolin / Butterwegge, Christoph: Kinder der Ungleichheit. Wie sich die Gesellschaft ihrer Zukunft beraubt, Köln 2021

Butterwegge, Christoph: Die zerrissene Republik. Wirtschaftliche, soziale und politische Ungleichheit in Deutschland, 2. Aufl. Weinheim/Basel 2020

Butterwegge, Christoph: Ungleichheit in der Klassengesellschaft, 2. Aufl. Köln 2021

Kronauer, Martin: Kritik der auseinanderdriftenden Gesellschaft, Frankfurt am Main / New York 2020

Milanović, Branko: Die ungleiche Welt. Migration, das Eine Prozent und die Zukunft der Mittelschicht, Berlin 2016

Piketty, Thomas: Das Kapital im 21. Jahrhundert, 6. Aufl. München 2015

Piketty, Thomas: Kapital und Ideologie, München 2020

Piketty, Thomas: Ökonomie der Ungleichheit. Eine Einführung, 2. Aufl. München 2016

Wehler, Hans-Ulrich: Die neue Umverteilung. Soziale Ungleichheit in Deutschland, 4. Aufl. München 2013

Prekarität und Marginalität, Arbeitslosigkeit und Armut

Butterwegge, Christoph: Armut, 5. Aufl. Köln 2021

Butterwegge, Christoph: Armut in einem reichen Land. Wie das Problem verharmlost und verdrängt wird, 4. Aufl. Frankfurt am Main / New York 2016

Castel, Robert / Dörre, Klaus (Hrsg.): Prekarität, Abstieg, Ausgrenzung. Die soziale Frage am Beginn des 21. Jahrhunderts, Frankfurt am Main / New York 2009

Friedrichs, Julia: Working Class. Warum wir Arbeit brauchen, von der wir leben können, Berlin/München 2021

Kohler-Gehring, Eleonora: Armut heute. Eine Bestandsaufnahme für Deutschland, Stuttgart 2019

Lorke, Christoph: An den Rändern der Gesellschaft. Armut und soziale Ausgrenzung im geteilten Deutschland, Berlin/Brandenburg 2021

Marchart, Oliver: Die Prekarisierungsgesellschaft. Prekäre Proteste – Politik und Ökonomie im Zeichen der Prekarisierung, Bielefeld 2013

Mayer-Ahuja, Nicole / Nachtwey, Oliver (Hg.): Verkannte Leistungsträger:innen. Berichte aus der Klassengesellschaft, Berlin 2021

Troost, Axel / Hickel, Rudolf / Reuter, Norbert (Hg.): Soziale Kipppunkte, bedrohte Existenzen, wachsende Armut. Alternativen zu Geldentwertung und Kaufkraftverlusten, Hamburg 2023

Wimmer, Christopher: Die Marginalisierten. (Über-)Leben zwischen Mangel und Notwendigkeit, Weinheim/Basel 2024

Eigentumsverhältnisse, Kapitalbesitz und Reichtum

Berger, Jens: Wem gehört Deutschland? – Die Bilanz der letzten 10 Jahre, Neu-Isenburg 2024

Berger, Jens: Wer schützt die Welt vor den Finanzkonzernen? – Die heimlichen Herrscher und ihre Gehilfen, Frankfurt am Main 2019

Buchter, Heike: BlackRock. Eine heimliche Weltmacht greift nach unserem Geld, Frankfurt am Main / New York 2020

Buchter, Heike: Wer wird Milliardär? – Vom großen globalen Abkassieren, Frankfurt am Main / New York 2023

Herrmann, Ulrike: Der Sieg des Kapitals. Wie der Reichtum in die Welt kam: Die Geschichte von Wachstum, Geld und Krisen, München/Berlin 2015

Herrmann, Ulrike: Deutschland, ein Wirtschaftsmärchen. Warum es kein Wunder ist, dass wir reich geworden sind, 2. Aufl. Frankfurt am Main 2019

Hirschel, Dierk: Einkommensreichtum und seine Ursachen. Die Bestimmungsfaktoren hoher Arbeitseinkommen, Marburg 2006

Leibiger, Jürgen: Eigentum im 21. Jahrhundert. Metamorphosen, Transformationen, Revolutionen, 2. Aufl. Münster 2023

Neuhäuser, Christian: Reichtum als moralisches Problem, 2. Aufl. Berlin 2018

Rügemer, Werner: Die Kapitalisten des 21. Jahrhunderts. Gemeinverständlicher Abriss zum Aufstieg der neuen Finanzakteure, 4. Aufl. Köln 2024

Schürz, Martin: Überreichtum, Frankfurt am Main / New York 2019

Spannagel, Dorothee: Reichtum in Deutschland. Empirische Analysen, Wiesbaden 2013

Entstehungsursachen und Entwicklungsbedingungen der sozialen Polarisierung

Auernheimer, Georg: Wie gesellschaftliche Güter zu privatem Reichtum werden. Über Privatisierung und andere Formen der Enteignung, Köln 2021

Buggeln, Marc: Das Versprechen der Gleichheit. Steuern und soziale Ungleichheit in Deutschland von 1871 bis heute, Berlin 2022

Butterwegge, Christoph: Deutschland im Krisenmodus. Infektion, Invasion und Inflation als gesellschaftliche Herausforderung, Weinheim/Basel 2024

Butterwegge, Christoph / Lösch, Bettina / Ptak, Ralf: Kritik des Neoliberalismus, 3. Aufl. Wiesbaden 2017

de Jong, David: Braunes Erbe. Die dunkle Geschichte der reichsten deutschen Unternehmerdynastien, Köln 2022

Engartner, Tim: Staat im Ausverkauf. Privatisierung in Deutschland, 2. Aufl. Frankfurt am Main / New York 2021

Fratzscher, Marcel: Verteilungskampf. Warum Deutschland immer ungleicher wird, München 2016

Meinzer, Markus: Steueroase Deutschland. Warum bei uns viele Reiche keine Steuern zahlen, 2. Aufl. München 2016

Molander, Per: Die Anatomie der Ungleichheit. Woher sie kommt und wie wir sie beherrschen können, Frankfurt am Main 2017

Pistor, Katharina: Der Code des Kapitals. Wie das Recht Reichtum und Ungleichheit schafft, Berlin 2020

Saez, Emmanuel / Zucman, Gabriel: Der Triumph der Ungerechtigkeit. Steuern und Ungleichheit im 21. Jahrhundert, Berlin 2020

Schick, Gerhard: Die Bank gewinnt immer. Wie der Finanzmarkt die Gesellschaft vergiftet, Frankfurt am Main / New York 2020

Zucman, Gabriel: Steueroasen. Wo der Wohlstand der Nationen versteckt wird, 2. Aufl. Berlin 2014

Wie die Armut bekämpft und der Reichtum begrenzt werden kann

Atkinson, Anthony B.: Ungleichheit. Was wir dagegen tun können, Stuttgart 2016

Burawoy, Michael: Public Sociology. Öffentliche Soziologie gegen Marktfundamentalismus und globale Ungleichheit, Weinheim/Basel 2015

Dahm, Jochen / Hartmann, Thomas / Ostermayer, Max (Hg.): Gleichheit! – Wirtschaftlich richtig, politisch notwendig, sozial gerecht, Bonn 2017

Häring, Norbert: Endspiel des Kapitalismus. Wie die Konzerne die Macht übernahmen und wie wir sie zurückholen, Köln 2021

Hengsbach, Friedhelm: Teilen, nicht töten!, 2. Aufl. Frankfurt am Main 2015

Hentschel, Karl-Martin / Eibl, Alfred: Steuerrevolution. Ein Konzept zur Rückverteilung von Reichtum, zu mehr Gerechtigkeit und Klimaschutz, Hamburg 2024

Herrmann, Ulrike: Das Ende des Kapitalismus. Warum Wachstum und Klimaschutz nicht vereinbar sind – und wie wir in Zukunft leben werden, 5. Aufl. Köln 2022

Hirschel, Dierk: Das Gift der Ungleichheit. Wie wir die Gesellschaft vor einem sozial und ökologisch zerstörerischen Kapitalismus schützen können, Bonn 2020

Klein, Dieter: Regulation in einer solidarischen Gesellschaft. Wie eine sozial-ökologische Transformation funktionieren könnte, Hamburg 2022

Liebert, Nicola: Steuergerechtigkeit in der Globalisierung. Wie die steuerpolitische Umverteilung von unten nach oben gestoppt werden kann, Münster 2011

Nuss, Sabine: Keine Enteignung ist auch keine Lösung. Die große Wiederaneignung und das vergiftete Versprechen des Privateigentums, Berlin 2019

Oulios, Miltiadis: Klima-Kommunismus. Gleichheit in Zeiten der Erderwärmung, Münster 2024

Piketty, Thomas: Der Sozialismus der Zukunft. Interventionen, München 2021

Piketty, Thomas: Eine kurze Geschichte der Gleichheit, 3. Aufl. München 2022

Rendueles, César: Gegen Chancengleichheit. Ein egalitaristisches Pamphlet, Berlin 2022

Rügemer, Werner: BlackRock & Co. enteignen! – Auf den Spuren einer unbekannten Weltmacht, Frankfurt am Main 2022

Sayer, Andrew: Warum wir uns die Reichen nicht leisten können, München 2017

Schneider, Ulrich: Für alle, nicht die Wenigen. Warum wir unsere Zukunft nicht den Märkten überlassen dürfen, Frankfurt am Main 2021

Seeck, Francis: Klassismus überwinden. Wege in eine sozial gerechte Gesellschaft, Münster 2024

Wagenknecht, Sahra: Reichtum ohne Gier. Wie wir uns vor dem Kapitalismus retten, Frankfurt am Main / New York 2016

Wilkinson, Richard / Pickett, Kate: Gleichheit ist Glück. Warum gerechte Gesellschaften für alle besser sind, 3. Aufl. Berlin 2010